U0685516

现代多式联运的发展
及其经济组织

王杨堃　著

中国财经出版传媒集团

经济科学出版社
Economic Science Press

图书在版编目（CIP）数据

现代多式联运的发展及其经济组织/王杨堃著．
—北京：经济科学出版社，2018.10
（运输与时空经济论丛）
ISBN 978 - 7 - 5141 - 9891 - 1

Ⅰ.①现…　Ⅱ.①王…　Ⅲ.①多式联运 - 经济
组织 - 研究　Ⅳ.①F511.4

中国版本图书馆 CIP 数据核字（2018）第 250192 号

责任编辑：程晓云
责任校对：蒋子明
版式设计：齐　杰
责任印制：王世伟

现代多式联运的发展及其经济组织

王杨堃　著

经济科学出版社出版、发行　新华书店经销
社址：北京市海淀区阜成路甲 28 号　邮编：100142
总编部电话：010 - 88191217　发行部电话：010 - 88191522
网址：www. esp. com. cn
电子邮件：esp@ esp. com. cn
天猫网店：经济科学出版社旗舰店
网址：http：//jjkxcbs. tmall. com
北京季蜂印刷有限公司印装
880 × 1230　32 开　8 印张　260000 字
2018 年 10 月第 1 版　2018 年 10 月第 1 次印刷
ISBN 978 - 7 - 5141 - 9891 - 1　定价：38.00 元
（图书出现印装问题，本社负责调换. 电话：010 - 88191510）
（版权所有　侵权必究　打击盗版　举报热线：010 - 88191661
QQ：2242791300　营销中心电话：010 - 88191537
电子邮箱：dbts@ esp. com. cn）

序

　　今年是改革开放 40 周年，交通运输领域的改革在历经"放宽搞活、政企分开、统筹协调、简政放权"的同时，其发展也从"瓶颈制约"到"初步缓解"，再到"基本适应"，又进入"支撑引领"的新时期。党的十九大报告做出了我国经济转向高质量发展阶段的论断，指出了建设现代化经济体系是跨越关口的迫切要求和我国发展的战略目标，并蕴含了建设交通强国的发展目标。交通运输是一个国家的基础性和先导性产业，是经济社会发展的"先行官"。建设现代化经济体系必须要有高效高质量的综合交通运输体系作为支撑。而构建这样一个交通运输体系的核心任务之一，就是围绕经济要素的组织优化来实现各种运输方式的衔接、协调和一体化发展，进而促进交通与经济发展的深度融合。

　　本书所研究的多式联运，正是各种运输方式的衔接、协调和一体化发展，之所以用"现代"冠之于前，一是强调研究这一问题对于现代化发展的意义，二是聚焦研究对象的范围，避免过于宽泛的理解而引发误解。毕竟，各种运输方式的衔接问题，早在不同交通工具出现的同时就存在了，因为在众多情况下，人们为了实现一趟完整的位移，通常要考虑如何组合不同的交通工具或运输方式实现联合运输。而随着交通运输的快速发展和社会分工的日益深化，这种衔接和协调在运输行业中变得更加普遍和迫切，人们既希望充分利用不同交通方式的技术经济比较优势，也希望最大限度地节约在不同运输方式间"转换"的时间和成本，以提高经济活动的效率。

直到 20 世纪 50 年代后期开始，由于集装箱作为联运工具的引入，进一步方便了不同运输方式间的快速衔接，从而极大地拓展了多式联运的规模，有力促进了全球生产贸易体系的发展。而在当今的中国，当深度融入全球分工体系、实现产业结构调整与经济转型升级变得空前紧迫而必需，加快集装箱多式联运发展也就自然应当成为深化交通运输供给侧结构性改革的重要内容。

事实上，当前我国交通运输行业的发展已进入深度构建综合交通运输体系和深化供给侧结构性改革的攻坚时期，交通运输发展的重点任务也呈现出一系列阶段转化的特征：交通基础设施的建设由通道为主转向通道与枢纽建设并重，由追求基础设施建设规模和速度转向追求设施服务质量、综合效益以及强调统筹协调运营、维护和运输服务水平的整体提升；各种运输方式的发展由条块化分割管理向统筹协调管理深化，运输方式之间由竞争为主转向竞争与协作并重，运输市场由单个企业间的竞争转向运输链和供应链之间的竞争；交通运输的功能从被动满足经济活动的派生性需求向主动引导和优化经济要素的时空组织延伸拓展，在匹配适应经济社会发展的基础上进一步支撑引领经济新动能的发展。这些变化和发展的新形势，对交通运输的研究也提出了新的要求：研究成果从发展规划和技术方案向战略与政策研究拓展深化，研究思路从简单的经验总结向前瞻性的理论分析提升，理论方法从倚重工程学向多学科交叉融合，调查手段也更加强调对大数据、云计算等新型信息搜集和处理技术的运用。

本书是笔者近十多年来在运输经济学理论学习探讨和在综合交通运输发展战略、规划及政策研究过程中形成的一些心得体会的小结，着重于从经济学视角研判多式联运链条中各经济主体间生产与交易行为的影响因素、经济特性、组织模式及政策诉求，并结合对发展进程和典型案例的研究，阐述组织变革的逻辑主线和重要意义。本书的中心思想在于说明理解和认知多式联运经济组织的内在机理对于完善相关政策体制和制定发展战略的重要性。实际上，以新兴古典微观经济学理论和新制度经济学理论为代表的理论研究焦点已从厂商理论视野下的一般的资源配置问题转向了经济组织问题，也就是主要通过"交易费用"这把"钥匙"打开市场微观结构的"黑箱"，深入剖析市场机制和科层组织在资源配置中的作用及其边界问题。这些理论研究对于深入理解交通运输发展的内在机理，具有重要作用。本书正是借鉴了这些相关理论，对多式联运进行了综合分析，并结合对多式联运技术经济特性和交易特性的分析，在若干理论的交叉空间中构建出相应的逻辑解释框架。本书对相关理论的借鉴、应用和发展，遵循这样一条主线：多式联运本身是由多个具有不同技术特性、专业化经济和互补经济的运输方式所构成的协作统一体，存在着充分发挥专业化分工优势与为实现协调、协作并增加合作可靠性而付出的交易费用之间的冲突，伴随现代运输业中业务外包及网络化发展趋势，运输企业内的产品间关系向运输产品内的企业间关系转化，因此需要通过多式联运链条上交易效率的提升来改善其生产技术效率，而交易效率的提升意味着交易费用的降低，这必须有恰当的组织安排或契约设计，而这种经济组织的结构和形态是受到多式联运在产品需求、生产技术和交易等方面的特性影响，特别是经济组织如何实现运输市场中分散化需求和集中供给在时间、空间和物性上的匹配，中间层组织通过对生产过程的集成和间接交易，构建了一个由纵向的生产协作关系和网状的交易关系所形成的组织形态，发挥了供需高效匹配的作用，也使得市场机制的作用边界较科层组织进一步扩展。这一研究的现实意义主要体现在，为具有规模经济的铁路运输方式如何选择恰当的经济组织方式融入多式联运链条提供了借鉴，同时也蕴含了在交通运输发展中，如何认识和看待"发挥市场机制在资源配置中的决定性作用和更好发挥政府作用"的深刻意义。

在这本书写作的过程中，笔者也有两点较深的体会，姑且也在此处与读者分享。一是对交通运输的研究不能局限在工程学的思维。交通运输问题不仅仅是工程问题，不仅仅是规划多少设施和投入多少资金的问题，不仅仅是研究"人与自然"的关系问题，更不单纯是计划怎么干就能干成的问题，交通运输问题的研究需要重视对人、对经济主体行为的研究，作为一种经济活动，交通运输涉及的大量的以及最为核心的其实是人们的交通运输行为以及这些行为背后的经济、社会关系问题，从哲学上讲，更多的是"人与人"的关系问题。二是对交通运输的研究不能忽视理论的指导。交通运输的研究，并非只是靠经验的积累或者说只是满足于对实践情况的掌握，尽管这些都很重要，但理论和方法的研究也很重要，而且不仅仅是应用理论方法是重要的，不断地学习理论和方法也非常重要。这其实就是我们经常强调的"解放思想、实事求是"的重要性。干事情，不是为了干而干，而是要知道为什么干，为什么这样干而不是那样干，是要从实践中求得"是"，以更好地指导未来的实践，少走弯路、错路。理论的东西是过去先贤前辈对实践的不断总结甚至是付出血的代价获取的，是远远超于个体的一般经验积累的东西。德国著名物理学家海森伯曾说："理论决定了你能看到的世界！"拥有丰厚的理论工具和知识结构和解决实际问题之间并不冲突，我们要做的是"知行合一"，而不是忽视甚至鄙视理论的学习和探索。

这本书我想同时献给我的父母和我敬爱的导师荣朝和教授。我17岁进京求学，到如今在北京的岁月也已超过17年，就将这本书作为又一次"答卷"送给日夜为我辛劳挂念的双亲，报答他们的养育之恩，并感谢他们对我不能常伴左右的一份理解。我师从荣老师6年时光，是他严谨的治学态度和对我的谆谆教导，才使得我在学术研究的道路上更有信心去守住那一份宝贵的求真与务实。这本书中的一些研究所得，也正是我读博期间在他的指导和启发下实现的，只是在毕业之后，囿于繁忙的工作，而一直未能将其付梓，我也因此而常怀惭愧之心。如今，本书的出版，我觉得也可以算作是一份感谢师恩的礼物吧。

最后，需要指出的是，本书中所做的分析和提出的建议不一定

全都正确，措辞不当之处以及一些在所难免的缺陷或错误，敬请读
者批评指正。

王杨堃

2018 年 8 月 11 日

<h1>目录</h1>

第一章　导论 ………………………………………………… 1

一、问题的提出 ………………………………………………… 1

二、相关概念的界定及辨析 ………………………………… 6

　（一）多式联运 ……………………………………………… 6

　（二）多式联运的相关外文术语及关联概念的辨析 …… 11

　（三）其他有关概念的界定 ……………………………… 17

三、本书的研究范围、逻辑框架及结构安排 …………… 18

　（一）研究范围 …………………………………………… 18

　（二）逻辑框架 …………………………………………… 19

　（三）结构安排 …………………………………………… 22

第二章　既有研究成果的综述 ………………………… 23

一、多式联运相关问题研究 ……………………………… 23

　（一）多式联运的总体发展和评价 ……………………… 23

　（二）线网与设施层面 …………………………………… 29

　（三）设备及服务层面 …………………………………… 33

　（四）企业与组织层面 …………………………………… 36

　（五）政府与制度层面 …………………………………… 41

二、关于经济组织问题的理论综述 ……………………… 44

三、本章小结 ………………………………………………… 49

第三章　现代多式联运的发展历程及其经济组织的

　　　　作用与意义 …………………………………… 52

　一、现代多式联运的发展历程 ……………………… 52

　　（一）集装化多式联运的早期实践和现代多式

　　　　　联运的开端 ……………………………… 52

　　（二）现代多式联运的发展阶段及特征 ………… 55

　二、经济组织变革与多式联运发展的关系 ………… 66

　　（一）作为组织创新的多式联运及其重要意义 … 66

　　（二）多式联运链条效率的发挥需要恰当的

　　　　　经济组织 ………………………………… 68

　　（三）经济组织问题是多式联运链条参与主体的

　　　　　重要决策内容 …………………………… 68

　　（四）深入理解经济组织对于完善相关行业政策

　　　　　体制至关重要 …………………………… 69

第四章　现代多式联运系统的特性及其经济组织 …… 71

　一、现代多式联运系统的构成 ……………………… 71

　　（一）线网设施 …………………………………… 72

　　（二）主要设备 …………………………………… 75

　　（三）现代多式联运系统的主要经济主体及其

　　　　　相互间关系 ……………………………… 75

　二、现代多式联运系统的特性 ……………………… 78

　　（一）产品需求特性 ……………………………… 78

　　（二）生产技术特性 ……………………………… 78

　　（三）交易特性 …………………………………… 81

　三、多式联运的组织形态及系统特性对其的影响 … 83

　　（一）多式联运的组织形态 ……………………… 83

　　（二）多式联运系统的特性对其经济组织的影响 … 87

　　四、多式联运经济组织的其他影响因素 ……………………… 90

　　　　（一）企业战略考虑 ………………………………………… 90

　　　　（二）公共政策与制度 ……………………………………… 90

　　五、本章小结 ……………………………………………………… 92

第五章　海运业在现代多式联运发展中的组织变革 …………… 93

　　一、集装箱载运技术与海运业的发展 ………………………… 93

　　二、集装箱海运业的组织变革 ………………………………… 94

　　　　（一）主要集装箱海运企业及其概况 …………………… 94

　　　　（二）集装箱海运业组织变革的主要体现 ……………… 101

　　　　（三）海运业构建多式联运链条的组织形态 …………… 105

　　三、集装箱班轮公司参与多式联运的主要原因 …………… 108

　　　　（一）满足完整运输产品的市场需求 …………………… 108

　　　　（二）实现规模经济和范围经济 ………………………… 109

　　　　（三）提升市场份额和竞争能力 ………………………… 112

　　四、集装箱海运业组织变革的作用及意义 ………………… 112

　　　　（一）提升整个运输链条的效率 ………………………… 112

　　　　（二）改造传统的海运行业 ……………………………… 113

　　五、本章小结 ……………………………………………………… 113

第六章　欧美典型国家铁路多式联运的经济组织 ……………… 114

　　一、美国铁路多式联运的经济组织 ………………………… 114

　　　　（一）美国多式联运概述 ………………………………… 114

　　　　（二）美国铁路多式联运经济组织的基本现状 ……… 116

　　　　（三）美国铁路多式联运经济组织的变迁

　　　　　　　及其原因 …………………………………………… 117

　　二、欧盟地区典型国家铁路多式联运的经济组织 ………… 125

　　　　（一）欧盟地区典型国家铁路多式联运的主要

　　　　　　　参与主体 …………………………………………… 125

（二）欧盟地区典型国家铁路多式联运的

组织形式 ·· 127

三、欧美典型国家案例的相关启示 ······················· 132

（一）美国铁路多式联运经济组织变迁的启示 ······ 132

（二）欧盟地区典型国家铁路多式联运经济

组织的启示 ··· 133

四、本章小结 ·· 135

第七章　我国铁路集装箱多式联运发展的经济组织问题 ········· 137

一、铁路货运组织改革前集装箱多式联运

经济组织分析 ··· 137

（一）我国铁路集装箱运输经营及管理主体的

组织变化 ··· 137

（二）我国铁路集装箱多式联运链条的组织结构 ····· 139

（三）优化铁路集装箱经济组织的思考 ············· 149

二、铁路货运组织改革的背景及主要内容 ··············· 150

（一）铁路货运组织改革的背景 ····················· 150

（二）铁路货运组织改革的主要内容 ··············· 152

三、货运组织改革后铁路集装箱多式联运的主要变化 ··· 156

（一）业务及运营机构重组 ·························· 156

（二）货运组织改革对铁路集装箱多式联运的

若干影响 ··· 158

四、当前铁路货运组织改革的主要问题 ··············· 159

（一）国铁在货运营销中的定位仍不够清晰合理 ····· 159

（二）内部资源整合仍有待优化 ····················· 160

（三）激励约束机制有待完善 ······················· 161

（四）运价机制仍不够灵活精细 ····················· 161

（五）一体化运输服务的运行规则不够协调 ········· 162

五、改善我国铁路集装箱多式联运经济组织的建议 ··· 162

六、本章小结 ·················· 166

第八章　我国国际集装箱铁路联运的经济组织 ········· 167
　一、我国国际集装箱铁路联运的发展历程及总体现状 ······ 167
　　（一）我国国际集装箱铁路联运发展的基本
　　　　　背景及历程 ··············· 167
　　（二）中欧班列发展的基本现状 ··········· 172
　二、中欧班列经济组织的现状特点及主要问题 ········ 181
　　（一）中欧班列经济组织的基本现状 ········· 181
　　（二）中欧班列经济组织模式及其特点 ········ 200
　　（三）中欧班列的运营组织存在的主要
　　　　　问题及其原因 ············· 214
　三、中欧班列运营组织发展的政策保障措施 ········ 219
　　（一）加强顶层设计，健全国际规则 ········· 219
　　（二）完善相关政策，坚持放管结合 ········· 223
　　（三）规范补贴行为，创新支持手段 ········· 223
　　（四）深化货运改革，优化运营机制 ········· 224

第九章　结语 ··················· 225
　一、若干理论思考 ··············· 225
　二、主要研究结论 ··············· 228

主要参考文献 ·················· 232

第一章

导　　论

一、问题的提出

经济社会的基本特征是贸易，而贸易与交通运输密不可分，交通运输比其他任何事情都更能拓展市场的范围。很难想象，一个经济社会如果不具备将货物以经济有效的方式进行空间位移的能力将如何获得进步。因此，经济的发展离不开高效的运输体系，尤其是高效的货运体系。

在人类社会发展的历史进程中，经济的发展与运输及运输业的进步相互伴随，互相促进。各种交通运输技术的相继出现极大地降低了人类经济活动的成本，并拓展着经济活动的范围，推动着地区间、区域间以及全球范围的经济一体化进程。在经济全球化日益发展的今天，资源的全球性配置和市场在全球范围的拓展，不仅得益于运输业发展带来的物流成本节约，同时也越来越依靠运输系统的高效运转。全球性的生产体系和交易网络进一步影响运输市场的深刻变革。

这种变革具体体现在：在运输市场的需求方面，小批量、多批次的产品运输需求日益扩大，运输产品的完整性和时效性需求不断旺盛；在运输市场的供给方面，各种运输方式自身的运输系统不断完善，旨在节约单位运输成本的规模经济水平不断提升，各种运输方式间的衔接与协作不断增强，运输链条逐步延伸，各地区间、区域间以及全球范围内的运输系统不断融合。

这种变革深刻揭示了未来高效运输系统的发展方向是综合运输系统，其核心特征是不同运输方式间的有效衔接与一体化。而实现这种衔接与一体化的表现形式就是多式联运。作为一种先进的运输组织形式，多式联运充分发挥了联运链条上不同运输方式的内在优势，实现了运输产品的完整性和高效率。尤其是从 20 世纪 50 年代后期开始，由于集装箱作为联运工具的引入，进一步方便了不同运输方式间的快速衔接，从而极大地拓展了多式联运的规模，使集装箱多式联运成为现代运输业发展的一大亮点[1]。

集装箱多式联运大大增加了可以在远离消费地之外经济地制造商品的可能性，增大了这些商品的运输可以跨越的距离，从而拓展其市场范围，改善了运输的准时性，增强了制造商利用来源广泛的原材料和零部件生产制成品的能力[2]。如今，欧美等发达国家的集装箱多式联运获得了显著的发展，极大地提升了这些国家的产品制造能力和市场竞争力。同时，集装箱多式联运的发展也使这些发达国家的铁路运输行业得以转型并获得新的发展。20 世纪 90 年代中期以来，面对公路运输带来的日益严重的交通拥堵、能源消耗和环境污染等问题，欧盟地区在运输政策中开始着重强调并支持有铁路参与的组合运输的发展。2003 年，集装箱的运输收入超过煤炭收入，成为美国一级铁路公司最大的收入来源。

由此可见，集装箱多式联运不仅适应了经济发展的要求，而且也开启了货运系统的重构，为传统运输业带来新的发展契机。因此，在经济全球化的时代，为改善产品的制造能力和市场竞争力，各国和各地区都需要重视和推动集装箱多式联运的发展。而各种货物运输方式都需要适应集装箱多式联运的要求，融入集装箱多式联运的链条，以提升整个货运系统的效率。当然，这并不是否认运输化进程还需与一定的工业化发展阶段相适应。对于处在较低工业化发展阶段的国家和地区而言，发展高级运输化阶段的集装箱多式联运并非相当急迫和容易解决的问题。但以集装箱多式联运为核心的综合运输系统作为未来高效运输系统的发展方向，却是不容置疑的，在某种程度上，这种趋势是不可扭转的。

对于我国而言，随着工业化和城镇化的快速发展，运输化的发展水平也在不断提升，特别是近20年来交通基础设施的大规模建设，改善运输系统通达性和提升能源、原材料及农产品等低附加值产品的运输能力的初级阶段任务已基本完成。交通运输能力已总体适应国民经济和社会发展的需要。特别是经济较发达和城市化水平较高的东部地区，尤其是对发展外向型经济的沿海地区而言，其各种运输方式的系统相对发达和完善，高附加值产品的运输需求更为强烈，其运输化发展已逐渐向较为完善的阶段转变[3]。与此同时，中西部地区在内陆地区开放开发战略带动下，特别是近些年来在"长江经济带"战略、"一带一路"倡议以及新一轮西部大开发战略等深入实施过程中，也在不断完善综合交通基础设施网络的基础上，寻求更加开放、便捷和高效的一体化货运物流解决方案，以便深度融入区域协同发展和全球分工体系。当前，我国经济已由高速增长阶段转向高质量发展阶段，正处在转变发展方式、优化经济结构、转换增长动力的攻关期，建设现代化经济体系是跨越关口的迫切要求和我国发展的战略目标。这种发展阶段的转化也使得综合交通运输体系发展更为清晰地呈现出以下重要特征：各种运输方式从单独发展到方式之间有效连接，并逐步构建以集装箱为载体的多式联运链条；从运输方式和企业之间以竞争为主到以竞争与协作并重；从简单位移产品到关注综合物流服务和附加价值，进而延伸到通过交通运输对经济要素的空间组织优化来促进形成新的经济动力和发展格局。这些发展条件和形势的变化表明，迫切需要进一步快速推动以集装箱多式联运为核心的综合货运系统的发展。

事实上，过去数十年间，伴随我国东部沿海地区集装箱运输的高速发展，对集装箱多式联运系统的构建也做了大量的尝试。但总

3

体来看，效果并不理想，集装箱多式联运链条仍未形成，大多数集装箱运输仍采用分段运输的形式加以组织，多式联运经营人的网络没有构建起来，因而很少有"一站式"的"门到门"完整的多式联运产品，这其中有外向型产业布局、市场结构及运输技术经济特性等方面综合作用的因素，也有法律法规、政策体制和运营组织层面的制约，突出表现在，铁路运输业并未能有效地融入集装箱多式联运链条，铁路港站的集装箱运量长期不足港口吞吐量的2%。由于集装箱多式联运链条未能有效构建，尤其是铁路环节的薄弱，极大地削弱了整个货运系统的效率，难以适应经济高质量发展的需要。

在这种情形下，就非常有必要对如何提升集装箱多式联运效率的问题进行深入研究。而对于作为运输组织形式的多式联运而言，提升效率的核心和关键问题还应在组织层面。这就需要，在对集装箱多式联运发展过程中的诸方面问题进行全面考察的同时，重点关注多式联运链条的组织问题。而从经济学视角考察多式联运链条的组织，其本质就要研究多式联运链条上各经济主体间的经济关系及其治理模式。换句话讲，就要研究多式联运链条之经济组织的内部结构和组织形态。以上就构成本书选取集装箱多式联运作为研究对象，并从经济组织视角进行切入的背景和原因。

如前所述，经济的发展需要高效的货运系统作为支撑。未来高效货运系统的发展方向是综合货运系统，其核心是实现各种运输方式间的有效衔接和一体化。而集装箱多式联运正是这种衔接和一体化的重要表现和手段。对于日益深入经济全球化进程并日渐成为世界制造中心的中国而言，发展高效的集装箱多式联运系统非常重要。因此，研究现代多式联运的发展进程及其组织问题，并借鉴发达国家在发展现代多式联运中的经验，对改善中国集装箱多式联运的效率具有重要的现实意义。同时，研究并解决中国铁路业在融入多式联运链条方面存在的包括组织在内的诸多问题，不仅有助于整个集装箱多式联运链条效率的提升，也有助于促进中国铁路运输行业从传统运输行业向现代物流行业的转型。

在以往有关集装箱多式联运的研究中，理论上的研究相对较少于对实践操作层面的研究，而理论研究中应用经济学理论的研究又相对较少于法学、工程学和管理学等方面的研究，而从经济学视角研究多式联运组织问题的研究则更少。本书认为，研究组织问题的重要性在于，对于商业经营者而言，选择何种经营领域以及如何架构同其他经营活动的关系是重要的战略问题[4]。组织创新对于特定经营领域和行业成功具有重要作用，组织形态即便不是决定性因素也是关键性因素。同时，研究组织问题对于理解某行业中组织形态的特殊性和对于公共政策也有很重要的意义，如反垄断、价格管制等政策（某些商业惯例，如全程运价的制定并不一定就是反竞争性的）。

本书将对有关多式联运的各方面研究进行综述评价，并对相关核心概念进行界定，这一工作将为此后该领域的研究建立一定的基础。同时，从经济学视角对多式联运经济组织问题的探讨或许可能成为今后研究的突破点，从而为多式联运的理论研究提供一些新的思路。

关于运输业发展以及联运发展的理论研究，前人做了大量基础性和开拓性的工作，本书试图在前人研究的基础上，从组织创新及变革在运输业发展中的作用这一视角出发，以集装箱多式联运的发展为主线，揭示各种运输方式以及运输企业之间关系变化的逻辑脉络。本书将力图证明，这种现代多式联运运输组织形式的出现，使得各个独立的货运系统围绕集装箱这一技术进行新的系统重构，摆脱了过去单纯通过技术创新对运输业的经济优化，进而从组织创新来优化运输业的资源配置，从而极大地降低货物运输过程中的转运时间和成本，使得运输业进入一个完全不同于以往铁路、公路、水运、民航等单个运输方式发展的崭新阶段。事实上，从组织创新角度解释现代多式联运的发展，也是从制度层面探讨运输发展理论的延伸，不同的是，这里制度的作用将深入企业组织这一微观制度层面。

此外，本书对多式联运经济组织问题的研究也适应了经济学研究从一般资源配置问题向经济组织问题转变的重要趋势。并试图将一般资源配置问题所关注的生产效率同经济组织问题所关注的交易效率进行结合，通过对现代多式联运这一领域的研究，揭示出行业系统特性、生产效率和交易效率之间的关系。

二、相关概念的界定及辨析

（一）多式联运

多式联运，简单来讲是指"多种运输方式的联合运输"，它是区别于"单一方式运输"的一种运输组织形式①。从广义上理解，凡是在一趟运输行程中采用两种及两种以上运输方式的运输活动都可以归入多式联运的范畴。但这样一来，多式联运似乎就涵盖了大多部分的运输活动，因为地理条件和各种运输方式技术特性的差异会使人们在大多数的完整运输活动尤其是长距离运输活动中常常必须借助两种甚至多种运输方式来完成，比如货主用卡车运送货物到铁路车站，或者旅客下地铁后换乘出租车，又如人们出差可能要借助"公路＋民航"或"公路＋铁路"等这样的组织形式来完成运输活动。显然，这种定义就过于宽泛了。

事实上，在运输实践中，多式联运作为一种特殊的运输服务或产品来讲，其含义的界定是比较严格和规范的。根据1980年通过的《联合国国际货物多式联运公约》对"国际货物多式联运"的定义，可以将多式联运作如下理解，即"多式联运经营人按照货主的要求，运用两种或两种以上的运输方式，将货物从起始地运到终

---

① 这并非一种新的运输方式，因为它只是将既有的运输方式加以组合来完成运输过程。

到地的全程运输服务"。进一步讲，作为运输服务的多式联运应具备如下基本条件：（1）全程使用同一种多式联运提单或单证完成运输过程；（2）由多式联运经营人签发多式联运提单或单证，并对全程运输负责；（3）全程使用两种或两种以上运输工具完成货物或旅客运输。也就是说，提供多式联运服务强调多式联运经营人"采用两种及以上的运输方式、一票到底和全程负责"。当然这种定义主要是从托运人或旅客等运输服务需求者的角度来讲的。如果从承运人的角度来讲，一些承运人可能会将那些需要同其他运输方式的承运人进行联合运输的一类服务单独划为一种公司业务，命名为"多式联运业务"，以区别于仅依靠自身某一种运输方式提供服务的业务种类，比如北美的一级铁路公司就将"拖车或集装箱的铁路运输服务"单独划为"多式联运业务"，这同时也是在强调联运链条、协作运输在这一业务中的重要性。还有一些运输服务供给者，比如快递业者，虽然其服务本身运用了多种运输方式，从本质上讲可归为多式联运，但其并不特别称为多式联运服务。

尽管如此，人们对多式联运含义的理解，尤其是在对多式联运的学术研究和政策研究中，并没有形成一致的意见，甚至在术语的使用上也存在不少差别。比如博德康宁等（Bontekoning et al.，2004）[5]就曾在一篇综述性文章中列举了相关学术文章对多式联运的 18 种定义，且这些定义的表述还只是针对"Intermodal Transport"这一术语而言。不过从根本上讲，这些差异大多只是由于研究者所采用的视角和分析的层面而有所不同，但对多式联运区别于单一方式运输的核心属性的理解还是基本一致的。比如琼斯等（Jones et al.）[6]虽曾在一篇工作论文中综述了包括国际组织、政府、研究机构、学者和运输业者在内的 8 种有关多式联运的定义，但还是在本质上统一了这些定义。因此，下文对这种研究差异的进一步分析，旨在阐述本书所界定的研究范围，绝非为夸大这种差异，尽管对多式联运概念的不同理解尤其误解是发展多式联运的一大障碍[7]。

从笔者所掌握的外文第一手资料看，现有关于多式联运的定义，大多只是指货物的多式联运，且强调在运输过程中使用集装箱、拖车等联运箱具。这其一是由于在实际操作中，运输服务提供者以旅客为运输对象的多式联运并不多见；其二是由于在货物多式联运中，集装箱或拖车多式联运最为普遍也最有效率，事实上，正是由于集装箱等联运箱具极大降低了换装时间和成本，才大大拓展了多式联运的发展规模，而散件货物的多式联运由于部分属于快递服务领域，遂不特别在多式联运中加以说明。比如在联合国欧盟经济委员会、欧洲运输部长会议和欧盟联合制作的《组合运输术语手册（TERMINOLOGY ON COMBINED TRANS-PORT）》中，多式联运的定义是"货物在同一个装载设备或道路车辆内，依次采用若干种运输方式，而不需在改变运输方式时对货物本身进行装卸，货物的这种运输称之为多式联运"[8]。可见这就是将多式联运等同于货物多式联运，并暗示了联运箱具的使用。不过在多式联运的实际操作过程中，也并不一定如该定义所言"不需在改变运输方式时对货物本身进行装卸"，比如海运标准集装箱中的货物有时也会在港口掏箱并换装内陆箱之后再通过铁路或公路进入腹地。因此，在接受定义主旨的同时，还需结合实际的变化来理解。

此外，还有的定义直接将多式联运等同于集装箱多式联运。比如美国运输部给出的定义是"多式联运是指在运输方式间可以互换的货物集装箱的运输，这些运输模式包括公路、铁路、水运、空运以及设备在该多重系统内的兼容之处（主要指衔接的结点处，笔者注）"[6]。显然，这一定义强调了集装箱这一联运箱具的重要作用，但却只局限在这一种联运箱具，而忽略了实际当中采用的以拖车、公铁两用车等其他联运箱具为载体的货物运输。与此相较更全面的是香港工艺大学的帕尼迪斯（Panayides, 2002）给出的定义，即"多式联运是一种通过多种运输方式的协作从而最大限度地利用各种运输方式的比较优势并使运输链条成为一体的对集装化载货单元的运输形式"[9]。此外，这一定义的特点及亮点是突出了多式联运在发挥各种运输方式比较优势方面的作用，并强调了运输方式间的协作和运输链条一体化的重要性，可以说一语道出了多式联运的发展潜力和关键所在。

区别于上述定义的外延，有学者将旅客多式联运纳入其中。如加利福尼亚大学的阿尔特等（Alt et al.，1997）认为"多式联运是使用并协调两种以上主要运输方式按照旅客或货主和收货人所要求的发到地点，运输旅客和货物的运输过程，在整个运输过程中采用单一运单并实行一口价"[10]。除了肯定旅客多式联运的存在和发展潜力，该定义还强调了对主要运输方式的控制、协调和多式联运服务的定价问题。这在一定程度上也暗示了发展多式联运所要解决的重要问题。

与上述定义的层面不同的是，美国国家多式联运中心（National Center for Intermodal Transportation，NCIT）从宏观角度指出"多式联运是一种规划、建造及运作某运输系统的方法，这种运输系统强调运输资源的有效利用和各种运输方式间的连接性，注重整个运输过程的质量、成本、时间和安全"[7]。这一定义是将多式联运看作是提高运输资源利用率和运输系统效能的方法或途径，从多式联运的运用本身看到其背后的运输方式间连接性的重要性和它带来的社会效益以及经济效益。实际上，美国国家多式联运中心的研究主题就是评估、规划并设计那些可以通过更好地利用不同运输方式各自的优势来提升美国国家多式联运系统中客货运输服务的效率和安全性的方法或途径。

由上可见，有关多式联运的不同定义之间存在的差异大多是由于不同定义者站在不同的视角有不同的理解和认识，在含义上只有广狭之分，没有本质差别。不过笔者从这些差异中也注意到有必要根据不同的认识角度和实际操作情况对多式联运进行一个分类，以更细致地刻画多式联运的全貌（见图1-1）。

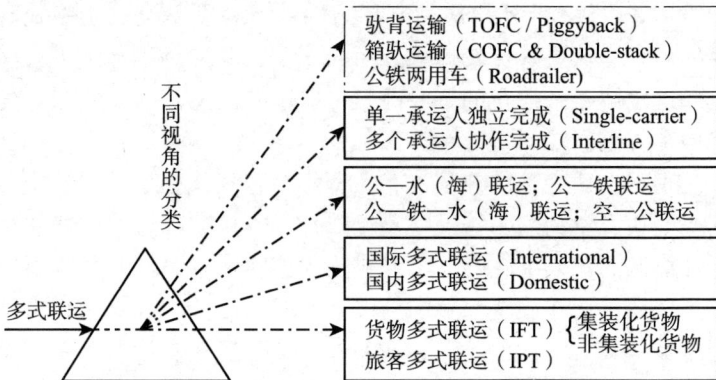

图 1-1　多式联运在不同视角下的分类示意图

如图 1-1 所示，按照不同的运输对象，可以将多式联运分为货物多式联运和旅客多式联运，其中货物多式联运又大致分为集装化货物和非集装化货物的多式联运，前者主要在运输过程中使用了集装化的联运箱具，后者则不强调集装化载运箱具的使用，比如散件包裹的快递、煤炭等大宗货物的多式联运。按照业务的经营范围，可以分为国际多式联运和国内多式联运，其中国际多式联运主要是指国际货物多式联运，这种分法在统计上常常有重要的意义。按照全程运输中不同运输方式的组合，多式联运的形式主要有公—铁联运、公—水（海）联运、公—铁—水（海）联运和空—公联运等。从不同种类的多式联运经营人的角度，可以分为由单个承运人独立完成的多式联运（Single-carrier）和由多个承运人联合完成的多式联运（Interline），其中前者是指"运输链条中某一运输方式的承运人扩大其经营领域，将业务范围延伸至与其相连接的另一运输方式的领域"，因此作为多式联运经营人可以独立完成整个运输过程，后者是指运输代理人与承运人或承运人之间以签订协约、各取其得、各负其责的方式联合完成整个运输过程，具体又可分为：（1）多式联运经营人与托运人签订多式联运合同，但不参与运输，而将各区段的运输任务转包给各运输区段的承运人；（2）多式联运经营人只承担部分与运输有关的服务性作业，如装箱、拆箱业务，而不参与任何运输方式的运输，也就是把各区段的运输任务转包给各运输区段的承运人；（3）多式联运经营人本身是经营某种运输方式的承运人，它与托运人签订多式联运合同并负责其中某一区段的运输任务，而将其他运输区段的任务转包给各运输区段的承运人，由他们完成各自区段的运输任务[11]。

需要补充的是，还有一种从铁路公司运作其多式联运业务的视角出发，对基于铁路的多式联运系统的分类。以美国铁路为代表，这种基于铁路的多式联运系统大致有三种：第一种是铁路平车上的公路拖车系统（Trailer on Flat Car，TOFC），或称驮背运输系统（Piggyback），具体是将公路拖车开到一辆铁路平车上，然后加以固定，用牵引车带走；第二种是把一个标准的集装箱（通常是20英尺或40英尺箱）放在带有固定用的扭锁的铁路平车上，称为箱驮运输（Container on Flat Car，COFC），这其中包括双层堆垛式或说双层集装箱运输系统，它是箱驮运输技术的一个更为有效的变种；第三种是公铁两用货车（Roadrailer）系统，它是将装有可收缩的路轴和端部挂车点的标准公铁两用货车，倒转到特别的铁路转向架上，目前其已在新西兰、澳大利亚和某些欧洲国家得以应用。

需要说明的是，在本书中，多式联运专指货物多式联运，不涉及旅客的多式联运。同时，在某些语境下会使用广义的概念。在本书中，现代多式联运是指20世纪50年代以后大规模应用集装箱等集装化联运箱具的多式联运。

（二） 多式联运的相关外文术语及关联概念的辨析

有关多式联运的概念除了在内容表述上的差异外，在外文术语使用上也存在差别。就目前掌握的文献来看，带有多式联运基本含义的术语包括："Intermodal Transport/Transportation" "Intermodalism" "Multimodal Transport/Transportation" 和 "Combined Transport"。此外，为了进一步厘清多式联运的概念，本书还将把多式联运和一些相关术语进行辨析，比如"Container Transportation""联合运输""联运"和"综合运输"等。

1. Intermodal Transport 和 Multimodal Transport

许多英文文献在表述一般意义上的"多式联运"时，较常使用的术语有"Intermodal Transport"和"Multimodal Transport"，当然如果特指货物多式联运，更为严谨的表述应当是"Intermodal Freight Transport"和"Multimodal Freight Transport"，不过很多文献其实都省去了"Freight（货物）"一词。在大多数情况下，这两个词所指代的内容是相同的，只是在使用偏好上，美国人偏向前者，欧洲人偏向后者。如果就用词本身的差异而言，可以认为"Intermodal"强调了"联"，而"Multimodal"强调了"多"，即差别在于侧重点不同。如果进一步深究两个术语的差别，倒是也有其他学者的相关研究可供参考。比如有些学者（Jennings & Holcomb）主要从货物运输角度，认为"Intermodal"或称"Multimodal One-container"是指运用集装箱（或类似联运箱具）进行的多种运输方式的联运，而"Multimodal Non-containerized"则指不使用集装式联运箱具的多种运输方式的联运，或者即使使用了联运箱具，在运输过程中仍要对货物本身进行转载，这种运输组织形式也可以用"Transloading"一词表示（见图 1-2）[12]。由此可见，从货运角度而言，不论是否使用集装箱等联运箱具，只要运用了多种运输方式，就可以冠之以"Multimodal"。事实上，《组合运输术语手册》上对"Multimodal Transport"的定义也并不强调是否使用联运箱具，而"Intermodal"的定义则强调这一点，这至少表明在货运方面，"Multimodal Transport"的外延比"Intermodal Transport"广。

2. Intermodal Transport，Combined Transport 和 Container Transportation

在很多欧洲学者撰写的文献中，常常出现"Combined Transport"一词，国内有些地方将其译作"联合运输"，但这样一来就容易产生歧义，因为一般而言，"联合运输"的范围比"多式联

Multimodal One-container（Intermodal）

一种运输方式
One Mode

起始地
Origin

终到地
Destination

Multimodal Non-containerized（Transload）

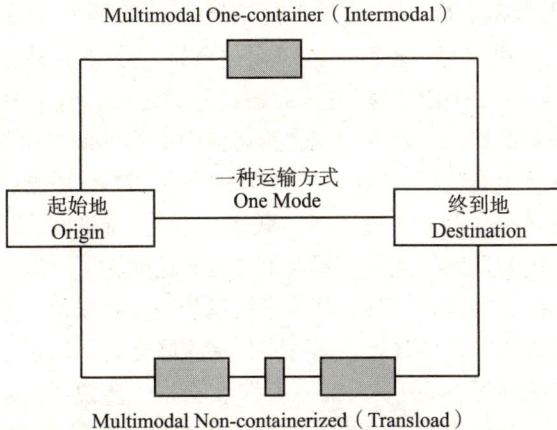

图 1 - 2　三种主要运输策略的模式

资料来源：詹宁斯和霍尔科姆（Jennings & Holcomb, 1996）。

运"要广。虽然人们对于"联合运输"这一概念本身也有诸多争论，但至少它没有限定运输过程中采用不同种类的运输方式，比如同一运输方式中的两家运输企业之间开展的运输可以称为"联合运输"，而不能叫作"多式联运"。根据《组合运输术语手册》的定义，"Combined Transport"应属于"Intermodal"的一种，它是指"在欧洲旅程中的大部分运输采用铁路、内河水运或海运等运输方式，且在初始和（或）终到的辅助运输中尽可能短距离地使用公路运输方式的一类多式联运"[8]。其中之所以强调"在欧洲旅程中"和较少的使用公路运输方式是基于欧洲日渐拥堵的道路运输状况及其对土地、能源及环境的负面影响而考虑的，由此我们也可以在一定程度上体会到为什么联合国欧盟经济委员会、欧洲运输部长会议和欧盟要联合制作一本名为《组合运输术语手册》的出版物。

另外，还有少量文献把"Container Transportation"和"Intermodal Transport"作同等理解。应该说这是一种片面的理解甚至是误解。"Container Transportation"一词译作"集装箱运输"，是指对"集装箱"这种联运箱具（包括空箱和重箱）的运输，并不限定运输方式的种类和个数，可以看作是一种联运的技术手段或高级形式。事实上，集装箱运输和多式联运的区别还是显而易见的，一则多式联运不一定采用集装箱进行运输，除此之外，还有拖车、公铁两用车等联运箱具，二则采用集装箱运输的也不尽是多式联运，比如早期铁路业使用集装箱运输的主要目的是保护货物和方便铁路内部不同企业间的联运，而并非进行多式联运。不过，同时需要说明的是，现代多式联运的发展已经越来越离不开集装箱运输了，以至于很多场合下，人们提到多式联运其实都是指代集装箱多式联运。鉴于此，本书倾向于将集装箱多式联运表述为现代多式联运，以区别于人们对多式联运的传统理解。关于这一点，后文仍会进一步说明。

至此，笔者将用一张示意图表明上述英文术语的差别（见图1-3）。如图1-3所示，由于"Multimodal"中的货运多式联运不限定是否采用联运箱具，而"Intermodal"强调使用联运箱具，且在运输过程中不对货物本身进行装卸和转载，所以认为"Multimodal"包含"Intermodal"，而根据"Combined Transport"的定义可知，其是"Intermodal"的一种特殊形式，所以包含在"Intermodal"之中，"Container Transportation"与"Intermodal"并不相等，其中①表示在"Multimodal"运输过程中，使用了集装箱运输，但对货物本身进行了重新装卸和转载，②表示同一运输方式内部的集装箱运输（包括同一运输方式内不同企业间的集装箱联运）。

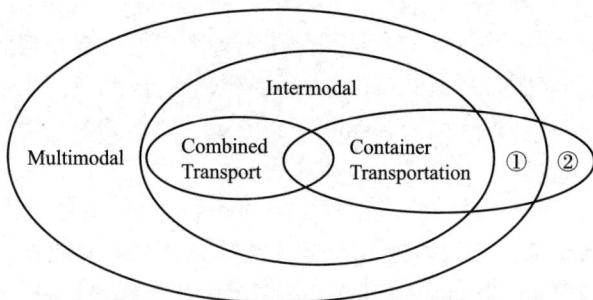

图1-3　多式联运相关英文术语的关系

此外，还有一些文献使用"Intermodalism"一词，大致可以理解为"Intermodal Transportation"的简写，只是比较强调多式联运成为一种趋势，在此不作赘述。综合考虑上述若干多式联运术语的含义，本书均将其作为进行文献研究的检索关键词。

3. 多式联运、联运及联合运输

关于联运和联合运输的定义及区别，国内也有比较大的争议。谈大洋（1987）认为联合运输是"把现代化的交通运输工具有机地结合起来，把集、装、运、卸、散五个环节连接起来，加以长短分工，水陆协调，相互补充，综合利用，以求组成一个完整的运输体系，以期形成一个息息相通、脉脉相连、环环紧扣、四通八达的联合运输网络……，联合运输概念和联运概念之间的关系是属种关系……，联合运输概念的外延比联运概念的外延大，联合运输包括联运……，联运的基本含义是从接受委托至到达交付，组织两程或使用两种以上的运输工具，凭借统一的票据实现客货空间位移的一种'网络式'的'保价'运输"[13]。王庆功（2004）认为"联合运输是指两种或两种以上的运输方式或同一运输方式的两个及其以上的运输企业，遵照统一的规章或协议，使用同一运送凭证或通过相互代办中转业务，联合完成某项运输任务，简称联运"[14]。1986年4月国家经委、计委、财政部、铁道部、交通部制定的《关于发展联合运输若干问题的暂行规定》中的表述是"联合运输是综合性的运输组织工作，包括两种以上运输工具或两程以上运输的衔接，以及产供销的运输协作"。尽管如此，大部分国内学者都认为联运是"货物或旅客经两程以上或两种以上运输方式的运输，通过联运经营人的服务，按照货主或旅客的要求，一票到底、全程负责，把货物或旅客运送到目的地"。王稼琼（1995）则建议对联运术语进行标准化工作，并且"在理论研究、政令性文件以及实际工作中，不再使用'联合运输'这一术语"，对联合运输中的产、供、运、销运输协作的含义代之以"物流"这一术语加以表述[15]。笔者同意这一主张。综上，按照普遍理解，联运既包含不同运输方式的运输，又包含同一运输方式中不同企业的运输，即联运包括多式联运。所以，笔者认为联运与多式联运应是属种关系。

4. 多式联运与综合运输

关于"综合运输"的概念也有多种表述，李士珍（1994）认为"综合运输是指铁、公、水、空各种运输方式的综合规划、综合发展以及先进运输技术的综合应用……，是从宏观社会效益的角度，研讨交通运输业的综合规划、综合发展和综合运用等问题"[16]。荣朝和（2005）认为"综合运输是指综合集成各种运输方式与系统的功能，一体化高效率完成人与货物空间位移。一体化运输是综合运输的核心内容……"[3]。胡思继（2005）认为"以国家综合交通体系所提供的公共交通网络及设施和运载工具为依托，以现代联合运输工程管理技术和信息技术为基础，以便捷、安全、高效和经济为目标，通过多种交通运输方式之间的协调配合，组织实现客货运输过程的经济活动和社会活动称为综合运输"，并指出"在发达国家，真正意义上的综合运输概念的产生，是在多种现代交通运输方式得到发展，国家综合交通体系初步形成之后"[17]。与综合运输紧密联系的概念是"综合运输体系"，事实上人们通常将这两个概念合起来讨论，有些地方干脆将综合运输理解为一种交通运输体系，如《集装箱化与现代物流辞典》对"综合运输"的定义是"在运输方式中，指利用铁路、公路、水路、航空和管道等各种运输方式，以逐步形成和不断完善一个技术先进的、网络布局正确的、运输结构合理的交通运输体系"①[18]。关于综合运输体系的概念，郭小碚（2000）认为"是指由各种运输方式构成的、相互协调及合理利用、共同完成旅客和货物运输的系统"[19]。高家驹（1993）认为"综合运输体系（或称综合的交通运输体

---

① 该辞典中"综合运输"所对应的英文单词是"Integrated Transport"或"Integrated Service"，而有些地方则使用"Comprehensive Transport"。

系），是对单一的运输体系而言，就是各种运输方式在社会化的运输范围内和统一的运输过程中，按其技术经济特点组成分工协作、有机结合、连接贯通、布局合理的交通运输综合体"[20]。基于以上认识，笔者认为与多式联运相同的是，综合运输也强调多种运输方式之间的协调配合。不同的是，综合运输的概念更广、更宏观，更突出国家对整个综合运输体系的规划和合理应用来构筑综合运输体系，而多式联运主要指微观层面的运输活动，突出运输企业合理运用多种运输方式提供满足社会需求的完整运输产品。

综上所述，本书认为对多式联运相关领域进行研究的前提之一是对多式联运这一概念本身有准确的认识和把握。由于长期以来一直持续着人们对这一概念的诸多争论，这就给理论研究和社会实践带来一些理解障碍，正是基于这种考虑，本书对多式联运的各种含义及其与相关术语的联系进行了分析和讨论。综合起来，本书所采用的多式联运概念为"采用集装化载运箱具，使用两种及以上的运输方式所进行的货物运输过程"。当然，此处还是较为宽泛的界定，主要考虑到用这一概念来进行文献检索时，可以获取更多的学术研究成果作为研究基础。在本书核心部分的讨论中，将主要从业务角度对其进行更为精确的界定。

（三）其他有关概念的界定

1. 经济组织、组织结构与组织形态

本书中，经济组织是指对经济主体间经济关系的治理，主要涉及契约的设计。由经济组织的概念又进一步引申组织结构和组织形态两个概念。其中组织结构是指各经济主体的角色、作用及相互间关系。组织形态是指对经济关系的不同治理模式所表现出的形式，主要包含市场契约、科层企业及混合组织形态。本书中，组织形态、组织形式和治理模式在一定语境下具有同一含义。

2. 多式联运的链网形态

多式联运的链网形态旨在描述多式联运链条上各经济主体间由于纵向的生产协作关系和网状的交易关系所形成的组织形态，在其组织结构中，存在一个具有交易集中功能和生产集成功能的中间层组织。关于这一概念，本书第四章会有进一步的论述。

3. 生产效率与交易效率

本书中，生产效率主要是指运输成本的降低和运输时效的提升。交易效率主要是指交易费用的降低，包括交易范围的扩大、交易进程的加速以及建立在互信基础上的长期交易关系的维持等外在表现。

三、本书的研究范围、逻辑框架及结构安排

（一）研究范围

研究运输行业，可以有多个不同的层次维度。荣朝和（2009）曾提出包括"线网设施""设备服务""企业组织""政策体制"四个层次的运输业网络形态分层分析框架，结合本书所研究的核心问题，本书将研究的范围主要限定在企业及组织层面（见图1-4）。不过，考虑到其他层面与本书主要研究问题所涉及的企业层面的内在联系，尤其考虑前人在其他层面的研究可能为本书研究所提供的借鉴，本书在文献研究中也全面考察了其他层面的已有研究成果。同时，由于本书所论述的主要问题同政策体制层面有较为紧密的联系，本书在核心问题的论述过程中也会涉及政策体制层面对企业组织层面的影响。此外，由于中国铁路集装箱运输发展中问题的多样性和复杂性，为避免武断，在讨论中国铁路集装箱多式联运之组织问题的过程中，也论述了其他层面所存在的发展障碍。

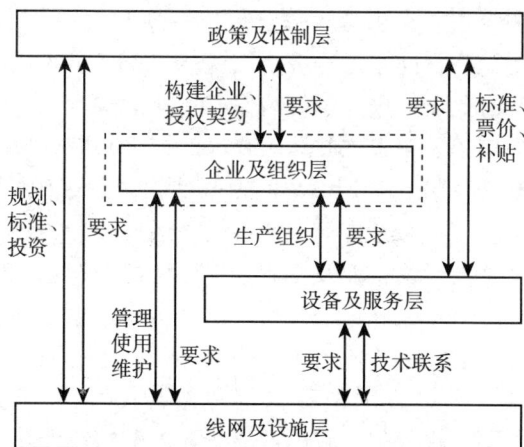

图 1-4　运输业网路形态的分层分析框架

从研究对象上，本书的研究范围限定在采用集装箱等集装化载运箱具的多式联运①，不涉及非集装化的多式联运和对旅客的多式联运，并着重考察有铁路参与的集装箱多式联运。从时间跨度上，本书的研究涉及集装化多式联运的早期实践，并着重关注 20 世纪 50 年代以来集装箱多式联运的发展，并考察这一过程中技术、制度以及组织方面的变革。从空间分布上，本书的研究范围主要涉及欧美等发达国家和地区的现代多式联运发展以及我国铁路集装箱多式联运的发展。

（二）　逻辑框架

1. 核心问题

针对我国集装箱多式联运链条效率低下，尤其是铁路运输业未能有效融入多式联运链条的经济现象，本书从经济学视角出发，以

---

①　由于集装箱航空运输的数量相对而言非常少，故本书讨论的多式联运中不包括航空这一运输方式。

经济组织问题为切入点来考察提升现代多式联运链条效率的途径。所研究的主要经济学问题是经济组织变革与现代多式联运发展的关系是什么？具有显著规模经济的运输方式（运输行业）如何通过组织的变革来适应集装箱多式联运的要求？与之相应，所要论证的主要经济学命题是：（1）生产效率的提升是借由交易效率的提升来实现的，经济组织的创新是推动现代多式联运发展的关键性因素，具有显著规模经济的运输行业及企业必须改变组织形态，以便充分发挥规模经济，提升多式联运链条的效率，实现运输市场中分散化需求和集中供给的匹配，满足经济发展对综合运输体系的要求。（2）铁路集装箱多式联运的组织变革是改善我国多式联运发展现状的必要条件，同时也是促进我国铁路行业由传统行业转型升级的重要推动力。

基于此，本书需要论述的子问题包括：组织变革在现代多式联运发展中的作用是什么？多式联运链条上各主体的角色、作用以及相互间关系是怎样的？影响经济组织形态的因素有哪些？

2. 逻辑框架

本书从经济学视角出发，提出改善多式联运链条效率需要对链条上相关主体间的经济关系进行恰当的治理，即多式联运的效率依赖其经济组织的优化。由此确定研究对象是现代多式联运及其经济组织的关系。由此直接引发的两个问题是"组织变革（创新）在多式联运发展中的作用为何？"以及"如何通过经济组织的优化提升多式联运链条的效率？"于是，一方面需要通过对现代多式联运发展进程的历史考察，论述组织变革（创新）在其中的作用，并进一步通过海运业的发展佐证这一论述。另一方面需要系统考察多式联运经济组织的含义，包括对多式联运系统的结构及其特性的分析，来说明多式联运链条上各经济主体的角色、作用及相互间关系，以及多式联运经济组织形态的影响因素及其与系统特性间的联系，由此分析出经济组织变革的主要方式及其依据。同时，通过分析欧美等发达国家在多式联运经济组织方面的具体案例，进一步归纳经济组织的方式及其决策因素。最后，结合海运业适应多式联运发展所作的组织变革过程，借鉴欧美发达国家在铁路集运转向多式联运经济组织方面的成效，针对中国铁路集装箱多式联运存在的组织问题，提出通过改善经济组织提升联运链条效率的建议，并最终归纳全书的结论（见图1-5）。

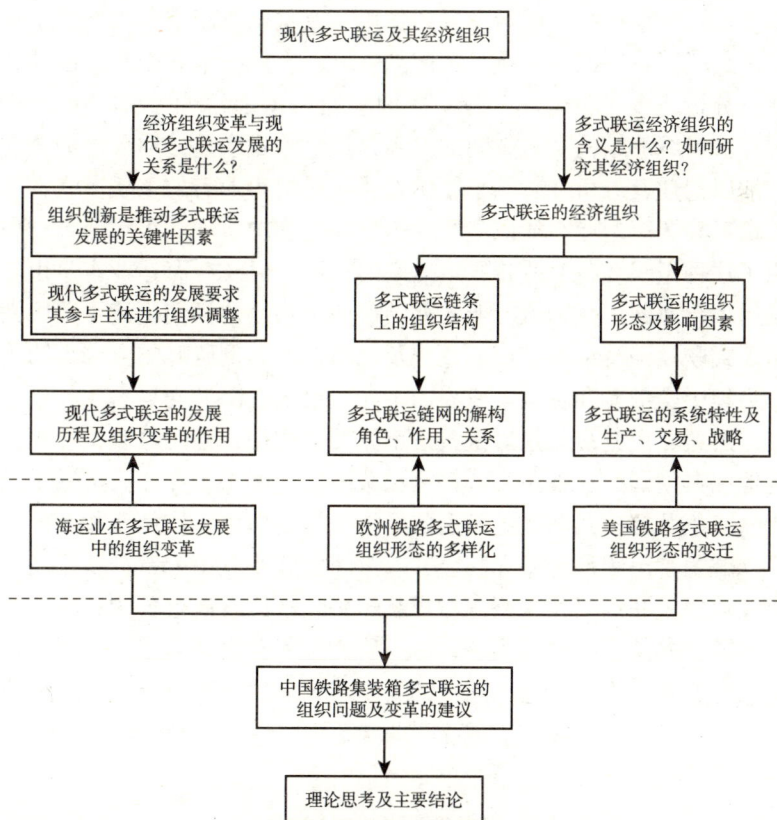

```
              ┌──────────────────────┐
              │  现代多式联运及其经济组织  │
              └──────────────────────┘

  ┌────────────────┐          ┌────────────────┐
  │ 经济组织变革与现  │          │ 多式联运经济组织的 │
  │ 代多式联运发展的 │          │ 含义是什么？如何研 │
  │   关系是什么？   │          │  究其经济组织？   │
  └────────────────┘          └────────────────┘

┌────────────────┐              ┌────────────────┐
│ 组织创新是推动多式联运 │              │   多式联运的经济组织   │
│ 发展的关键性因素   │              └────────────────┘
└────────────────┘
                          ┌────────────┐    ┌────────────┐
┌────────────────┐        │ 多式联运链条  │    │ 多式联运的组织 │
│ 现代多式联运的发展要求 │        │ 上的组织结构  │    │ 形态及影响因素 │
│ 其参与主体进行组织调整 │        └────────────┘    └────────────┘
└────────────────┘

┌────────────────┐    ┌────────────────┐  ┌────────────────┐
│ 现代多式联运的发展 │    │ 多式联运链网的解构 │  │ 多式联运的系统特性及 │
│ 历程及组织变革的作用 │    │ 角色、作用、关系   │  │ 生产、交易、战略   │
└────────────────┘    └────────────────┘  └────────────────┘

┌────────────────┐    ┌────────────────┐  ┌────────────────┐
│ 海运业在多式联运发展 │    │ 欧洲铁路多式联运  │  │ 美国铁路多式联运  │
│ 中的组织变革    │    │ 组织形态的多样化 │  │ 组织形态的变迁  │
└────────────────┘    └────────────────┘  └────────────────┘

              ┌──────────────────────┐
              │ 中国铁路集装箱多式联运的 │
              │ 组织问题及变革的建议   │
              └──────────────────────┘

              ┌──────────────────────┐
              │   理论思考及主要结论    │
              └──────────────────────┘
```

图1-5　本书的逻辑框架

（三） 结构安排

本书共分九章。第一章是导论。第二章回顾了国内外相关研究的进展，并对前人的研究成果进行了评述，提出了本书的研究空间。第三章从历史角度，系统考察了现代多式联运的发展历程、阶段特征及技术变革、制度变迁和组织创新的作用，并着重考察了组织变革对于现代多式联运发展的作用及意义。第四章深入剖析了现代多式联运系统的构成及其在产品需求、生产技术和交易方面的特性，分析了多式联运各种组织形态的特征，并研究了这些系统特性同经济组织的结构及形态间的关系，提出多式联运链网形态的概念并加以论述，分析并总结了影响多式联运组织形态的主要因素。第五章考察了海运业在适应多式联运发展过程中所作的组织变革，说明了这种组织变革对改善联运效率的作用，以及对海运业本身由传统运输行业向现代物流行业转变的作用。第六章详细论述了美国铁路多式联运经济组织变革的过程及原因，以案例研究的方法证明了作为集中交易者和货运集成商的中间层组织在降低交易费用、创新组织形式、提升多式联运链条效率方面的作用；同时分别论述了欧盟地区典型国家在铁路集装箱运输服务方面的组织形态，考察了处于铁路集装箱多式联运链条上各经济主体的角色、作用及相互间关系，说明了组织形态差异同公共政策间的联系。第七章分析了我国集装箱多式联运以及铁路参与集装箱多式联运发展过程中存在的主要问题，并从组织层面入手，深入研究了铁路集装箱多式联运的组织问题，并给出改善这一现状的若干建议。第八章分析了以中欧班列为代表的我国国际集装箱多式联运经济组织的现状及主要问题，并提出若干改善措施。第九章是结语。

第二章
既有研究成果的综述

一、多式联运相关问题研究

（一）多式联运的总体发展和评价

多式联运作为一种先进的运输组织形式，在逐渐完善和发展中不断显示出不同于单一运输方式和既有运输系统的诸多优势。许多学者和研究机构从不同视角对多式联运及多式联运系统的优势及独特性进行了评价和分析。肖平安（2006）认为由于集装箱运输与传统件杂货散运方式相比具有运输效率高、装卸速度快、经济效益好及服务质量优等巨大优越性，因而在世界各地得到推广和发展[21]。达迪诺（Daddino，1999）指出灵活有效的多式联运系统将供应商、生产商和终端消费者连接在了一起，它是在全球市场中获得商业成功的关键，是新经济的一大驱动力[22]。也就是说，达迪诺认为高效灵活的多式联运系统提供了完整的运输甚至物流服务，从而有利于供应链的整合，而这正是商业企业在全球市场中开展竞争的关键要素。可以说达迪诺简单明了地指出了多式联运对于经济发展的直接贡献。耶夫多基莫夫（Yevdokimov，2000）则提出了一种更为全面的方法来评价多式联运对经济发展的影响。他认为，多式联运除了提升运输效率所带来的直接经济效益之外，还有包括促进技术传播、带动相关技术的二次创新、增加专业人力资本、改善环境、减轻道路拥挤和交通事故发生率、增加人们休闲时间等间接的经济效益，这些经济效益同样有助于提升整个经济生产力[23]。因此他建议对多式联运的基本特征进行计算机模拟，建立更为全面严格的分析框架来研究多式联运在微观经济层面和宏观经济层面的影响。汉德曼（Handman，2002）针对美国东北部地区日益严重的交通拥堵问题，对多式联运在解决交通拥堵方面的作用进行了研究。他指出运输业非常有必要通过协调不同运输方式来为客户提供一种无缝化运输服务的选择[24]。言下之意，他认为多式联运是一种解决交通拥堵尤其是道路交通拥堵的替代方案。布朗和哈奇（Brown & Hatch，2002）研究了美国铁路多式联运服务对美国经济的价值。他们认为美国的货运铁路，尤其是铁路多式联运为缓解日益增长的运输需求对既有运输系统（主要指过分依赖公路方式的运输系统，笔者注）的持续压力提供了一种可行的更加有效和更具社会效益的替代方案。他们指出铁路多式联运在传统的陆桥运输市场和中短距离运输市场中都有非常巨大的潜力，能在未来发挥更加重要的作用，而且如果在更大规模程度上利用多式联运，还将产生包括降低公路的拥挤状况、减少公路建设的需要、增强公路的安全性在内的巨大的社会效益，以及包括降低有害气体的排放和能源使用在内的明显的环境收益[25]。

不过，就在众多认为多式联运可以带来更多环境和生态效益的观点出现的同时，克鲁茨伯格和沃克斯纽斯等（Kreutzberger & Woxenius et al.，2003）提出了一种理性的反思。他们提供了一整套全面且严格的研究方法，试图来求证货物多式联运是否真的比道路货运更具有环境友好性和可持续性。他们详细地归纳、比对、验证和评价了以往关于两种运输方案在污染物排放、能源消耗、交通拥堵、噪声及视觉污染等方面的外部成本比较的研究成果，最终验证了货物多式联运相对于道路货运更具环境友好性和可持续性的观点[26]。应当说，克鲁茨伯格等的研究态度非常严谨，他们没有一味地从众，轻易附和别人的观点，他们这种批判性学术思维值得学习和推崇。此后，贾尼奇（Janic，2007）也从事了类似的研究。所不同的是，他从总成本角度，通过建模计算比较了欧洲公铁多式联运网络和道路运输网络的内外部成本。其中内部成本包括由运输经营者和多式联运场站经营者承担的运营成本，以及在运输过程中消耗的时间成本；外部成本包括两套网络对社会和环境造成的成本，包括大气污染、拥挤、噪声污染和交通事故等。此模型的目的在于从社会角度出发，研究欧盟关于支持组合运输的政策对未来两套运输系统之间竞争的影响。通过该模型的相关检验，表明两套网络总成本下降的幅度要比门到门距离同比增加的幅度大，说明两套网络均存在距离经济，对于多式联运网络而言，由于实载量增加带来的规模经济，其平均总成本下降明显，而公路网络则基本不变。随着运输距离的增加，多式联运网络的总成本和内部成本比公路网络下降的要快[27]。因此，总的结果是比较支持欧盟这一政策的。他同时指出如果将总成本作为定价的一个主要依据，那么多式联运在长距离运输市场上则更有竞争力，而且如果增加其服务频率，在中短距离的运输市场上，多式联运也会有更多的发展空间。斯里奥维茨（Szyliowicz，2003）研究了多式联运与可持续交通机动能力的关系，并提出一种新的审视既有运输系统的思维范式。他认为非一体化非协调性的运输系统已经不能满足经济发展的要求和日益增长的运输需求，更谈不上维持可持续发展的其他方面。他指出可持续的运输系统是建立在多式联运的原则基础上的，因此非常有必要寻找出一种可以充分发挥不同运输方式的经济和技术优势，最大限度地降低它们对环境和社会的负面影响，并能提升地方、地区、国家和国际等各个层面的生产力的解决途径。而这样一种运输系统的特征是：各种运输方式实现了有效衔接，旅客和货主有更多的选择，不同运输方式之间实现协调发展，不同层次的政府之间以及其与私人部门之间实现良好的协作[28]。

　　然而，尽管多式联运的独特优势日益受到肯定和重视，一些发达国家尤其是北美洲的国家和西欧国家的政府及区域官方组织也率先将多式联运纳入本国或本区域运输体系发展的未来方向，但多式联运的发展仍存在非常多的障碍。因而，许多学者、研究机构或独立或在官方组织和资助下对多式联运的发展问题展开了集中的研究。

1997 年欧洲共同体委员会撰写了一份题为"欧盟地区的多式联运化和货物多式联运"的报告[29]，其中比较详细地论述了当时欧盟地区发展多式联运存在的主要障碍和战略问题。其中发展障碍主要包括以下几方面：（1）缺乏一体化的运输网络和运输方式间的互联互通；（2）运输方式之间以及运输方式内部缺乏技术上的协同工作能力；（3）运输方式间的规则的制定、标准化、信息交换以及程序方面的问题；（4）欧盟、欧洲各国以及区域各层次上的运输政策同步发展的问题。该报告认为这些障碍给运输体系的使用者带来高昂的摩擦费用，如较高的价格、过长的行程、迟滞、时间上的不可靠、降低优质服务的有效性、货物品类的限制、货损的高风险、复杂的办理手续等，并进一步指出这些障碍所产生的摩擦费用是由于以下三个层次缺乏连接性，即：（1）基础设施与运输手段；（2）基础设施的运转与使用，尤其是运输场站；（3）运输方式的基础服务与规章制度。基于对这些问题的认识，该报告提出了欧盟发展多式联运的战略和行动方向。为了解决多式联运发展所面临的诸方面问题，该报告提出如下主要发展战略：（1）在基础设施方面，努力建设泛欧运输网与节点；（2）在单个运输市场方面，协调规章制度与竞争规则；（3）进一步明确并消除多式联运发展障碍和相关的摩擦费用；（4）完善运输部门的信息化。应当说，该份报告对当时欧盟地区多式联运发展障碍的分析是比较全面且具体的，所提出的解决方案也很有针对性。其中的很多分析都强调了连接性和协作、协调的重要性，事实上这正是发展多式联运所要解决的重点同时也是难点。而且该报告的分层分析方法颇具借鉴意义，也就是说研究较为复杂的运输系统，可以从基础设施、服务和政策、制度等层面进行分析，这样会比较容易地找出问题的重点和解决问题的突破口。当然，这份报告主要还是从宏观层面上的分析研究，要进入具体操作阶段，还需要很多微观层面的研究加以补充。

同年，比萨斯等（Bithas et al.，1997）运用专家评价方法分别从欧洲地区各国家层面及整个欧洲地区层面对当时多式联运系统和多式联运场站的现状与相应理想状态间的差距及其原因进行了分析[30]。该研究指出当时欧洲地区多式联运系统及场站发展过程中最大的障碍存在于融资和基础设施方面。并提出要提升国家层面上的多式联运发展水平，以及提升整个欧洲地区多式联运场站的发展水平，还必须克服各国运输业管制制度以及铁路行业官僚组织与管理方面的诸多障碍。事实上，由于欧盟地区所涉国家数量众多，各国家地理规模相对较小，运输管理体制尤其是铁路行业管理体制的差别较大，缺乏一体化的运输基础设施和运输管理体制直至今日仍还是欧盟地区多式联运发展的一个重要障碍。斯里奥维茨（2001）结合当时美国多式联运发展的现状，分析了美国在发展多式联运过程中将主要面临的包括技术、协调整合、管理体制框架、法律制度、基础设施建设及融资、教育培训、科研、国际合作等在内的10大挑战。并指出解决这些发展障碍的首要和基本问题是在各个参与者之间建立互信机制，即需要使那些与多式联运事业发展相关的政府机构、产业界及劳动者共同意识到促进多式联运发展所能带来的共同利益和多赢局面，从而破除数十年来存在于他们之间的冲突关系[7]。

与此同时，一些学者对发展中国家和地区的多式联运发展问题展开了研究。徐剑华（1993）认为世界贸易格局的变化给多式联运提供了发展机遇，并指出这种变化要求班轮公司向多式联运承运人转化，提供附加增值服务，并认为铁路参与多式联运具有很大的发展前景。同时他也指出多式联运在基础设施、管理体制和方针政策方面还存在很多发展障碍[31]。徐淑芬（1994）研究了当时国际集装箱海铁联运的现状及其发展前景，论述了我国铁路国际集装箱联运的发展及其物质基础与运量，并分析了铁路国际联运中存在的主要问题，即海铁联运比重低和港口掏箱率高[32]。王克武（1996）通过对国际集装箱多式联运行业发展的观察，论述了国际多式联运产业的必然性和广阔前景，并通过回顾我国铁路集装箱运输发展历程和既得成就，对我国接运国际铁路联运集装箱滞缓的原因进行了分析，提出我国发展国际多式联运的战略目标及实现战略目标的步骤[33]。文中对我国铁路所存在的管理体制僵化和市场化活力不足的问题提出了批评意见。魏际刚、荣朝和（2000）从宏观经济分析的角度研究了我国集装箱多式联运发展的影响因素，指出集装箱多式联运是运输业发展的高级阶段，是适应工业化向后工业化社会转变的运输要求，认为集装箱多式联运的发展是我国运输业在经济全球化趋势下对国际分工、国际贸易和世界市场最新变化在运输方面的要求所做出的反应[34]。他们还着重分析了我国运输制度对集装箱多式联运发展的影响，指出条块分割、政企合一的运输体制造成了集装箱运输协作的困难，并认为运输代理制度的形成促进了运输的专业化和社会化，从经营上推动了集装箱多式联运的发展。林益恭（2001）结合我国加入 WTO 以后多式联运面临的新情况，阐述了目前我国多式联运发展的现状和主要问题，分析了加入 WTO 给多式联运企业带来的挑战和机遇，并系统提出了我国多式联运的发展策略[35]。安丙申（2001）结合国际集装箱多式联运工程流程，剖析了铁路所占市场份额较低的原因，认为铁路应该加强与国际货运代理公司合作，整合全路优势，增强竞争实力，提高市场份额[36]。班尼龙等（Banomyong et al.，2001）研究了老挝服装出口商向欧盟地区进行贸易运输的若干运输线路，通过建立包含时间成本的多式联运成本模型，为老挝服装出口商提供了新的运输方案[37]。该研究实际上表明了多式联运在国际贸易运输中的重要作用，其含义直接指向发展中国家和地区应当重视多式联运的发展。伊斯兰等（Islam et al.，2005）从供应链整合和多式联运的相似性出发，研究了二者的关系，讨论了发展中国家供应链整合的一些障碍，并从孟加拉国目前所面临的运输问题入手讨论了其发展多式联运的机遇和空间，进而通过分析孟加拉国目前所面临的运输问题，从发展多式联运的角度提供了一条整合其供应链的方法[38]。

此外，需要补充的是，一些学者就多式联运学术研究本身的研究也从一个侧面反映了多式联运就部分学科发展而言的重要影响。如马查里斯和博德康宁（Macharis & Bontekoning, 2004）指出多式联运为运输相关学科和运筹学相关学科提供了新的研究领域，且多式联运本身具有的特性为这些学科在发展新的研究方法方面提供了空间[39]。麦利纳等（Merrina et al., 2007）也指出多式联运网络系统不同于单一运输模式网络，因此传统的主要针对单一运输模式网络的运筹学研究必须在多式联运网络的研究中注意不同运输网络各自的特性[40]。

综上，学术界对多式联运的发展投入了极大的研究兴趣，他们的研究表明了多式联运对于构建高效运输系统和促进经济社会发展的重要作用，其政策涵义指向了促进多种运输方式的协调、一体化和可持续发展。虽然发展多式联运仍存在多方面的障碍，但促进多式联运发展已经逐渐成为人们的共识，我们需要清晰地认识经济、社会环境的变化及其对运输业的要求，抓住机遇。作为一种新的研究领域，多式联运还将为多种学科的发展提供新的空间。

（二）　线网与设施层面

线路、场站是开展运输服务的基础设施，与单一运输方式所不同的是，多式联运基础设施更加强调不同运输方式在物理上的衔接，而这种衔接主要集中在各种场站结点上。于是，许多学者都十分注重对多式联运场站或结点的研究。美国第 12 届运输部长弗雷德里科·佩纳（Frederico Pena）曾指出无论每个独立的运输方式如何有效率，要保证整个多式联运链条的整体效率，最关键的还是在接合部，即各种运输方式的连接点。阿尔特等（1997）也认为现有运输系统中，不同运输方式之间是缺乏紧密联系的，这会直接影响整个运输系统的效率，而促进各种运输方式间的衔接必须要在节点上下功夫[10]。不过，除了增强节点处的衔接性之外，也有学者指出结点本身即节点内部的运输效率的重要性。如可尼斯（Konings，1996）认为，要使多式联运方案在一趟行程中比直接的道路运输更具有运营成本效率（Cost-effective）和时间效益，必须提高货物在转载处理过程和两端配送过程中的效率[41]。因此，他提出集货物处理、仓储及集结配送功能于一体的综合性物流中心的概念和实施方案，来优化多式联运的货流组织，并指出此类一体化物流中心成功的关键之一在于其内部运输系统的效率。与此观点类似的，张琦和杨浩（2005）指出铁路集装箱内陆港作为运输网络的枢纽节点，具有与其他运输方式衔接的良好条件，具备向区域物流中心发展的先行优势。他们基于对实现条件共性的对比分析，提出铁路集装箱内陆港向物流中心发展的可行性，并对物流中心化的铁路集装箱内陆港业务流程进行设计，在此基础上提出实现铁路集装箱内陆港物流中心化、促进铁路集装箱多式联运持续发展的建议措施[42]。实际上，就笔者的理解，可尼斯等所提出的一体化物流中心属于多式联运中重要的结点设施，其功能不仅仅在于有效衔接不同运输方式，而且在于有效利用了规模经济效应。此外，这种专业化货物处理中心的出现还将改变传统的运输网络结构，使得多式联运网络的整体效率得到提升。事实上，有很多学者就多式联运和场站间的关系进行了分析。如克林克（Klink，1998）通过对欧洲诸大港口的观察，指出港口的规模经济提升了多式联运的服务频次和成本效率，而反过来港口也可以利用多式联运在内陆腹地服务范围的扩展来提升自身的竞争力[43]。罗桑尼和斯里尼（Roson & Soriani，2000）分析了现代多式联运技术扩展的经济问题，并以沿海港口为例研究了多式联运对运输网络中节点的影响[44]。他们指出集装箱多式联运作为一种技术创新打破了港口的口岸通路和中枢这两种传统作用之间的平衡，这是由于标准化集箱设备的采用，港口的规模经济和装卸效率大幅提升，大量的货物可以不经拆装直接通过港口，从而减轻了港口作为传统的货物仓储和中枢的作用。实际上，现代多式联运的发展正在引发既有运输网络结构的变化，诸如港口、铁路场站、物流中心等网络中的重要结点都必须调整自身来适应这种变化。麦克卡拉（McCalla，1999）就从全球船运业联盟的形成和集装箱船规模不断提升给港口业带来持续压力为背景出发，以哈利法克斯（Halifax）和温哥华（Vancouver）两个港口为例，强调指出港口要从提升自身规模经济和扩大腹地服务范围两个方面着力发展，来应对集装箱新时代的变化[45]。王薇和何小明（2006）也指出发展海铁联运对拓展港口腹地的重要性[46]。此外，一些国内学者对我国集装箱港口、码头的建设、发展和业务协作问题进行了研究。刘和平（2006）通过对合肥港腹地经济、集装箱运输现状、集装箱生成量、合肥—上海航线价格竞争力的分析，论述了合肥港开展集装箱运输的总体条件及集装箱码头建设的必要性和可行性，为合肥港开展集装箱内支线多式联运和集装箱码头的建设提供依据[47]。韩要稳、朱晓宁等（2007）指出集装箱码头是物流链中不可缺少的中心环节，需要与由不同运输方式组成的集装箱运输通道实现无缝连接，并运用物流的理念，提出以能力协调、组织协调以及信息协调为核心的作业环节协调体系，整体研究了集装箱码头作业环节协调性的问题[48]。

除了对场站等节点设施的研究，一些学者也对多式联运设施网络中的通道、线路以及不同运输方式的网络间关系进行了研究。朱晓宁（2001）和金万建（2003）等研究了多式联运通道效益的综合评价和国际运输通道的发展问题[49,50]。诺特伯姆（Notteboom，2002）从远洋承运人的角度，在成本模型和定性分析的基础上研究了班轮运输网络和内陆腹地运输网络之间的相互关系[51]。他强调内陆运营对于远洋运输企业总成本的作用正日益增强，由于货流将在有限的港口进行集结的趋势，使得远洋承运人在开展内陆运输服务中需要重新设计内陆腹地的集疏网络。也就是说，诺特伯姆的研究不仅从一个侧面反映了多式联运发展对运输网络变化的影响，也说明了在微观操作层面，运输经营者设计多式联运网络的必要性和重要性。进一步说，对多式联运线网的研究不仅仅局限在硬件设施的规划、建设和融资等方面，也包含了对建立在硬件设施网络基础上的业务运营网络的诸方面研究。

索斯沃思和彼得森（Southworth & Peterson，2000）用一种新的建模方法来研究在实际运作中，如何选择恰当的多式联运路径[52]。其主要思路是将货物运输的起讫点连接成运输网络，对多式联运场站的换装以及不同承运人之间的联运活动进行建模，生成不同运输路径下运输方案的成本函数，进而在比较和评价不同路径成本的基础上进行选择。与此相类似的，张宗胜（Chang，2007）也通过建模方法研究了国际多式联运中最佳运输路径选择的问题，并指出该问题的特殊性在于其属于多目标多运输方式多种类货流的运筹学问题[53]。此外，鲁滕（Rutten，1998）、泰勒和厄舍等（Taylor & Usher et al.，2002）也运用运筹学方法分别研究了多式联运场站网络的设计和布局选址等问题[54]。里佐利（Rizzoli，2002）等则通过建立多式联运场站中公铁联运货流的仿真模型，提出了一种评价场站设备水平和场站生产能力的方法[55]。当然，本书也注意到多式联运路径优化、场站设计与布局等微观操作层面的问题大多数还是属于运筹学和运输规划与工程学的研究范畴，其对本书的直接借鉴意义是相对有限的。这些研究对本书的总体启发在于，多式联运是一个复杂巨大的系统，其中各个环节都需要适应其特性所产生的要求才能不影响整个系统或链条的效率。

综上，运输线路、节点及由此形成的网络是多式联运的重要基础设施和交通资源，多式联运不仅要求硬件设施上的衔接，也要求从软件方面针对微观层面的运输路径和服务网络的设计。在现代多式联运的发展中，一些节点设施的功能在逐渐发生转变，运输网络的结构也在发生变化，其基本主旨在于实现多式联运的规模经济和整体效率。前人对多式联运线网设施层的研究成果为本书提供了深入认识多式联运系统的重要知识。

（三）　设备及服务层面

各种装卸、运输设备及装备是运输系统的重要硬件资源。多式联运设备主要包括集装箱等载运箱具、货物托盘、各种运输车辆及船舶、各种场站装卸吊具及货物处理设备、通信设备、信号系统等，其装备水平和标准化问题是多式联运相关研究中的一个重要方面，这其中尤以设备标准化问题为重点。从某种程度上讲，设备的标准化是多式联运链条实现一体化和高效率的一个基础和表现。在实践当中，人们经过多年的研究磋商已经为许多多式联运设备制定了一定的标准，比如国际标准海运集装箱、铁路集装箱专用平车、场站装卸设备等，但仍然存在很多设备种类，尤其是存在很多箱型尺寸的载运设备。比如，北美铁路多式联运实践中就有集装箱、拖车和公铁两用车等载运设备，虽然庄士敦和马歇尔（Johnston & Marshall，1993）的调查显示大多数货主更偏向于使用集装箱，但每种载运设备仍有其独特优势和使用范围。事实上，出现这种情况的原因在于市场需求的复杂性。比如为了更好地利用公路限界，满足规模经济的要求，北美国家在内陆多式联运体系中采用了很多大尺寸的内陆箱。杨清波（2003，2008）多年来一直从事中国铁路集装箱及场站装卸设备标准化问题的研究，他主张在国内建立内陆集装箱运转系统，建议尽快制定适合我国国情的国内箱标准，促进国内多式联运的发展[56]。

由此可见，实际当中设备标准化问题的解决需要在兼容性带来的系统效率和多样化的市场需求之间寻求平衡，或者说进一步的标准化需要满足多式联运各个参与者的利益要求，而这一过程是长期而复杂的。有鉴于此，博德康宁等（2004）建议进一步研究标准化的决策和实施过程，即多式联运中各参与者如何就标准化问题达成一致以及如何执行标准[57]。也就是说对多式联运设备或相关技术标准问题的研究已不能仅仅局限于工程技术领域，还需要借助经济学等社会科学来展开研究。事实上，设备标准化在经济上的重要性在于，技术标准一经确立，就会形成专用性资产及技术依赖，其变更成本十分高昂，因此技术标准的制定需要慎之又慎。

除了设备的标准化问题之外，一些学者还研究了设备（主要是集装箱等载运箱具）的管理和服务问题。苏志龙等（Choong et al.，2002）通过计算分析了运输计划编制范围对多式联运中空箱管理的影响，并指出空集装箱存放场地的数量和布局起主导作用[58]。实际上，其研究强调了多式联运中的集装箱等设备的有效利用问题，指出必须通过合理的运输计划编制来尽可能地减少集装箱等设备的使用和管理成本。莫洛克和斯帕索维奇（Morlok & Spasovic，1995）在针对提升拖运服务（Drayage）手段的研究中，也指出设备管理水平对于多式联运服务竞争能力的重要性。他们通过比较多式联运营销企业（Intermodal Marketing Companies，IMCs）和大型长途卡车运输企业在拖运服务的竞争优势，指出多式联运营销企业需要进一步加强集装箱等载运设备的管理水平，以最大限度减少设备无效利用引发的包括空驶成本在内的诸多运营成本[59]。李渝生（1995）在分析国际集装箱、拖车运输业市场及其装备发展的现状与趋势的基础上，提出了我国集装箱、拖车运输业，特别是装备发展的设想，建议在铁路系统内组建集装箱、拖车（公铁联运）运输总公司，以将铁路货运服务延伸至公路运输[60]。成耀荣和严宝杰（2001）详细分析了我国集装箱使用、管理中存在的问题及原因，针对经济一体化，以及国际多式联运迅速发展这一现实，就集装箱选择、使用与管理等问题提出了设想与建议[61]。周立新等（2001）根据我国公路与铁路货物运输现状，阐述了公铁两用货挂车在我国运用的前提条件、技术特点和管理体制模式[62]。

关于多式联运的服务问题的研究，大多数集中于客户对服务质量的要求、提升服务水平的方法及服务的潜在市场等方面。1977年，摩拉什（Morash）等研究了美国铁路驮背式运输（Piggyback）服务的市场营销问题[63]。他们非常有远见地指出铁路驮背运输服务将成为改善美国铁路行业财务状况和竞争能力的最大出路。为此，他们分别从货物品类、运输距离、经济区域等方面详细考察了当时美国铁路驮背运输服务的潜在市场。其研究指出工业制成品等高附加值产品是铁路驮背运输服务增长的主要来源，那些长距离的且可以很好地结合铁路运输和卡车运输各自优势的运输区域是铁路驮背运输潜在的服务范围，南大西洋区域是提供铁路驮背运输服务的潜在经济区域。此外，他们还对当时美国最大的 10 家铁路公司的驮背运输服务能力进行了比较，并从观察中指出所有这些铁路公司都将从驮背运输服务的增长中获益匪浅。当然，文章同时也指出提升驮背运输服务质量，还需要对现有铁路场站设施及设备进行升级改造，虽然摩拉什等对铁路缺乏必要的资金支持表示担忧，但同时也对《1976 年铁路复兴与改革法》将给美国铁路行业带来的变化充满了信心。

哈珀和埃弗斯（Harper & Evers，1993），埃弗斯（Evers，1996），墨菲和戴利（Murphy & Daley，1998），路德维希森（Ludvigsen，1999），坦桑布拉斯和凯普斯（Tsamboulas & Kapros，2000），埃弗斯和约翰逊（Evers & Johnson，2002）则先后研究了多式联运托运人（即多式联运客户）对多式联运服务的认知和要求[64-66]。总的结果表明客户服务质量、运送时间、服务频次、价格等要素是多式联运托运人关注的主要方面，其中又以时效性、可靠性等指标为主。戈利亚和亚尼斯（Golias & Yannis，1998）研究了组合运输市场份额的决定因素[67]。他们通过建立一套包含运输时间、运输成本、运输设施的有效性、政府补贴、公司结构等参数在内的分析框架，更为全面地反映了运输经营者在选择运输方式上的决策考虑。其分析指出，由于必要的运输设施发展受到局限，影响未来组合运输市场份额的最重要因素可能是政府对运输经营者购买必要运输设备的财务资助水平。此外，组合运输本身的运输时间、运输成本以及企业财务绩效也是影响其市场份额的重要参数。哈珀和埃弗斯研究了美国公铁多式联运在竞争力方面存在的问题并提供了一些改进的建议[65]。在降低服务成本方面的措施主要包括：

增加对潜在客户的服务范围；通过一些方法，如利用货代公司，把零散的货物集中起来，满足小批量客户的要求；用集装箱班列尤其是双层集装箱运输来替代驮背运输（即进一步提升规模经济）；更好地控制整个链条，要站在全局的校对规划全程运输，防止各参与者只站在自身角度制订的次优方案；针对不同的货物采用灵活的定价方案，增强盈利性。此外，提升服务水平的措施包括：提升服务频次，承诺送达时间和进一步发展拼装货，加强货源组织。杜因和哈姆（Duin & Ham, 1998）从场站的布局方法着手研究了多式联运服务的设计和组织，强调了场站对于市场需求范围之可达性的重要性[68]。李强（Li, 2003）研究了中国城市区域货物多式联运存在系统成本高、效率低、服务可靠性差、不确定性高的问题，指出可以通过采用智能交通系统（ITS）来改善多式联运服务的可靠性、可达性和多式联运系统的可预测能力[69]。丁丁和杨运涛（2004）也研究了改善多式联运和物流服务的必要条件，指出综合分析基础设施与技术、安全性、便利措施、法律和市场准入等方面的因素，是改善多式联运和物流服务现状的基础[70]。另外，张吉广和招琳樱（2001），王云鹏和王占中（2005），吕达、李海鹰等（2005）则从优化多式联运业务流程的角度提出了改善多式联运服务的建议[71-73]。

综上，多式联运设备和服务层的研究主要关注设备的标准化和管理以及服务质量等问题，其研究进一步表明标准化、一体化以及服务水平对多式联运发展的重要性，并且为本书深入认识多式联运的资源特性和产品特性提供了重要知识。

（四）企业与组织层面

在多式联运链条中，存在着大量参与者，其中大多数是多式联运市场供给方的经营主体，它们控制和组织多式联运链条上的某个或某几个环节，比如干线运输、场站转载、两端配送、货运代理等，也有的甚至独立控制整个链条。对多式联运相关企业融资、经营状况，组织模式及其相互间的竞争与合作关系的研究是这一层次主要考察的对象。

　　早期关于多式联运企业的研究与当时的管制政策背景有很大联系。苏尔流和希勒（Suelflow & Hille，1970）、利布（Lieb，1972）等比较详细地描述了 20 世纪 70 年代美国运输业界、学术界及政界关于"多种运输方式所有权管制政策①"的争论情况，并指出这一管制政策对于综合性运输企业（Single Companies）② 的形成以及整个运输业未来发展的负面影响[74,75]。利布（1972）认为综合性的运输企业有助于满足运输市场对"门到门"完整运输产品的需求，因此应当支持不同运输方式间的企业并购和综合性运输企业的建立[75]。事实上，这些研究表明了企业组织变革对于多式联运发展的重要性。正如博德康宁（2004）所指出的，技术和组织上的突破性创新是增加多式联运市场份额的必要条件[57]。当然，早期的此类研究还主要是集中于讨论那种拥有多种运输方式的综合性运输企业的优势，并没有涉及多式联运的其他组织形式。

　　事实上，随着运输市场的不断发展，多式联运的相关企业类型和组织形式也不断多样化。泽莱尼卡和泽基（Zelenika & Zekic，1994）研究了包括一般多式联运运营商（Multimodal Transport Operator，MTO）、大型多式联运运营商（Mega Multimodal Transport Operator，MMTO）、有船多式联运运营商（Vessel-operating Multimodal Transport Operator，VO–MTO）、无船多式联运运营商（Non-vessel Operating Multimodal Transport Operator，NVO–MTO）、大型无船多式联运运营商（Non-vessel Operating Mega Multimodal Transport Operator，NVO–MMTO）和小型多式联运运营商（Niche-multimodal-Transport Operator，NICHE–MTO）等在内的不同规模及种类的多

　　① 该管制政策的主要内容是限制不同运输方式的企业之间进行并购活动，政策初衷旨在降低铁路运输企业的垄断地位。
　　② 即拥有多种运输方式（或工具）的大型独立运输企业，它们可以通过内部组织完成整个多式联运过程。

式联运运营商的特征及关系，指出在多样化的运输市场环境中，这些不同规模和种类的多式联运营商之间存在协调和互补关系[76]。也就是说，不同种类及规模的运营企业都具有各自的优势和生存空间，它们可以通过相互协作获得共同发展。由此也可进一步认为，在现实市场环境中，多式联运的组织形式也将是多样化的。洛佩兹（Lopez，2003），古韦纳尔和大斗（Gouvernal & Daydou，2005，2006）等的研究也表明了这一点。

Lopez（2003）以美国为例研究了远洋承运人在空集装箱重新配置活动中的组织问题，对不同缔约方之间（远洋承运人同铁路、公路运输企业）在不同条件下就空箱配置业务所选取的契约形式，以及对各种契约的优势及局限性进行了分析。研究表明，根据运输批量、运输距离、缔约方能力及签约双方谈判地位的不同，大致可分为即期契约、一年期短期契约和长期可更新契约等三种契约及组织形式[77]。古韦纳尔和大斗（2005，2006）则从欧洲铁路行业放松管制及自由化改革背景出发，比较分析了法、英、德、荷等国集装箱铁路运输的主要参与者①及其组织形式的多样化。其研究表明欧洲集装箱铁路运输之组织形式的多样化与各国铁路行业的自由化改革进程有重要联系，并指出在铁路运输服务的提供方面，通常使用契约形式，而在市场营销方面通常通过控股、建立子公司或合资公司以及实行一体化的形式[78]。

引起笔者注意的是，上述有关多式联运组织多样化的研究还同时反映了海运企业尤其是远洋运输企业在通过一些组织手段整合陆上运输系统，这实际上也说明了海运企业为适应多式联运的要求而进行了组织变革。帕尼迪斯（Panayides，2002）针对海运商不断并购陆上运输企业的现象，从交易费用的角度考察了多式联运链条上的企业纵向一体化问题。他认为纵向一体化的组织方式是降低多式

---

① 主要是从海运行业中（如船公司、港口企业等）分化出来的参与者，它们中的大多数也是欧洲多式联运行业的新进者。

联运过程中高昂交易费用的必要手段[9]。也就是说，从交易费用角度来看，他更主张通过企业内部的科层组织方式代替市场契约方式来提供多式联运服务，即由专门的综合性运输企业提供多式联运服务。应该说，这种观点比早期提倡综合性运输企业的观点增加了更多的理论支撑，然而现实中的复杂条件使得该论点不具有普适性。正如怀特赫斯特（Whitehurst，2005）所观察到的，美国一级铁路公司正逐步剥离其原先并购的其他运输方式的资产[79]，也就是说，美国铁路公司在开展多式联运业务方面出现了纵向非一体化的趋势。就此观察，怀特赫斯特对未来综合性运输企业的存在提出了质疑。结合上述两种现实观察和观点，王杨堃和荣朝和（2007）运用中间层组织理论研究了多式联运经济组织变迁的问题，他们指出中间层组织的存在及其作用降低了通过企业纵向一体化方式节约多式联运之交易费用的必要性[1]。由此可见，不同的多式联运组织形式有其各自的适用条件，在不同的行业、市场环境及政策背景下，会产生不同的组织形式，在复杂多变的现实中并没有普遍适用的组织形式。

不过，尽管多式联运的组织形式具有差异性，但其本质要求是一致的，即通过整合不同运输方式，充分利用不同运输方式的各自内在优势，实现多式联运链条的一体化，以满足运输市场对于完整运输产品的需求。也就是说，多式联运的经济组织旨在实现链条上不同运输方式的有效衔接和一体化，组织形式的不同只是整合方式的差异。

关于多式联运链条整合之主体的研究，一些学者和研究机构提出了"货运集成商（Freight Integrator）"的概念。2003年，欧盟委员会的一份关于"货运集成商行动计划"的咨询报告中对货运集成商的概念作了如下界定，即不带偏见地通过选择和组合最具可持续性的和最有效率的运输方式来安排"门到门"运输的运输服务提供者。该报告认为货运集成商应具备的能力包括：（1）具有设计适合复杂供应链需要的多式联运解决方案；（2）在发生冲突时，能处于中立状态提供建议并建立相互协作的仲裁机制；（3）具备所有运输方式以及仓储和货物处理方面的知识和经验；（4）与货主和运营商之间有长期合作关系；（5）可以获取有关运输服务、运营商及货物装运方面的信息；（6）可以获取广泛的联系人和合作者的网络[80]。事实上，本书认为多式联运运营商就是货运集成商，它们是多式联运链条的设计者、协调者和组织者。当然，在不同的市场环境下，充当货运集成商角色的市场主体是有差别的，这主要取决于它们在货运链条中的签约地位和组织能力。比如，沃克斯纽斯等（Woxenius et al.，2002）对欧洲公铁货物多式联运的产业组织情况的研究中，就谈到在欧洲范围内，各国的集装箱运输企业同船代和货代一同提供"门到门"的运输服务，它们控制着与货主间的绝大多数的重要契约关系，在国际多式联运中，货代有选择运输方式的权利，而干线拖运商（Hauliers）则在国内市场上起比较重要的作用[81]。此外，也有学者对货运集成商和其他组织形式在特定市场中的竞争性进行了研究，如张安民等（2007）在运输密度经济的条件下，考察了多种运输方式的一体化对于航空货运市场中的"货代—航空公司联盟"和"集成商"两种运输链条之竞争性的影响。其分析指出，在航空货运市场上，通过联盟形式提升多种运输方式间的一体化会为联盟带来更多的产出，但会减少集成商的产出。他们认为企业间的联盟比企业间外包能带来更大的市场份额[82]。

国内学者张吉广（2001）从生产组织角度研究了业务流程再造对集装箱运输管理现代化的重要性，并提出了初步建议方案[71]。马彩雯（2006，2007）和陈宇等（2007）则分别基于多代理（Multi - Agent）方法和遗传算法对多式联运中各区段承运人以及合作伙伴的选择问题进行了研究[83-85]。其中，马彩雯的研究把由运输价格、运输成本、运输时间、安全性与可靠性等变量所构造的效用函数作为选择各区段承运人的决策依据，并进一步强调了运输时间对代理人行为的约束。唐志英等（2008）则比较了多式联运组织与虚拟企业运作过程在组织成员对应、运作过程相似、组织建立基础等方面的共同点，提出利用虚拟企业管理理论指导多式联运组织过程，并分别阐述了多式联运虚拟企业的四种运作模式：提供综合运输业务、面向行业产品、面向设备/产品展会和面向跨国公司[86]。应该说，国内学者已经对多式联运组织问题给予了关注，所采用的研究方法也较具有新意，但从经济学角度的分析却还不常见。

综上，前人对多式联运企业及组织层的研究表明组织问题对于多式联运链条效率的重要意义，并体现了协调、协作、一体化、节约交易费用等是多式联运组织问题中的重要概念。这部分研究已经应用了新制度经济学的研究成果，某种程度也是在用多式联运中的组织问题来检验此解释框架，结果表明需要进一步结合多式联运的系统特性对已有解释框架进行补充和修正。这正是本书在后续章节中主要讨论的问题。

(五) 政府与制度层面

多式联运业的发展不能仅仅依靠市场的作用，在综合运输基础设施的规划和建设、综合运输管理体制的建立、促进多式联运业发展的相关法律与政策的制定等方面，需要政府发挥重要的主导作用。此外，各种市场规则和行业规定也都是运输业发展的制度保障。

关于多式联运发展中政府作用的研究主要还是集中于讨论政府管制及放松管制对于多式联运发展的影响。利布等（Lieb et al.，1972）研究了美国"多种运输方式所有权"管制政策对多式联运发展的负面影响，主张政府应放松运输业管制，促进多种运输方式的协调发展[75]。奈尔等（Nair et al.，2001）就欧洲对班轮公会开展多式联运业务方面的管制条例进行了案例研究，主要内容是说欧洲的某些管制条例（如 NO. 1017/68，NO. 4056/86）规定班轮公会不能对内陆运输服务进行联合定价，从而限制了班轮公会在多式联运内陆区段的服务能力。这一研究反映了运输业的管制会增加运输企业的策略成本[87]。此外，一些研究机构和学者，也对管制机构和管理体制的分割给多式联运发展造成的体制障碍进行了批评。这些研究都表明了政府对运输业的严格管制束缚了运输业发展的活力，因此放松运输业管制是此类研究的共同主张。实践证明，政府放松运输业管制促进了多式联运的发展。埃弗雷特（Everett，2002）研究了放松管制对澳大利亚运输业发展的促进作用，指出放松管制激发了运输业的活力，促进了运输业的重组，使得运输业朝着提供一体化多式联运服务的方向发展[88]。沃克斯纽斯等（Woxenius et al.，2002）通过对欧洲公铁货物多式联运产业组织情况的研究，也表明了欧洲各国放松运输业管制促进了欧洲公铁联运市场竞争性改善[81]。普兰特（Plant，2002）研究了放松管制对美国铁路业发展多式联运的作用，指出铁路企业可以设定运价并能够比管制时期更加自由地同独立的货主进行合作[89]。此外，坦桑布拉斯等（Tsamboulas et al.，2007）对政府在促进多式联运发展方面的若干政策问题进行了分析和评价[90]。

关于多式联运相关法律制度、市场规则等方面的研究也很多。1971 年，美国国家科学院出版了一本有关国际多式联运法律障碍的专著，首次系统性地阐述了国际多式联运在全程运费、运输单据及全程运输责任等方面存在的法律障碍。指出应尽快解决国际多式联运各种相关法律制度和管制政策的冲突问题，采用统一的货运单据并制定统一的运输责任制度[91]。美国运输研究部（Transportation Research Board，TRB）（1996）对多式联运发展的体制障碍和法律问题进行了研究，指出运输业分割的管理机构和管理体制阻碍了多式联运的发展，各运输管理机构围绕本部门利益进行的相互博弈不利于多种运输方式的协调发展，并在一定程度上使得诸多法律问题演变成政治问题，比如对运输业发展资金的争夺等[92]。金德里德和布鲁克斯（Kindred & Brooks，1994）研究了多式联运的风险与责任制度，分析评价了联合国贸易发展会议（United Nations Conference on Trade and Development，UNCTD）和国际商会（International Chamber of Commerce，ICC）于 1991 年制定的"多式联运规则"的缺陷和实效[93]。邓普西（Dempsey，2000）从历史视角梳理并分析了美国多式联运相关法律的主要内容和影响，并对政府依据这些法律所实行的管制政策进行了评价。他认为，美国多式联运的创新在本质上体现为技术创新和管制制度创新。实际上也是说明放松管制对多式联运发展具有促进作用[94]。此外，国内一些法律和法学研究学者也对此进行了集中的研究。杨志刚（2000）对多式联运下经营人所采用的责任制进行了研究，他试图在不同责任制下，寻求多式联运经营人、实际承运人和货主间责任的平衡点，从而建立多式联运下众多关系人之间的"责任与利益均衡"对等原则[95]。纪荣泰（2000）、贺万忠和赵萍等（2003，2004）也对国际货物多式联运中的多式联运承运人责任及货损赔偿责任限制规则等法律问题进行了研究[96-98]。其中贺万忠和赵萍（2004）提出我国多式联运立法应采用综合性赔偿责任限制模式，但在具体规则设计上应赋予多式联运经营人对任何形态的货物损害享有适当的赔偿责任限制的权利并考虑损害赔偿责任限制立法规则的可预见性[98]。

值得一提的是，在多式联运的相关法律中，美国的《1991 年多式联运地面运输效率法》（Intermodal Surface Transportation Efficiency Act of 1991，ISTEA）具有里程碑的意义。该法将"建设一个可以经济、环保、节能地进行客货运输且能够提升并保持美国的国际竞争力地位的国家多式联运体系（National Intermodal Transportation System，NITS）"作为美国国家运输政策的核心，将美国的运输政策的重心从传统的资助发展公路运输转移到发展包括公路、铁路和大容量交通在内并且各种运输方式之间实现无缝连接的综合运输体系[99]。针对这一运输法律的重大意义和具体要求，一些研究机构和学者进行了相关的研究。美国联邦公路管理局环境与规划办公室（1994）就针对 ISTEA 的具体要求编制了规划和管理多式联运系统的指导手册。德维尔（Dwyer，2004）研究了 ISTEA 施行以后多式联运发展所面临的挑战和变革，指出建立各种运输方式相互衔接和一体化的运输系统的重要性，并指出应该转变以公路运输发展为主导的思想观念。

综上，前人对多式联运政府与制度层面的研究强调了政府放松管制和各种制度、规则对多式联运发展的促进和保障作用，说明了政府应当在运输业发展中更好地界定其作用发挥的范围。同时，这些研究也为本书在讨论多式联运经济组织的影响因素方面提供了重要知识。

二、关于经济组织问题的理论综述

组织一词在其动词和名词两种词性下有不同的含义，其动词的含义一般是指安排分散的人或事物使具有一定的系统性和整体性，而名词的含义主要指系统（配合关系），或指按照一定的宗旨和系统建立起来的集体。简而言之，组织一词有"安排""系统"和"集体"等含义。由此，从字面上，经济组织也包含着这几种含义。在本书中，对经济组织的理解主要取其动词含义，是指对参与主体之间经济关系的治理（或安排）。当然，治理的结果会表现出某种组织形式或组织形态，因此本书也不排斥经济组织的名词含义。

按照本书对经济组织这一概念的理解，其主要涉及的问题将主要是在新制度经济学的理论框架中加以论述。不过需补充说明的是，一般而言，新制度经济学对经济组织的理解主要是对交易关系的治理，其认为经济组织问题的产生是由于专业化的收益带来了交易，而本书则从交易关系扩展到包含生产关系和交易关系等在内的经济关系，也就是说经济组织除了对参与主体间交易关系的安排，也包含生产关系的协作。这样做是基于本书所研究的现代多式联运这一对象中存在生产上的高度纵向联系之特征的考虑。由此，更为确切地说，本书对经济组织问题的研究在应用新制度经济学已有解释框架的同时，也并不拘泥于这种框架，且在某种程度上有发展该理论框架的意图。

经济组织问题的研究在经济学理论发展中具有重要意义。杨小凯和黄有光（1993）认为经济学研究的焦点要从资源配置问题向经济组织问题转移[100]。他们指出新古典微观经济学所主要讨论的是"在相对价格决定的不同产品间的产出比例是如何确定的"，其研究的是"在给定的组织结构下企业内部和企业之间的资源配置问题"，而没有解释"在分散的市场中分工水平、个人间的组织程度和相互依存度以及企业结构是如何确定的"。当然，需要注意的是，杨小凯等所称的经济组织的含义更广，大致包含了以下主要概念：个人的专业化水平和社会分工水平；消费品和中间产品的种数；生产间接性程度；市场组织交易的结构、企业内部组织以及剩余权结构；交易层系的层次数；货币制度以及经济增长的周期模式。这种对经济组织含义的理解和杨小凯等的专业化分工研究视角密切相关[100]。而本书所要探讨的大致只归入其"市场组织交易的结构"这一层面。关于经济组织问题研究的重要理论意义也体现在克雷普斯（Kreps，1990）、蒂罗尔（Tirole，1989）等为代表的"以对策论为基础重建微观经济学"研究[101,102]和以科斯（Coase，1937，1960）、威廉姆森（Williamson，1967，1975，1985）和张五常（1970，1983）为代表的"交易费用经济学"研究中[103-109]，比如科斯（1937）对企业本质的研究就开创性地将新古典经济学中作为生产函数的企业演变为一组契约关系，打开了"企业"这一组织的"黑箱"[103]。可见，对经济组织问题的研究可以弥补主流经济学的不足，深化对经济组织问题的研究。

如前所述，本书对经济组织问题的论述主要在新制度经济学的理论框架中进行，接下来将主要围绕新制度经济学中关于经济组织问题的理论研究进行综述。科斯（1937）研究了市场与企业两种协调经济活动的组织形式间的差异，他引入"交易费用"的概念，来说明企业替代市场的必要性或说明企业这种组织形式存在的原因，他认为市场和企业都是配置资源和协调经济活动的方式，所不同的是，在市场体系中，专业化的经济活动由价格机制协调；而在企业内部，专业化的经济活动由行政指令（权威）协调[103]。由此，他指出企业的本质是通过权威和科层组织来配置资源从而替代市场机制的一种契约组织，并指出企业边界的确定取决于交易费用和企业内部组织成本间的比较均衡。应该说，科斯的研究极具开创性，他所引入的"交易费用"这一概念使得我们首次能够以经济学特有的成本—收益分析法和一种理性眼光来思考包括企业在内的社会组织和制度的本质、内部关系等。他以"交易"为分析单位，强调了各种社会组织的契约性本质，强调了交易组织方式的选择在于节约交易费用，并在市场—企业的两分法下探讨"一体化"问题，进而确定企业的最佳边界，这一整套观点形成了企业理论研究的基本范式。不过，科斯的研究仍具有局限性，比如他虽然强调了交易费用和契约的不完全性，但并没有把其中的成因和影响完全讲清楚；又如在实际当中，除了科斯所划分的"市场"和"企业"两种组织形式之外，又出现了大量诸如分包制、特许经营权、战略联盟等中间组织形式，因而简单的"市场—企业"二分法不利于我们对各种组织形式的完整认识。威廉姆森针对上述科斯的研究不足，通过引入"有限理性""机会主义"等概念阐释了交易费用产生的根源，并以"资产专用性""不确定性"和"交易频率"三个维度刻画不同的交易性质，揭示出不同性质的交易要求与不同交易组织方式相适应的规律，由此强调了企业是保护和激励专用性投资的组织，研究重点自然就转向纵向和横向一体化问题[110]。然而，这种分析框架仍未能很好地说明企业权威的来源，从而就难以说明为什么交易在企业内发生就可以大大弱化信息问题和"敲竹杠"问题来节约交易费用。不过，仍需说明的是，虽然新制度经济学在研究经济组织问题时给予企业这种组织形式以特别的关注，但是企业是组织，而组织并不等于企业，笔者更倾向于用契约的安排来描述组织，实际当中存在着多种多样的契约组织。对于混合组织形态的解释，威廉姆森（1991）指出混合组织形态是在市场的好处和一体化治理之间达到某种平衡，并认为这一组织形态与关系专用性投资的中间类型紧密相关[111]。而事实上，混合组织形态的多样性正是反映了采纳和设计混合关系的因素和环境本身是多样化的，在不同境况下，关系专用性投资的因素并不一定很强。因此，对混合组织形态的分析将更为复杂。值得注意的是，由于现实中介于企业契约和市场契约之间的、掺杂着竞争与合作的契约关系构成了非常复杂的企业间网络，这使得一种基于"市场—网络—企业"三分法的"企业间网络理论"成为近些年的研究热点。而交易费用理论也进一步扩展到多企业间关系的研究，从而形成"网络经济学"这一前沿性研究领域。可以说，"网络"概念的引入，从组织互补性和资源依赖性的观点出发，重新审视了企业和市场的关系，提出了一种不同于企业协调和市场协调的嵌入机制，嵌入机制说明企业和市场之间更多地表现为相互嵌入的关系，而不是表现为相互替代的关系，从而深刻地解释了经济组织形态多样性的缘由。

综上，就笔者的理解，概括来讲，新制度经济学中的交易费用经济学理论研究经济组织问题的逻辑线索是，专业化分工的收益带来交易产生组织问题，交易的出现使得协调成为必要，而市场价格体系只是复杂经济体中履行协调职能的诸多方式之一，除此之外，还存在诸如将生产和交易整合起来在内部管理经济活动的"企业"组织以及特许经营、合资企业、战略联盟等混合组织形态，对不同组织形态的选择旨在节约交易费用，而不同的组织形态的优势需要在特定环境和条件下进行判断，组织形态的意义在于达成和执行合同协议存在障碍，而这种障碍在不同的组织形态下不同。

此外，值得注意的还有斯普尔伯（Spulber，1996，1999）提出的厂商的中间层组织理论[112]。斯普尔伯将厂商的功能定义为介于消费者和供应商之间的中间组织（或说中介），他指出如果没有厂商，消费者和供应商将从事直接交换，相互搜寻并对交易条件进行讨价还价，而当来自中间层的交换收益超过直接交换的收益时，厂商就形成了。他认为经由中间层的交换相对于直接交换的优势包括通过交换的集中化降低交易费用、减少搜寻和讨价还价的成本、减少道德风险和机会主义行为、减轻逆选择的影响、促使买卖双方做出可信承诺以及通过放权来减少监督成本等①。也就是说，斯普尔

---

① 这些优势中的大部分还是可以归结为节约交易费用。事实上，Spulber 的中间层组织理论所考察的主要还是交易活动。

伯认为厂商的存在是因为它比消费者与供应者之间的直接交换更能增进交易的净利益。进一步地,斯普尔伯指出资源可以通过直接交换的分散过程来配置,也可以通过中间层管理的集中交换来配置,或者由两者的某个组合来配置,而这些交换的制度被称为市场的微观结构。通过中间层的交换,厂商选择价格、出清市场、配置资源并协调交易,可以说厂商制造并操作了市场,厂商是市场制造者(Market Maker)。

应该说,斯普尔伯的这一理论弥补了交易费用经济学的某些不足,比如在科斯的"企业—市场"二分法逻辑下,企业与市场是相互替代、此消彼长的关系,这就难以解释当今世界企业和市场同时扩大的现象,而中间层组织理论具有更好的解释性。就笔者的理解,斯普尔伯将企业理解为将潜在的供求变为实际的供求,从而最终达成市场交易的媒介组织,也就是说企业是一个集中签约和履约的中心。这样市场规模扩大,潜在交易增加,对企业这一媒介组织的需求也会增加,企业得以享有规模经济和范围经济,从而降低生产成本或交易费用,同时也促进市场规模的进一步扩大。于是,从这个意义上讲,斯普尔伯所说的厂商的主要功能并不是去替代市场,而是创造市场。此外,中间层组织理论也说明替代成本高昂的市场交换的方法不一定是造就一个更大的纵向一体化组织,厂商可以改变自己在买卖双方间的角色,而不一定必须把买卖双方合并起来。不过,中间层组织理论仍有需进一步推敲的问题。比如,其厂商的概念并没有对供应商进行恰当的定性,而将市场中介与制造商一同纳入厂商即中间层的范畴,又会忽略实际当中制造商与普通的市场中介在性质上的差异。又如,该理论暗示通过中间层的交换是在制造与购买之外又多了一种选择,而事实上它仍属于市场交换,制造与购买之外的选择应属于超市场的契约。

综上所述,本书对经济组织的界定是对参与主体之间经济关系的治理,基于此含义,本书将主要借鉴新制度经济学中的相关理论成果,对现代多式联运链条上的各参与主体的角色、作用和相互关系形成的组织结构以及对其经济关系的治理所形成的组织形态进行深入研究。

三、本章小结

多式联运是现代运输业发展的一大亮点，是运输业向综合运输方向发展的重要标志，并已经成为一个新兴的学术研究领域。虽然该领域仍处于初步研究阶段，人们对于多式联运的基本问题及相关概念尚未形成共识，进一步的理论研究面临瓶颈，但各个学科背景的研究学者已在该领域的各个层面生产了较为丰硕的研究成果，这些都是进一步认识多式联运发展历程及系统特性的重要知识基础（见表2－1）。本章考察和把握国内外研究现状及进展的主要思路是：界定研究对象的概念，以概念为指针搜集文献，并应用运输经济学分层分析方法梳理文献，描述整体研究进展状况，深入剖析问题并夯实研究基础，进而结合学科背景，提出学术问题及命题，寻找研究突破口。值得一提的是，运输经济学分层分析方法作为过滤器，把过于庞大的有关信息群处理成为研究者容易把握的对象，这些主题提供了观察运输经济问题的视角和框架。

表2－1   多式联运相关研究层面的代表人物及其
研究成果对本书的借鉴意义

研究分类	代表人物	借鉴意义
多式联运的总体发展和评价	Bithas 等（1997），Daddino（1999），Yevdokimov（2000），Handman（2002），Brown 和 Hatch（2002），Kreutzberger 和 Woxenius（2003），Szyliowicz（2003），Macharis 和 Bontekoning（2004），Janic（2007）	多式联运对经济发展具有重要的促进作用； 多式联运的核心是衔接性与一体化； 铁路运输行业是多式联运的重要组成部分； 多式联运的发展仍面临多方面的挑战

研究分类	代表人物	借鉴意义
线网及设施层	Pena (1993)、Konings (1996)、Alt (1997)、Klink (1998)、Rutten (1998)、McCalla (1999)、Roson 和 Soriani (2000)、Southworth 和 Peterson (2000)、朱晓宁、Notteboom (2002)、Taylor 和 Usher (2002)、Chang (2007)	线网的有效衔接是多式联运发展的硬件基础； 场站、枢纽等节点性设施的功能随着多式联运的发展而变化（各种运输子系统围绕多式联运的要求在重构）； 传统运输的线网结构也在变化
设备及服务层	Morash (1977)、Johnston 和 Marshall (1993)、Harper 和 Evers (1993)、Morlok 和 Spasovic (1995)、Evers (1996)、Murphy 和 Daley (1998)、Golias 和 Yannis (1998)、Ludvigsen (1999)、Choong 等 (2002)、Tsamboulas 和 Kapros (2000)、Evers 和 Johnson (2002)、Li (2003)、杨清波 (2005)	设备的标准化与兼容性是多式联运的一大特征； 运输产品或服务的完整性、时效性及附加价值等质量要求不断提升，这种要求迫使运输行业从过去的承运人角色逐渐向物流服务提供商转变
企业与组织层	Suelflow 和 Hille (1970)、Lieb (1972)、Zelenika 和 Zekic (1994)、Panayides (2002)、Erika (2003)、Johan (2002)、Gouvernal 和 Daydou (2005, 2006)、Whitehurst (2005)	企业组织与公共政策有较为密切的联系； 多式联运行业组织形态的多样化，随时空条件转移； 有必要考察参与人的角色及相互间关系
政府与制度层	Lieb 等 (1972)、Kindred 和 Brooks (1994)、Rawindaran 等 (2001)、Everett (2002)、Johan 等 (2002)、Plant (2002)、Tsamboulas 等 (2007)	政府在制定、监督规则、政策及规划等方面的作用

    总之，通过对前人研究成果的梳理和综述，进一步明确了本书的主要研究方向和问题，而结合经济学关于经济组织问题的理论研究，进一步提出了本书所要论述的学术问题和命题。也就是说，本

书将主要研究"经济组织变革与现代多式联运发展的关系及具有超大规模经济的运输方式（运输行业）适应集装箱多式联运的要求而进行的组织变革方式"这一主要问题，并将论证"生产效率的提升是借由交易效率的提升来实现，经济组织的创新是推动现代多式联运发展的关键性因素，必须改变组织形态，以便充分发挥规模经济，提升多式联运链条的效率，实现运输市场中分散化需求和集中供给的匹配，满足经济发展对综合运输体系的要求"这一核心命题。

| 第三章 |
现代多式联运的发展历程及其经济
组织的作用与意义

一、现代多式联运的发展历程

（一）集装化多式联运的早期实践和现代多式联运的开端

关于现代多式联运的起源，如今比较普遍的说法是始于 20 世纪 50 年代。其标志性事件是 1956 年 4 月 26 日，美国泛大西洋轮船公司（Pan Atlantic Steamship Corporation）用一艘经过改装的名为"理想 X 号"（Ideal X）的轮船第一次装载了 58 只集装箱从新泽西州的纽华克运输至德克萨斯州的休斯敦[2,113,114]。这一事件一般还主要被认作是集装箱革命的开始，事实上它也是现代多式联运的开始，因为在该轮船驶入休斯敦时，已经有 58 辆卡车在等着将这些集装箱运往目的地了。人们接受这一事件作为现代多式联运出现的标志，是由于它符合了人们所普遍认可的关于现代多式联运的定义，即采用多种运输方式对集装化货物的运输。然而，需要指出的是，这一概念蕴含的思想及其实践并不是从那时才出现的①。

---

① 当然，从广义的多式联运概念出发，人们使用多种运输方式的运输实践要更为久远，但笔者并非要追溯上千年的历史，而是从独立运输业和集装化思想出现以后来考察所谓现代多式联运的早期实践活动。

集装箱的概念最早可以追溯到罗马时代。"粗制木桶"（Humble Barrel）可以看作是集装箱的雏形，它具有很多和现代海运集装箱一致的特点，如轻便、可重复使用、可装载多种货物、有很多种尺寸等。这种粗制木桶存在了数百年，如今我们能看到的那种55加仑容量的鼓形圆桶就是由它演变来的[115]，不过现在它主要来盛装液体。将集装箱应用于铁路的实践最早可追溯到 1792 年的英格兰。当时，在马赛（Horsehay）的煤矿铁路上，运输业者将煤炭装入一种铁质板条箱运送到附近的运河，再由起重设备将这些 2 吨重的铁箱装载到船舶上[115]。按照现在的定义，这或许是"集装化铁、水联运"的起源①。此外，在 1847～1896 年间，美国"纽约、纽黑文及哈特福德铁路公司"（New York，New Haven，and Hartford Railroad）与福尔河轮船公司（Fall River Steamship Line）曾联合试制了一种集装箱用于铁路和水运之间的货物运输[113]，这也是集装箱多式联运的早期实践。需要说明的是，并非所有在铁路运输中使用集装箱的早期实践都属于多式联运的范畴。事实上，铁路在早期主要还是将集装箱应用于改善其"站到站"的服务，并非为方便多种运输方式间的运输。

早期出现的与集装箱类似的设备还有"拖车"或说"挂车"（Trailer），它也是集装化概念的产物，并且从出现以来就蕴含多式联运的思想。"拖车"主要应用于内陆运输系统，一般把铁路对拖车的运输称为"驮背运输"（Trailer on Flatcar，简称 TOFC 或 Piggyback），其原始形态可以追溯到 19 世纪 30 年代②。此外，美国长岛铁路公司（Long Island Railroad）在 19 世纪 90 年代经营的"农夫列车"（Farmer Train）也体现了驮背运输的早期形态[115]。当时，

---

① 1830 年，在英国的利物浦和曼彻斯特，运输业者也将煤炭装入轮式集装箱用铁路来运输，这一史实也被认为是铁路业使用集装箱运输的早期实践，所不同的是该史实没有提到是否与其他运输方式开展联运。

② 1833 年，《美国铁路期刊》的一篇文章描述到某铁路公司将驿站马车置于铁路平车上进行旅客运输。

运输业者将四轮马车（不带马匹）安放在铁路平车上进行长途运输，到目的地后，再由当地马匹套拉这些马车。如今，学界大致认为现代驮背运输源自 20 世纪二三十年代。这里涉及的重要历史事件有二，一件是 1926 年，美国"芝加哥、北岸及米尔沃基铁路公司"（Chicago，North Shore and Milwaukee Railroad）首次将卡车拖车放在铁路平板车上进行运输；另一件是 1935 年，芝加哥大西部铁路公司（Chicago Great Western Railroad）开始在芝加哥和迪比克之间经营驮背运输服务[113-115]。此后，驮背运输逐渐在美国缓慢发展起来，并于 20 世纪 50 年代中期出现飞跃。需要说明的是，驮背运输的发展也被视为现代多式联运系统最为广泛的先驱性实践活动。这也正是我们在关注现代集装箱多式联运发展的同时，不能忽视驮背运输的重要原因。事实上，在 20 世纪 80 年代中期双层集装箱列车大规模发展以前，驮背运输是内陆多式联运的主导形式。

关于集装化多式联运早期发展的历史还有很多，本书在此不作进一步说明和考证。不过，这些早期发展史似乎都说明了，如今人们所普遍接受的集装箱和多式联运的概念及其实践活动都不是一种新的发明，它们只是把已经存在许多年的一些想法组合在了一起。而我们现在所普遍接受的现代多式联运更是将集装箱和多式联运进一步结合的产物。事实上，正是集装箱的广泛使用，极大地拓展了多式联运的规模和范围，而且只有将集装箱应用于多式联运之中才能更好地体现其减少换装时间和成本的巨大优势。可以说，是集装箱的广泛使用赋予了多式联运以新的革命性的含义。

基于上述史实，笔者将集装化多式联运的起源上溯至 18 世纪末，并将此后至 20 世纪 50 年代之间的这段关于集装化多式联运的早期实践史划为集装化多式联运的萌芽期。而仍将 20 世纪 50 年代作为现代多式联运的开始，所不同的是，这里"现代"的含义主要是从时间角度的理解，而非仅仅指"集装化多式联运"。也就是说"现代多式联运"不等于"集装化多式联运"，而是指 20 世纪 50 年代以后的"集装化多式联运"。接下来，本书将概述现代多式联运的发展历程及其阶段特征。需说明的是对这一历程的描述主要是以欧美等发达国家为背景，尤其是美国，其不仅是现代多式联运的发源地，更是现代多式联运发展最为成熟的国家。

（二）　现代多式联运的发展阶段及特征

以 20 世纪 50 年代为起始，本书将整个现代多式联运的发展划分为形成期、成长期和成熟及进一步完善期三个阶段，并对各个阶段的主要历史事件和基本特征进行了描述。

1. 形成期（20 世纪五六十年代）

20 世纪 50 年代，问世已近 30 年的美国铁路驮背运输迎来了新的发展契机。1953 年，美国州际商务委员会（Interstate Commerce Commission）首次肯定了驮背运输的合法地位，表示将支持作为多式联运手段的背负式运输的发展，并陆续颁布了关于开展驮背运输业务的五项计划来规范其发展。之后，《州际商务法修正案》批准了公铁、公水企业之间本着自愿的原则建立公正合理的联运路径（Through Route）和联合运费（Joint Rates）[113]。这些举措初步解除了驮背运输发展的一些体制障碍。与此同时，美国卡车运输业和州际公路网的发展日益成熟完善，铁路在同公路进行竞争的同时，也在长距离运输市场上，就驮背运输业务展开了较为广泛的合作，为集装化公铁联运奠定了基础。

海运方面，自 1956 年首次尝试集装箱运输以来，各海运业者逐渐开始试办集装箱运输。其中，美国的泛大西洋轮船公司和麦特森航运公司是集装箱海运的先驱者①。它们在早期的集装箱船只、海运集装箱、陆基起重机等集装箱载运设备的设计和制造以及集装箱近海运输实践方面付出了很多努力[2]。然而，集装箱革命最初所带来的影响并不像人们想象的那样广泛，它给海运业尤其是码头装

---

①　1958 年 8 月 31 日，麦特森航运公司从旧金山驶出一艘名为"夏威夷商人号"的装有 20 只集装箱和普通货物的轮船，由此进入集装箱时代。

卸行业带来的变革要比其给多式联运带来的变革更大，而且这种变革最初在海运业内部也尚未迅速蔓延。这其中的根本原因在于集装箱运输系统的其他部分，诸如港口、轮船、起重机、存储设施、卡车、火车以及发货人自身的操作等暂时还没有迅速地适应集装箱的要求而做出相应的改变①。比如，早期所存在的集装箱箱型杂乱、装卸工具不标准、港口拆箱率高等问题就是这一原因的表现。

不过海运集装箱的发展还是反哺了最早开展集装箱运输的铁路行业。一些铁路公司拓展了原先以驮背运输为主的背负式运输业务范围，通过与卡车运输公司的合作，延伸了集装箱的内陆运输链条，逐步开展铁路箱驮运输（Container on Flatcar，COFC）业务②。1956 年 8 月，密苏里太平洋铁路公司（Missouri Pacific Railroad）开始在堪萨斯城和圣路易斯之间开展铁路集装箱运输业务③。紧随其后，巴尔的摩及俄亥俄铁路公司（Baltimore and Ohio Railroad）也启动了集装箱服务，并且配属了更多的标准铁路平板车[113,114]。

到了 20 世纪 60 年代后期，海运集装箱开始更多地出现在铁路上，其主要原因来自陆桥运输的发展。当时，太平洋和大西洋之间的贸易运输需求逐渐增加，很多货物都要穿过巴拿马运经由水路进行运输，一些有远见的运输业者从中发现了商机。麦肯锡咨询公司（Mckinsey & Company）的 Robert Neushel 向圣塔菲铁路公司（Santa

---

① 事实上，早期这一适应过程是缓慢且充满障碍的，其原因是多方面的，比如集装箱等专用性资产的投资规模大且具有风险和不确定性，传统码头行业的装卸工人为保住就业岗位而极力抵制等。不过集装箱革命是大势所趋，不能尽快适应的就会被逐步淘汰，一些传统大港的衰落就是很好的证据。

② 最初的铁路集装箱运输业务是归属于驮背运输的，它们属于背负式运输，这也是一些学者将两者统称为"Piggyback"的原因。

③ 在此之前，该铁路公司已经为某些集装箱船只提供海运集装箱的运输服务了，但运量还相当少。不过，这些早期实践或许给了该铁路公司以某些启发，促使其开展铁路集装箱运输业务。

Fe Railroad）建议并同其联合从事大陆桥运输系统的开发①[113]。1967 年 12 月，南太平洋铁路公司（Southern Pacific Railroad，SP）也在其一份企业杂志上宣称它们正在和船公司一道开发一种新的集装箱运输服务[114]。从此，大陆桥运输作为经由巴拿马运河的全水路运输的一种替代方式逐步发展起来，并由此衍生出"小陆桥"和"微陆桥"两种陆桥运输体系②，共同奠定了集装箱海铁联运的基础。这一时期，还有一个需要注意的历史细节是，集装箱革命的先驱"泛大西洋轮船公司"更名为"海陆联运公司"（Sea – Land），这在一定程度上也反映了该公司对于集装箱多式联运未来发展的远见和信心[113]。1966 年，海陆联运公司首次开启了泛大西洋的集装箱远洋运输业务[116]，足见其是走在货运行业最前沿的开拓者③。

事实上，海陆联运公司这次航行的重要意义还在于，它开启了欧洲现代多式联运的进程。在这一时期，欧洲铁路注意到了美国集装箱和多式联运的发展。1966 年，在内陆集装箱铁路班列货运网络形成的基础上，英国和比利时之间开展了海铁多式联运服务[113]。值得注意的是，从 1969 年开始，欧洲的集装箱运输服务就保持了"门到门"多式联运的特征，且这些服务大多由船公司控制。这说明了集装箱对于多式联运的重要意义和控制全程运输链条的重要性。

综上，20 世纪五六十年代是现代多式联运的形成期，其主要特点是陆上集装化多式联运实现了公铁运输方式的结合，公路同铁路之间的关系由过去的激烈竞争转为相互能够合作，由此初步形成了

---

① 有的资料上提到是海陆联运公司（Sea – Land）于 1972 年正式将"大陆桥"概念引入美国的。

② "小陆桥"和"微陆桥"产生的原因在于当时亚欧间的贸易运量不及亚美间和美欧间的运量，且受到苏联大陆桥的竞争，美国大陆桥运量并不庞大，为了促进海铁联运发展，需要开发新的陆桥运输系统。

③ 关于集装箱海运由近海运输至远洋运输发展的历史描述还有很多，海陆联运公司也或许并非这方面的首创者，如 1960 年格雷斯轮船公司（Grace Line）首次启动了国际集装箱运输服务，它在加勒比海与南美洲之间的港口运营。

陆上集装化多式联运系统。而沿海集装箱运输也日趋活跃，逐步开始试办集装箱运输，并从近海运输向远洋运输进发。随着陆桥运输的发展，海铁联运也初步形成，但总体上由于海运集装箱仍处于港间试验阶段[15]，围绕海运集装箱而构建的陆上运输系统仍不成熟。

2. 成长期（20 世纪七八十年代）

20 世纪 70 年代，世界贸易模式发生了一些变化。随着一些亚太地区国家外向型经济的发展，欧洲在美国进口贸易中的地位逐渐下降。美国西部沿海、中西部及东部地区的大型城市对远东地区的商品需求快速增长，极大地推动了大陆桥货物运输和海铁联运的发展。集装箱远洋贸易运输的持续发展还推动了国际集装箱的标准化进程。1973 年，ISO 国际集装箱标准颁布[56,113]。与此同时，为了更好地控制内陆运输系统，一些船公司同铁路公司进行了更为密切的合作。1979 年，美国总统轮船公司（American President Lines，APL）与联合太平洋铁路公司（Union Pacific，UP）等铁路运输企业就开行集装箱专列（Dedicated Trains）进行谈判，并由此引入集装箱班列（Linertrain）的概念，将列车时刻同班轮时刻进行协调[114]。

随着港口集装箱吞吐量的大幅增长，铁路集装箱平车等设备的短缺问题逐渐凸显。在这一背景下，铁路集装箱服务出现了重大技术创新。1977 年，南方太平洋铁路公司（SP）和 ACF 工业公司（ACF Industries）① 共同研制了一种可以堆放双层集装箱的铁路平车，由此开发出双层集装箱运输系统②。铁路双层集装箱运输的出现不仅缓解了铁路平车设备短缺的问题，也大大提升了集装箱的铁路运输能力，且较之传统集装箱铁路运输节省约 40% 的燃料费用。APL 注意到双层集装箱的巨大优势，于 1984 年与 Thall 车辆公司合

---

① 其前身是 American Car and Foundry Company，后因产品多元化发展，于 1954 年更名为 ACF Industries。

② 海陆联运公司于 1980 年试验了 SP 双层集装箱的样车，是最先介入双层集装箱列车技术的船公司。

作研制了新型的双层集装箱车辆，并将其广泛应用于集装箱班列服务[56,113]。随后，其他的轮船公司和大型铁路公司也先后开展了双层集装箱班列服务。不过，铁路双层集装箱运输在提升运输效率的同时也带来了其他问题，其中集装箱的回空问题最为突出。为了更好地利用回程运力，船公司以非常低廉的价格向国内货主租售空箱运能，由此吸引了更多的国内货主利用铁路集装箱运输。后来，随着美国公路限界的进一步放宽，一些大尺寸的内陆集装箱开始出现在国内集装箱运输服务中，并逐渐形成国内箱的运输系统①[56]。此外，公铁两用车技术也日臻完善，1986 年，诺福克南方铁路公司（Norfolk Southern Railroad，NS）旗下的三重冠公司（Triple Crown）开始大规模经营公铁两用挂车业务。

除了多式联运技术的重大进步之外，这一时期，对多式联运发展最为重要的影响因素还有美国政府对运输业管制的逐步放松。1975 年的美国国家运输政策声明（National Transportation Policy Statement of 1975）被视为放松运输业管制的征兆，该声明主张尽可能减少联邦政府对私人运输业的干预，赞成消除一切影响多种运输方式间协作的不合理的体制障碍。1976 年，《铁路复兴与管制改革法》（Railroad Revitalization and Regulatory Reform Act of 1976）颁布，联邦政府对铁路业的管制开始放松，美国运输业正式进入放松管制时期。尤为重要的是，1980 年《斯塔格斯铁路法》（Staggers Rail Act of 1980）的颁布，进一步放松了对美国铁路业的管制，从此铁路业的经营绩效有了显著的改善。此外，《1980 年汽车承运人管制改革和现代化法》（Motor Carrier Regulatory Reform and Modernization Act of 1980，亦称 Motor Carrier Act of 1980）、《1984 年船运法》（Shipping Act of 1984）、《1986 年地面货运代理商放松管制法》（Surface Freight Forwarder Deregulation Act of 1986）等一系列带有放松管制性质的法律的颁布也为美国运输业注入了新的活力，从而有

---

① 1987 年 APL 成立 APD 公司（American President Domestic）从事国内箱运输。

利于多式联运的发展。

放松运输业管制后，比较突出的变化有，美国铁路在内部掀起并购热潮的同时，也通过跨运输方式的并购或建立卡车子公司等方式将运输链条延伸到铁路以外。1980 年，Chessie 系统铁路公司（Chessie System Railroad）和海岸系统铁路公司（Seaboard System Railroad）合并为切西滨海铁路公司（简称 CSX），并于 1987 年收购海陆联运公司，成为美国第一家同时拥有大型铁路公司和大型船公司的运输企业。与此同时，船公司也通过类似方式延伸到内陆运输系统中。APL 是最早意识到在船公司建立由自己控制的内陆运输系统之必要性的海运企业之一。通过一系列组织变革，APL 变身为一家拥有货代、内陆干线运输及配送系统、多式联运场站等功能的综合性运输企业——美国总统公司（American President Company，APC）。值得注意的是，它还较早地将电子数据交换技术（Electronic Data Interchange，EDI）应用到全程运输的管理之中。此外，由于货运代理业管制的放松，这一时期，涌现了大批运输中介组织，其中经纪人公司（Brokers）和多式联运营销企业（Intermodal Marketing Companies，IMCs）的发展尤为显著①。

综上，20 世纪七八十年代是现代多式联运的成长期，其主要特点是国际集装箱运输迅猛发展，港口集装箱吞吐量大幅增加，国际集装箱运输在船舶与港口环节的发展逐步完善，各发达国家在继续发展港口集装箱集疏运体系和配套软件的建设方面的同时，也对内陆集疏运的公路、铁路和中转场站及车辆等进行了大规模的投资建设，基本上形成了适应需要并且现代化水平较高的配套体系，使集装箱从港口向内陆延伸。随着运输业管制的放松，多式联运行业呈现新的气象，一批综合性运输企业形成，大批多式联运经营人和代

---

① 1980～1986 年间，美国运输经纪公司从不足 10 家增长到 6000 多家。20 世纪 80 年代后期，IMCs 的数量也达 300 多家，并占有多式联运市场的最大份额，为总收入的 42%，其所参与的业务量在 1980 年约为 250 万单位，1985 年即增长到两倍以上。

理人不断涌现且服务质量不断提升，多式联运链条进一步延伸并强化，从而使集装箱运输进一步突破了传统的"港到港"概念，使"门到门"的国际集装箱多式联运进入了普及和发展阶段。

3. 成熟及进一步完善期（20 世纪 90 年代至今）

随着经济国际化和全球化的进一步发展，发达国家的工业制造业的国际化分工和生产力布局逐渐调整，资源来源地和商品销售地的范围不断拓展，世界贸易格局进一步变化，亚欧之间、亚美之间的货运需求进一步快速增长，运输链条进一步延伸，国际集装箱运输持续快速发展，进一步推动亚洲国家和地区的现代多式联运进程。同时，伴随 1993 年欧盟成员国就消除贸易壁垒及构建共同市场达成共识和 1994 年北美自由贸易协定的生效，区域经济一体化的趋势也逐渐增强，欧盟地区和北美自由贸易区的货运量不断提升，进一步推动了这些区域内部运输体系的衔接和完善，从而有利于多式联运的发展。

这一时期，运输业的管制进一步放松，政府对多式联运的发展也提供了有利的政策支持。具有代表性的有，1991 年美国颁布《多式联运地面效率法》（Intermodal Surface Transportation Efficiency Act of 1991），将构建国家多式联运体系作为美国国家运输政策的核心，并在运输规划、项目资金使用、多式联运相关政府机构的设立及研究方面对多式联运的发展给予政策支持。1993 年《协议运价法》（Negotiated Rates Act of 1993）和 1994 年《卡车运输业管制改革法》（Trucking Industry Regulation Reform Act of 1994）的颁布也进一步改善了多式联运的发展环境。更为重要的事件是，美国于 1996 年撤销了存在近 110 年的最大的运输业管制机构——ICC，并将其主要的经济管制职能移交给地面运输管理委员会（Surface Transportation Board，STB），这标志着美国运输业管制环境的空前改善。与此同时，欧洲也启动了一系列放松运输业管制的政策措施，推动了铁路自由化改革的进程，从而有利于欧洲铁路集装箱运输的进一步发展。

　　在世界经济和国际贸易需求不断增长、运输业管制进一步放松的大环境下，现代多式联运获得空前的大发展。海运方面，集装箱标准化不断完善，集装箱船只的规模经济不断提升，沿海港口的集装箱处理能力显著提升。20 世纪 90 年代初，集装箱船已发展到第四代"后巴拿马型"（Post – Panamax），可以载运 3500 ~ 5000 标箱（TEU）的货物。而如今，集装箱船又进一步发展到第五代，其中最大的集装箱船可以载运 10000 标箱的货物。如此巨大规模的运量使得处理此类船只的港口不断提升装卸效率和科学管理水平，也使得与之配套的内陆集疏运体系不断完善。同时，海运业为进一步提升规模经济，进行了一系列并购和联盟活动。比如，1996 年，P&O 与 Nedlloyd 合并为铁行渣华班轮公司（P&O Nedlloyd）。1997 年，海王星东方班轮公司（Neptune Orient Lines）收购 APL。由此，集装箱海运业的产业集中度进一步提升，国际贸易运输网络结构也随之逐渐发生变化，国际集装箱运量开始逐渐向少数具备良好水深条件和内陆集疏运系统的枢纽型大港集中。此外，为了进一步提升全程运输服务质量，补充主业，集装箱运输班轮公司除了经营传统的海运业务以外，还介入了陆上运输、代理、仓储和流通领域，加强了对陆上运输系统的控制。

　　在内陆多式联运方面，由于铁路双层集装箱系统的完善成熟，铁路集装箱运量不断攀升。加之国内集装箱多式联运的大规模发展，美国铁路集装箱运量于 1992 年超过驮背运输的运量，并逐渐占取了原先驮背运输中的某些市场份额。由此，美国多式联运从以挂车占主导地位转变为以集装箱为主导地位。由于运载设备的变化，美国多式联运办理站也经历了数量集中、规模扩大的演变过程，其公铁联运车站从 1973 年的 1100 个缩减至 1997 年的 200 个。这在一定程度上也反映了美国多式联运网络结构的完善和优化。此外，这一时期还涌现了一批"公铁两用车"（Bi – Model）技术。1997 年，CSX 公司开发了"钢铁高速路"（Iron Highway）挂车多式联运系统。2000 年，Railrunner N. A. 公司开发试运行了"铁路赛跑者"（Railrunner）这一多式联运装备。目前，这些"公铁两用车"技术已在美国、加拿大、澳大利亚等国应用，但其占整个多式联运的市场份额并不大，在美国铁路多式联运中尚不足1%[56]。值得注意的还有，2003年美国铁路多式联运业务的营业收入首次超过煤炭运输，成为美国铁路业最大的收入来源，这或许是表明这一时期美国多式联运发展业绩之最为有利的证据之一。

在整个多式联运的经营管理方面，随着多式联运市场的不断成熟，各种运输专业化机构不断涌现，各个多式联运的参与主体都建立专门针对多式联运的组织机构，利用其专用设施、设备、营销网络和专业知识，实现专业化管理。在专业化方面，比较显著的变化是，一些铁路公司开始剥离原先拥有的非铁路运输的资产①，如NS出售了北美货车运输公司，CSX出售了其旗下的海运企业，UP出售了Overnite卡车运输公司。这表明美国铁路运输企业更加专注于发挥铁路线上运输的专业化能力。此外，一些铁路运输企业也逐渐将一些运输设备外包给专门的资产管理公司管理，比如2005年8月，北伯林顿圣塔菲铁路公司（BNSF）将其3800只国内集装箱的租约移交了Swift多式联运公司。这一举措使得BNSF可以节省大量的空箱调运和场站堆放的成本，而资产管理公司的专业化管理也可以进S一步提高集装箱的使用率②。另外，随着信息技术的不断进步，多式联运企业进一步统一管理规章、运输单证、运费率等标准，并广泛采用电子计算机及联机网络，建立管理信息系统，实现管理的正规化和现代化。而随着业务范围的不断拓展，多式联运企业在国内外广泛建立业务分支机构和业务代理机构，实现多式联运的国际化。

现代多式联运的发展历程及阶段特点见图3-1。

---

① 被出售的非铁路运输方式的企业也包括铁路公司在20世纪六七十年代建立的一些汽车子公司。

② 据BNSF测算，铁路管理的集装箱每年周转19次，而专业的资产管理公司可以使其每年周转26次。

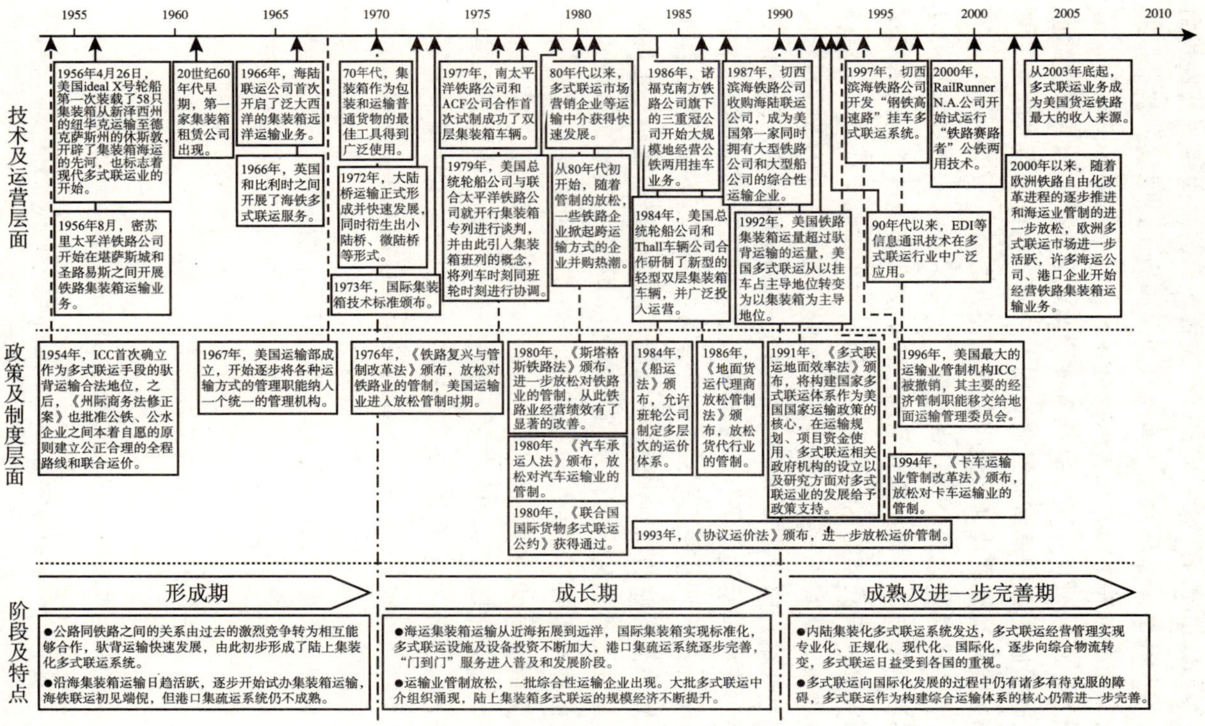

图 3-1 现代多式联运的发展历程及阶段特点

时间轴：1955　1960　1965　1970　1975　1980　1985　1990　1995　2000　2005　2010

技术及运营层面

- 1956年4月26日，美国ideal X号轮船的集装箱从新泽西州的纽瓦克港至得克萨斯州的休斯敦港，开始了集装箱化的先河，也标志着现代多式联运的开始。
- 1956年8月，密苏里太平洋铁路公司开始在堪萨斯城和圣路易斯之间开展铁路集装箱业务。
- 20世纪60年代初期，联运载具为包、开始了泛大西洋集装箱运输通道的最佳工具的使用。
- 1966年，海陆联运公司开辟了泛大西洋的集装箱运输业务。
- 1966年，家装箱租赁公司出现。
- 1966年，英国和比利时之间开展了铁路集装箱运输业务。
- 70年代，装卸作业方式的改进加快了装卸作业的速度。
- 80年代以来，各种集装箱运输企业等迅速发展。
- 从80年代初开始，随着一些铁路企业的兼并，多式联运方式迅速发展。
- 1972年，大陆桥运输正形成时，成本快速降低，同时衍生出小陆桥、微陆桥等方式。
- 1973年，国际集装箱的相关技术标准颁布。
- 1977年，南太平洋铁路公司与APU公司合作，试制成动力的最上层集装箱专用车辆。
- 1979年，美国总统轮船公司与圣太平洋铁路公司欢讯行铁路专列进行列班，并此后几十年里将列车作为同班箱时列运行开始的协调。
- 1987年，切西深铁路公司收购海陆联运的三重股份公司做了"国家"一家同时拥有大型铁路模块经营方式公司开始大规模铁路用用挂车业务。
- 1984年，美国总统轮船公司和Thall铁路合作创的双层集装箱以上经营双层集装箱专列车，并广泛进入铁路行业中，成为以集装箱为主导的运输方式。
- 1997年，切西深铁路公司"钢铁公司"开发"铁路快速"速度联运系统。
- 2000年，RailRunner公司与N.A.公司开始多式运输系统。
- 90年代以来，信息技术加大在多式联运行业中泛应用。
- 90年代以来，EDI技术、电子数据交换技术面运输制的应用技术。
- 从2003年底起，多式联运业务成为美国货运铁路最大的收入来源。
- 2000年以来，随着欧洲铁路自由化的进程和铁路运营管制的进一步放松，欧洲多式联运市场的逐步推进进一步活跃，许多港口企业开始为经营铁路集装箱运输业务。

政策及制度层面

- 1954年，ICC首次确立作为多式联运的合作协议，开始加速推进公路之间运营管理能输入一个统一的管理体制。
- 1967年，美国运输部成立，开始逐步将各种输方式的管理职能纳入一个统一的管理时期。
- 1980年《铁路复兴与管制改革法》颁布，开始放松铁路运营管制，使美国铁路经济效率显著提升。
- 1980年《汽车运输法》的制定，放松卡车运输行业的管制。
- 1980年《联合合国际货物运输公约》获得通过。
- 1986年《地面货运代理管理法》颁布，允许从事铁路运输业务。
- 1984年《航运法》颁布，进一步放松运价体系。
- 1991年，《多式联运陆地运输效率法》作为国家建国家级多式联运体系和国家交通运输政策的核心，在运输规划、项目投资使用、政府机构的设立以上、联运业的发展给予了管制。
- 1992年，美国总统铁路重组法》的背景将创新多式联运以上为以以集装箱行业中泛应用地位。
- 1993年《协运运价法》颁布。
- 1994年《卡车运输业改革法》颁布，放松州内卡车运输业的管制。
- 1994年，美国多式联运相关业务改革法实现进一步放松运价管制。
- 1996年，美国最大的运输管制机构ICC被撤销，其主要职能的经济管制职能移交给地面运输管理委员会。

阶段及特点

| 形成期 | 成长期 | 成熟及进一步完善期 | 成熟及进一步完善期 |

形成期
- 公路运输之间的关系由过去的激烈竞争转为相互互能合作，软竞争转向快速发展。
- 沿海集装箱运输日趋活跃，但通口集装箱海运系统不太成熟。
- 化式联运的原则建立公正合理的原链线运和联合运价。

成长期
- 海运集装箱运量从近海拓展到远洋，多式联运设施及设备全校实现标准化，港口集装箱系统进入实质性发展时期。
- "门到门"服务进入普及和发展阶段。
- 陆上集装箱运输及多式联运的协调趋于普遍，随陆上集装箱运系统的协调经济不断提升。

成熟及进一步完善期
- 污柜集装箱化程度加深，国际装箱系统实现标准化、正常化、现代化、国际化，逐步向综合物流转变。
- 多式联运的过程中有许多有特色鲜明的多式联运的核心竞争力而逐步向综合物流方向进一步完善。

64

综上，20世纪90年代以来，发达国家尤其是美国，其现代多式联运的发展已日益成熟，主要表现在港口内陆集疏运网络发达，内陆集装化多式联运效率和规模经济显著，多式联运经营管理实现专业化、正规化和现代化，已基本适应了后工业社会服务经济的要求，并逐步向综合物流方向转化，国内物流和国外物流开始融为一体。欧美等发达国家已充分认识到现代多式联运以及综合运输体系的重要性，不断致力于多式联运事业的发展，并进一步完善其综合运输体系。不过，从整个世界范围来看，现代多式联运的发展水平仍参差不齐，发展中国家即使是国际贸易大国，其多式联运的发展水平仍相对落后，其铁路运输业尚未很好地融入多式联运的链条，适应集装化运输的要求。同时，现代多式联运在走向国际化的过程中，仍面临诸多发展障碍，不同国家和地区的运输网络、运输管理体制、相关法律法规及商业规则还需要进一步实现衔接和协调。简而言之，作为商业运作的多式联运业务在发达国家已基本进入成熟阶段，而在国际化运作中的多式联运业务和作为构建综合运输体系之核心的现代多式联运系统仍在进一步完善之中。

综上所述，从现代多式联运的发展及集装化多式联运的早期实践中，我们不难发现，在过去200多年间，随着客运和货运需求的不断增长，人们就不断地进行多种尝试，努力将独立的运输系统进行更为有效的衔接。可以说，多式联运的发展，始终都是围绕多种运输方式的衔接配合而展开的，无论是铁路与公路联运作为先行，还是海运得到启示加入多式联运的体系，以及后来的逐渐完善铁路、公路、港口的集疏运系统，都说明了集装化多式联运必须非常重视运输链条的完整性，尤其是进入综合物流的时期，要更加注意多种运输方式之间的协调配合，努力完善运输网络，从而更好地提供"门到门"的完整运输产品，提升整个运输体系的效率。多式联运的发展历程充分体现运输产品完整性、运输系统衔接性和一体化的本质要求，尤其结合当今及未来经济、社会发展对高效、综合运输体系的强烈要求，更为充分地证明，各种运输方式都要调整自身以适应现代多式联运的发展。这是多式联运发展所隐含的一条主线。因此，任何一种运输方式，包括铁路在内，只有很好地融入多式联运体系，确保运输链条的完整性，才能在整个集装化多式联运中取得自身的利益并获得更大的发展。

二、经济组织变革与多式联运发展的关系

从上述现代多式联运的发展历程看，可以从三个方面总结促进多式联运发展的主要因素。其一是市场需求，主要表现在运输市场对运输产品的完整性和时效性需求的增长诱致多式联运的发展；其二是技术创新，主要表现在标准化集装箱运载技术的创新及其广泛应用极大提升了联运过程中的转运效率；其三是制度变迁，主要表现在政府对运输业管制的放松促进市场机制的发挥以及企业组织创新等对运输行业整体效率的提升。可以说，这三个方面的因素共同构成了解释现代多式联运发展的三位一体框架。不过，本节所要考察的重点是多式联运发展制度层面的作用。进而言之，是考察制度层面中更为微观的经济组织变革对多式联运发展的作用①。因此，首先要将市场需求和技术因素作为既定的条件。事实上，从总体上讲，市场需求和技术变革大致可以归为生产力的范畴，而经济组织的变革则更多地属于生产关系范畴。因此研究经济组织变革作用的本质是考察经济组织对于既定市场需求和技术条件的适应程度，进而是这种适应程度对多式联运发展的影响。

（一）作为组织创新的多式联运及其重要意义

多式联运的产生源自运输市场对完整运输产品的需求。由于运

---

① 从广义层面理解，经济组织的变革属于制度变迁这一因素当中。组织的本质可以认为是制度的设计，经济组织的含义是通过制度设计主要是契约的设计来治理各参与主体间的经济关系。所不同的是，与一般意义上所理解的制度相较而言，经济组织是一种微观机制。

输链条的延伸和不同运输方式的技术特性，完整运输产品的供给就意味着不同运输方式之间的协作生产模式，即多式联运。多式联运并不是一种新的运输方式或运输技术，而是一种组织形式的创新。作为一种先进的运输组织形式，它是通过优化组合不同运输方式，充分发挥其各自技术优势，在合理的全程运输成本基础上实现运输产品的完整性。由于多式联运这种运输组织形式的出现，摆脱了过去单纯通过技术创新对运输业的经济优化，进而从组织创新来优化运输业的资源配置，从而极大地降低了货物运输过程中的转运时间和成本，使得运输业进入一个完全不同于以往铁路、公路、水运、民航等单个运输方式发展的崭新阶段。也正因为如此，多式联运从表面上的一种运输组织形式进一步深入经济组织的意义上来。这主要体现在以下两点。

首先，多式联运改变了运输业中不同运输方式间的关系，使各种运输方式从过去的以竞争为主的关系转变到以协作为主。各种运输方式相继出现以来，不仅在运输市场的主导地位上争夺并替代，也在彼此服务重叠的区域展开激烈竞争，同时也在公共政策和公共资源方面进行斗争，各自的运输系统之间也相对孤立、封闭，因此各种运输方式的主体之间缺少合作。而现代多式联运出现之后，不同运输方式的运输系统间的衔接得到了加强，不同运输方式的经济主体之间的合作得到了深化。这种经济主体间从竞争为主的关系向协作为主的关系转变，以及由此形成的运输链条的衔接与一体化，使得过去以治理竞争关系为主的经济组织向治理协作关系为主的经济组织转变，这正是一种经济组织的变革。

其次，多式联运改变了运输企业间的竞争模式，使过去单个运输企业间的竞争逐渐发展为运输链条之间的竞争。也就是说，未来获得竞争优势的关键在于链条整体的效率。因此，对于运输企业而言，不能仅仅在自身角度考虑竞争策略，还必须从运输链条整体的角度考虑自身如何适应链条需要、同其他主体展开协作等一系列问题。换言之，经济组织问题从单个企业内部延伸拓展到整个链条之上的各个企业之间。

（二） 多式联运链条效率的发挥需要恰当的经济组织

多式联运链条不仅包含了承担实际运输的具有不同技术特性的运输方式，还包含了诸如货运代理、装卸、拼装、设备租赁、服务销售等大量其他专业环节。可以说多式联运是典型的专业化分工系统。链条的整体效率不仅来自专业化分工的技术优势和效率，更来自各专业化分工之间的相互协作和协同水平。事实上，一个系统内部的专业化分工水平越高，对协作能力的要求也就越高。而如何实现协作就是一个组织问题。

在现实当中，这些位于多式联运链条之上的不同分工环节都是由一些经济主体来负责运作的，不管它是一个生产部门还是一个市场主体。因此，实现各个专业化分工环节之间的协作能力和整体协同水平，就需要对不同的经济主体之间的关系进行恰当的治理。这就是经济组织的含义。尤其需要指出的是，在运输市场专业化水平日益深化的今天，各专业化分工经济主体多是具有相对独立性的市场主体，它们之间在生产上的协作关系更多地需要通过交易来实现。于是，多式联运链条的效率更多地取决于各经济主体间的交易效率。也就是说，多式联运链条生产效率的发挥将越来越需要通过各经济主体间交易效率的提升来实现。而提升多式联运链条各经济主体间的交易效率，就必须要通过恰当的合约制度安排来治理其彼此间的交易关系，确保交易范围的拓展、交易进程的加快以及建立在互信基础上的长期交易关系的维持，这进一步凸显出经济组织的重要作用。

（三） 经济组织问题是多式联运链条参与主体的重要决策内容

对于包含大量相对独立之市场主体的多式联运链条而言，其经济组织的模式是由这些不同主体共同决策而形成的，它们是多式联运经济组织问题的决策主体。也就是说，各个参与主体并非被动地参与事先设计好的协作机制，而是基于各自利益的考量，对彼此之间的经济关系进行谈判协商而最终形成的一套经济组织形态。

事实上，对于处在多式联运链条上的各商业企业来说，选择从事何种经营活动，及其经营活动同其他经营活动的关系如何架构都是重要的战略决策问题。选择错误的经营领域或者未能及时同链条上各其他主体建立恰当的关系都可能增加成本，并使企业处于相对不利的竞争地位。商业史上已有大量的证据表明组织创新对于特定经营领域和行业成功的重要作用，比如现代多式联运的创始人麦凯莱恩从卡车运输业向集装箱海运业涉足，并成功转型为联运企业所获得的成功。因此，在多式联运业已成为未来运输业发展方向，以及运输链条间竞争模式渐成趋势的情况下，各个运输企业都需要适时做出组织上的调整，来适应运输市场的变化。

（四）深入理解经济组织对于完善相关行业政策体制至关重要

从现代多式联运的发展历程看，多式联运行业的政策体制对其经济组织的变革具有重要影响。比如在美国运输业管制时期，政府出于反垄断的目的，严格限制不同运输方式间的企业并购行为，也不允许铁路运输企业投资建立自己的卡车运输公司或水运企业，从而限制了一体化运输链条的形成，进而阻碍了多式联运的发展。而当这一管制解除之后，随即引发了一股跨运输方式的企业并购热潮，运输市场中出现了一批拥有多种运输方式的综合性运输企业，大大拓展了多式联运服务的范围，推进了多式联运的发展进程。可见，政府的政策体制直接影响经济组织变革的进程，不恰当的政策体制会阻碍经济组织的变革。因此，反过来讲，就有必要根据现实的发展需要，反思和检讨政策体制的弊端。

而要建立健全能够促进行业发展的政策体制，就必须深入理解商业经营者进行组织变革或采取现有组织形态的特殊原因。仍以上述事实为例，不同运输方式间的企业并购行为旨在构建一体化的运输链条，满足运输市场对完整运输产品的需求，其本质是适应市场环境来变革组织，而非为强化企业自身的垄断地位，且其结果也并未构成垄断。因此，深化对契约和组织的角色及履约含义的理解，会减少把履行法定经济职能的商业惯例误解为反竞争性的可能性，从而完善促进行业发展的政策体制。此外，考虑到多式联运经济组织旨在形成更为有效衔接和一体化的运输链条，就必须破除阻碍链条上各经济主体间建立衔接、协作和一体化模式的各种制度障碍。

第四章

现代多式联运系统的特性
及其经济组织

如前所述，从经济学视角来看，多式联运链条的效率取决于对链条上各参与主体间经济关系的恰当治理。可以说，经济组织是影响多式联运链条效率及行业发展的关键性因素。既然经济组织问题如此重要，那么很自然就会引出"如何选择恰当的经济组织形态"这个问题。而要解决这一问题，首先必须理解影响经济组织决策的主要因素有哪些。一般地，有关经济组织的决策主要取决于生产成本、交易费用和战略考虑等因素。换言之，恰当的经济组织形态必须尽可能地节约生产成本和交易费用，并能符合决策主体的战略诉求。本章试图结合多式联运系统所具备的特性来探究这些决策因素背后的原因。

一、现代多式联运系统的构成

现代多式联运系统是由各种多式联运相关线网设施及设备和在此基础上开展相关经济活动的参与主体共同构成的（见图4-1）。

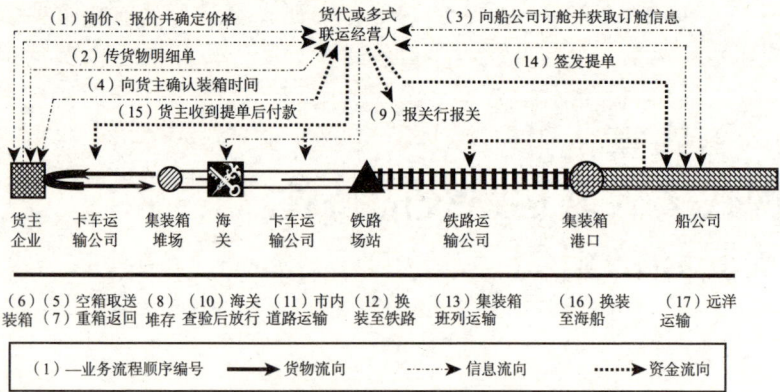

图4-1 多式联运系统及主要经济活动示意

如果从最广的区域范围和最长的运输链条来看，现代多式联运的线网设施及设备应主要包括各种运输方式的线路、多式联运场站以及集装箱船舶、铁路机车车辆、集装箱卡车或拖头、集装箱、挂车、交换箱、货物托盘、码头岸吊、龙门吊、正面吊、叉车等载运设备和装卸设备。多式联运的各参与主体则主要包括货主（托运人或收货人）、各种运输方式的经营者、货运代理业者、场站处理业者、设备租赁业者等。多式联运系统各组成部分是通过大量基础设施间的物理联系和各种经营业务间的逻辑联系而构建起来的。接下来，将分别对各线网设施及设备的主要功能及其经济主体进行阐述。

（一）线网设施

多式联运系统包含铁路、公路、内河水运、海运等多种运输方式的线路，不同运输方式的线路以及与之相应的运输技术具有不同特征，由此它们在多式联运系统中所承担的主要功能也不尽相同。铁路线路具有运速快、承载量高等特点，适合承担内陆长距离大运量干线运输功能；公路线路具有覆盖广泛、可达性高等

72

特点，主要承担接取和配送的功能；内河水运和海运航线需要依赖发达的水系，具有低成本、大承载量等特点，一般也主要承担干线运输功能，尤其是贸易大国间的国际运输通常都借助海运线路来完成。由于地理条件和线路可达性的限制，需要不同运输线路进行有效衔接来完成整个联运过程。这种物理衔接主要在于各种多式联运场站。

　　一般而言，现代多式联运场站包含三种，即能够实现运输方式间转载功能的集装箱港口、铁路场站和配送中心（见图4-2）。

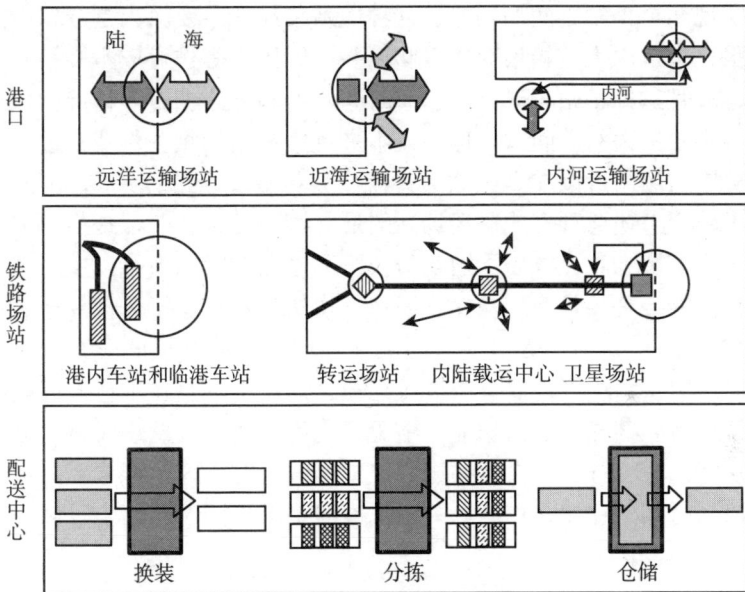

图4-2　多式联运场站的类型

资料来源：Rodrigue（2006）。

　　其中集装箱港口主要是衔接水运和陆地运输方式的接口设施，

也有的作为水运方式内部的中转设施①。从多式联运角度看，其主要功能是实现集装箱在水、陆运输方式间的换装和转运。在三种多式联运场站中，集装箱港口的运量、占地空间和投资规模最为显著。为了配合集装箱港口的大规模吞吐量，铁路需要作为主要的内陆集疏运方式，因此集装箱港口周围通常有铁路场站与之相结合。不过这种结合或衔接不一定体现在两者的空间距离很近。有一些铁路场站位于集装箱港口内部，可以利用港口设备直接完成集装箱船只和铁路车辆间的换装作业。但更多的铁路场站实际上是布局在港口后方一定距离以外的地方，需要通过铁路联络线或卡车运输等方式实现两个场站之间的连接。这种场站布局的主要原因是港口空间有限，港口内集装箱堆存成本和换装、拆拼箱等作业成本高昂。因此，尽管这种场站布局可能引起时间延迟和道路拥挤等情况，但却可以利用更大的空间以更低的成本进行集装箱的相关作业，进而使这类铁路场站可以在多式联运系统中发挥更显著的作用②。配送中心不同于上述两种多式联运场站的最大特点在于它通常提供更多的货运增值服务。此类场站通常与公路运输方式紧密衔接，主要具备三种功能。其一是换装功能，即将货物从某种载运箱具换装至另一种载运箱具③。其二是分类配送功能，即将不同种类的货物按照不同需求数量和终到地点分类进行配送，这通常发生在供应链终端的零售环节。其三是仓储功能，由于集装箱货物需求的小批量、分散性等特点，将各个单批货物进行集中非常耗时，因此需要对货物进行适当时间的存储，以达到一定规模的要求，同时仓储也可以有效

① 这类中转设施并不实现运输方式间的转换，而是用于船只之间的换装，有些并不拥有实际的场地，比如香港作为国际集装箱的中转大港，它有许多集装箱并不进港而是直接在水上完成船只间的换装。不过，从大系统角度看，此类设施也属于多式联运设施。
② 诸如内陆载运中心、部分铁路中转场站都属此类型，由于承担了港口的部分功能，它们也被称为内陆港。
③ 比如在北美多式联运市场中，人们将海运集装箱中货物换装到大尺寸的内陆箱中。

应对需求的波动。

（二）　主要设备

现代多式联运系统的主要设备包括集装箱、拖车、交换箱、托盘等各类集装化载运箱具；铁路车辆、卡车或拖头、集装箱船只等运输工具；集装箱岸吊、龙门起重机、正面吊、叉车等装卸工具以及各种用于传送管理信息的通信工具。这些设备的最大特点是标准化，其中物流活动中的各种设备是围绕集装箱等载运箱具的标准而配置的，信息流活动中的标准是指信息使用者之间的信息兼容与共享。设备的标准化是现代多式联运物理系统整体性的最大体现，它强化了多式联运系统各组成部分之间的相互作用和相互联系。

（三）　现代多式联运系统的主要经济主体及其相互间关系

1. 现代多式联运系统的主要经济主体

（1）货主。货主（托运人或收货人）是运输服务的需求者。购买多式联运服务的货主通常是产品制造业者和商品消费者，其所托运的货物主要是适宜集装化运输的高附加值商品或中间产品。货主在多式联运系统中的作用更多地取决于其所托运的货量规模。拥有大批量货物的托运人通常可以取得较为优惠的服务价格，而只有小批量货物的托运人则通常需要借助一些拼装业者、货运代理商等中介组织的帮助才可获得基本的服务。因此，许多小批量的货主通常也会成立货主联盟来获取更多的价格优惠。这是运输业规模经济的客观要求和体现。

在多式联运链条中，货主处于链条的起端或终端，其实务操作主要是交付或签收货物，有时也提供联运箱具等设备，并自己负责两端的道路运输业务，相应地也提供设备的追踪和维修等辅助业务。

（2）货运代理业者。货运代理业者是运输服务购买者和物理运输服务提供者之间进行交易的中介。从不同委托者角度看，货运代理业者大体可分为两类，一类是代表货主的代理业者，一类是代表物理运输服务提供者的代理业者，比如轮船公司代理、铁路公司代理等。简而言之，前者代表货主寻找运能，后者代表运输企业寻找运量。传统货代的主要活动包括：①小件货物的拼装和管理；②仓储和程序处理；③信息和单据管理；④货物通关；⑤提供载运箱具。此外货代公司通常与拖运业者有紧密联系，许多货代企业还拥有公路运输车辆，因而兼有拖运业者的身份。

（3）多式联运承运人。多式联运承运人是具有签订多式联运合同资格的企业。它们向托运人所提供的是"一站式"的"门到门"的完整运输产品，并按照多式联运合同的要求直接向货主负责运输产品的质量。在实际当中，多式联运经营者可能是某些大型的综合性运输企业，也可能是某些具有相应缔约资格的货运代理企业或运输企业。对于后者而言，它们是多式联运服务的总承包商，为了完成全程运输服务，还需要同多式联运链条上的其他经济主体主要是其他运输方式的承运人签订某一运输区段的次级承包合同。

（4）场站经营业者。场站经营业者主要是指场站设施的管理者或拥有场站设施的专门的场站经营企业，比如集装箱港口或码头企业、多式联运场站经营者以及物流园区的经营者。它们主要负责装卸、换装、堆存等场站处理业务，有些还提供设备修理和仓储等服务。

（5）干线运输业者。干线运输业者主要是指那些具有较大运能的负责"港（站）到港（站）"间长途运输的运输企业。它们通常是船公司和铁路运输企业，此外，某些大型的卡车运输企业也有干线运输业务。对于铁路运输企业而言，通常还拥有自己的场站设施，因而兼有场站经营业者的身份。

（6）拖运业者（配送业者）。两端配送业者是指负责"门到港（站）"或"港（站）到门"这一区段运输业务的企业。它们通常是某些卡车运输企业或者拥有卡车的货代企业。除了配送作业之外，这些企业还可能承担货物的拆、拼箱作业，因此兼有拼装业者的身份。

（7）其他经济主体。随着市场专业化分工的进一步发展，多式联运系统中还出现了拼装业者、报关经纪和设备租赁业者等经济主体。其中拼装业者的主要功能是将较为分散的小批量货物进行集中，以获取较低的运输费用。报关经纪负责处理有关进出贸易口岸的货物通关、检验、检疫等必要的手续。设备租赁业者的出现有效降低了设备使用者购置和管理设备的费用。

2. 多式联运各经济主体间的主要经济关系

从运输产品的生产角度讲，多式联运链条上的各个运输服务提供者之间具有纵向的生产协作关系。在典型的多式联运过程中，从拼装箱、箱流集结、转载、运输、拆箱到配送至最终客户的各个环节都紧密相扣，拼装业者、卡车运输企业、场站经营业者、干线运输业者等都必须在其各结合部做好生产协作以确保整个链条的完整、畅通和有效。为此，不同运输服务提供者需要在恰当的时间、空间配置恰当的生产性资源，即确保生产活动实现时、空、物的耦合，比如确保接合部物理设施的临近，不同运输服务时刻的衔接以及配置符合运量要求的运输资源，确保运输能力间的匹配。在这一生产过程中，多式联运承运人或为客户提供多式联运服务的承运人承担了联运链条上的运输组织功能，以此来协调各实际承运人之间的生产协作关系。

从运输产品的交易角度看，多式联运承运人与货主之间属于直接交易关系，其他运输方式的实际承运人以及场站服务提供者同货主之间属于间接交易关系，多式联运承运人同其他运输方式承运人之间则是总承包商（缔约人）和次级承包商（次级缔约人）的关系。此外，对于具有规模经济的承运人，比如铁路运输企业、班轮公司等，在其运输服务的销售渠道上，同货代企业之间具有批发商和零售商的关系，有的运输企业也可能直接向货主出售其运输能力，因而本身也可能承担零售商的角色。

综上，多式联运链条上的各个参与主体之间的主要经济关系是生产关系和交易关系。其中前者主要是一种纵向链条联系，后者则呈现网状关系。对于多式联运承运人而言，既具有生产组织者或集成商的角色，也具有交易中介者或集中缔约人的角色。对于不同运输方式的承运人及其他参与主体之间在生产上具有紧密协作关系，在交易上则视不同情况存在不同地位和强度的关系，或者没有交易关系。

二、现代多式联运系统的特性

（一）产品需求特性

1. 运输产品的完整性及附加价值

多式联运产品是典型的完整运输产品，这种完整性意味着运输产品的需求者不需要再提供自有运输或负责运输过程中的组织协调工作，从而极大地降低了运输需求者在以往相互割裂的运输过程中所投入的生产成本和交易费用。此外，由于集装箱等载运箱具的使用和信息追踪技术的应用，可以减少货损货差和仓储费用并增加运输过程的透明度，从而为运输需求者创造新的附加价值。

2. 运输产品需求的分散性

采用集装箱多式联运的货物，大多属于高附加值的工业半成品和消费品。不同于大宗的资源类货物，此类货物具有中小批量和高频次的运输特点。而且由于全球性生产网络的资源来源地和产品销售地的分散性，更使得此类货物的运输需求呈现分散性的特点。

（二）生产技术特性

1. 生产过程的高度连续性及时空特性

运输服务的提供过程也是其消费过程，运输产品的价值与时空资源有高度联系。因此运输的生产过程必须确保高度连续性，强调运输资源在特定时间内和空间上的恰当配置，一旦运输过程中出现停顿甚至断裂，就会产生骨牌效应，迅速消耗成本，降低效率。对于多式联运而言，由于涉及更多的互补资源和技术，处于链条中的单个主体必须紧密联系其他主体来获取这些必要资源，通过各个部分的密切协作以发挥整体功能。这一特征同时会影响运输交易的特性，后文会进一步讨论。

2. 互补经济与组合优势

不同运输方式具有不同的技术经济特性，突出表现在不同的距离范围内有各自不同的成本优势。多式联运是将具有不同技术经济特性的运输方式加以组合的运输组织形式。不同运输方式的技术特性在这一组合中互为补充，形成一种组合优势（见图4-3）。如果可以进一步提升结合部即运输方式间的换装效率，还将进一步提升这种组合优势。

此外，这种组合经济优势还不仅仅体现在生产成本的节约，也体现在由于服务质量提升和负外部性的减少而带来价值增值。比如，在生产可能性的条件下，公铁联运比单纯的公路运输在减少道路拥挤、环境污染和燃油消耗方面更具优势（见表4-1）。

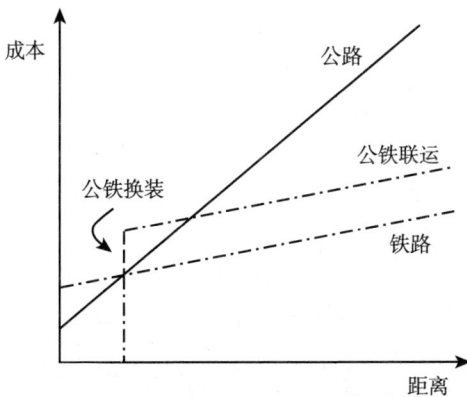

图4-3　公铁联运中的互补经济

表4-1　　　美国铁路与卡车运输相关效率与安全性比较（2002年）

运输方式	燃料消耗	基建运能	成本（对使用者而言）	安全性
铁路	455 吨英里/加仑	主干线每年运送2.16亿吨	2.7美分/吨英里	每百万吨英里死亡0.61人，每百万吨英里12.4起交通事故
公路	105 吨英里/加仑	每条线路每年运送3780万吨	5.0美分/吨英里	每百万吨英里死亡1.45人，每百万吨英里36.4起交通事故

资料来源：Thomas Brown and Anthony Hatch（2002）。

3. 标准化操作及运输资源的相互依赖

集装箱多式联运是一个高度标准化的运输系统，系统内的各种设施设备必须围绕一定的技术标准和作业标准进行配置和协作。这些标准将各种运输资源紧密联合在一起，形成相互间的匹配和依赖关系，任何非标准化的资源都会对整个系统的效率产生负面影响。此外，实际当中设备标准化问题的解决需要在兼容性带来的系统效率和多样化的市场需求之间寻求平衡，或者说进一步的标准化需要满足多式联运各个参与者的利益要求，而这一过程是长期而复杂的。设备标准化在经济上的重要性在于，一旦围绕某种标准的运输资源配置完毕，这种既有标准就会使各种资源产生技术依赖，并形成巨大的变更成本。于是，设备标准化也成为某些运输资源具有专用性的原因，使得其只能用于某些特定用途，改变这些资源的用途将使其价值大为降低。

4. 网络经济特性

运输业的网络经济特性表现在其运输规模经济和范围经济的共同作用下，运输总产出的扩大引起平均运输成本下降的现象。多式联运的网络经济特性，不同于一般单一运输方式网络经济特性之处，在于不同运输方式之间技术经济特性的匹配可以产生协同经济效应，这不仅体现在前述的组合优势，还体现在由于量能匹配和链网延伸而产生的效率提升和成本降低。比如具有明显规模经济特征的集装箱班轮和铁路集装箱班列之间的量能匹配，以及某种运输方式借助其他运输方式的网络幅员，可以提供更广泛多样和高附加值的运输产品，并优化运输组织的成本结构，从而获取范围经济。此外，由于网络经济尤其是规模经济的存在，要求运输量必须同一定的运输能力相匹配，比如铁路运输业通常要求托运人保证最低的托运数量，并对大批量货物实行价格优惠。

（三）交易特性

资产专用性、交易频率以及复杂性和不确定性是衡量交易特性的三个维度，多式联运过程中不同特征在各个维度的交易特性上有不同的表现（见表4-2）。在多式联运系统中，存在大量的专用性资产。除了物质资本专用性、场地区位专用性和人力资产专用性之外，时空专用性的问题更值得关注。时空专用性意味着在交易中按时履约的至关重要性（Masten，Meehan & Snyder，1991）[4]。多式联运产品的价值同时间因素紧密相关，其生产过程同消费过程同步，一旦生产过程中断，导致延误就会给托运方及相关合作主体带来极大损失，比如因货物延迟交付而失去交易时机，又如因集装箱空箱不能及时回送造成资产闲置及浪费等。

表4-2   **多式联运交易特性的不同表现**

多式联运的特征	不确定性			交易频率	关系专用性投资	交易的复杂性
	质量	可靠的供应	机会主义			
可靠性	√	√	√	√		
敏捷度	√	√	√			√

续表

多式联运的特征	不确定性			交易频率	关系专用性投资	交易的复杂性
	质量	可靠的供应	机会主义			
适时性	√	√	√			
服务频率				√		
承运商责任	√					√
企业专用性技术	√	√			√	
集装箱追踪	√					√
线路灵活性	√	√				√
简化的文书工作	√					√
简化托运商业务办理	√					√
客户索赔的解决	√					√
不同运输方式管理者之间的互信及协作			√			
稳定的运输时期	√	√				
门到门服务	√	√	√			
满足客户需求	√	√	√			

资料来源：Panayides（2002）。

多式联运过程中的交易也极端复杂，交易的对象非常多样，全面、准确描述缔约各方的义务十分困难，相应地，司法主体判断各方是否履行义务的困难也很大。比如，由于涉及不同承运主体，有关货物在运输过程中的信息获取成本较高，清晰界定各承运人的责任就相对困难，极易受到机会主义行为的威胁。而且，由于运输过程中的生产环节非常多，增加了运输过程的不确定性，并使整个链条的效率受到波动。

三、多式联运的组织形态及系统特性对其的影响

（一） 多式联运的组织形态

1. 市场契约

在多式联运链条上，各经济主体可通过签订市场契约的方式来治理相互间的经济关系，也即通过价格机制来组织交易过程（见图4-4）。

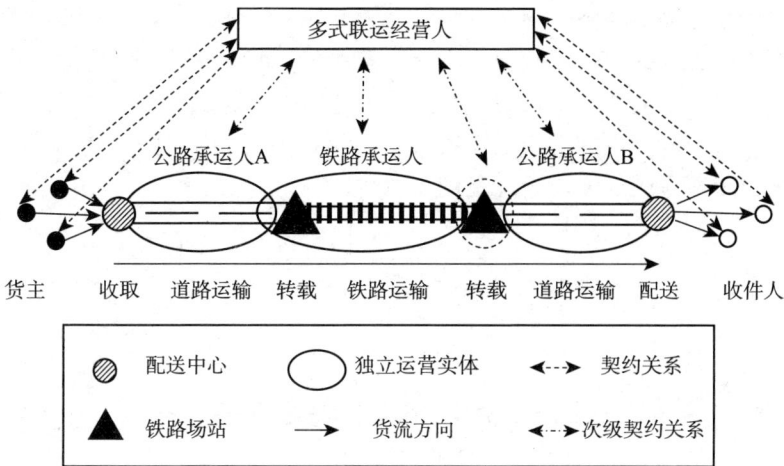

图4-4 多式联运链条中"市场契约"的组织形态示意

在这种情况下，通常有一个集中缔约者和货主首先签订多式联运合同，再分别同需要在链条上进行协作以提供完整运输服务的各个参与主体缔结次级契约。多式联运合同通常对全程运费、运输起讫点、大致的运到时限以及全程运输责任做出界定，次级契约则对各分段承运人及相关服务提供主体的服务价格、运能保障及分段运输责任进行界定。这样，各经济主体间围绕各种契约关系形成了一

个虚拟组织,在这一组织中,作为总承包商和集成商的多式联运经营人就全程运输责任向货主负责,其他次级承包者则依据相应合同规定向多式联运承运人负责。

需要指出的是,虽然运输市场中也存在少量的即期契约,但大部分用以治理主体间经济关系的市场契约都是较为长期的,而且通常是可更新型契约,尤其是对于那些交易频率较高、合作次数较多的交易主体。因为大量不确定性的存在,契约条款通常是不完全的,签约并不能涵盖所有可能的突发事件。因此,在多式联运中,各相关主体间在订立合同时,通常要建立起允许未来就交易条款进行谈判的框架。

2. 纵向一体化

在运输市场中,存在一些超大规模的综合性运输企业,它们拥有不同方式的运输工具和广泛的运营网络,可以通过企业内部的组织安排提供完整的多式联运产品。在这样的企业中,处理业务流程中各环节间关系的机制是权威命令,即依靠企业内的生产调度指令来配置相应的运输资源(见图4-5)。

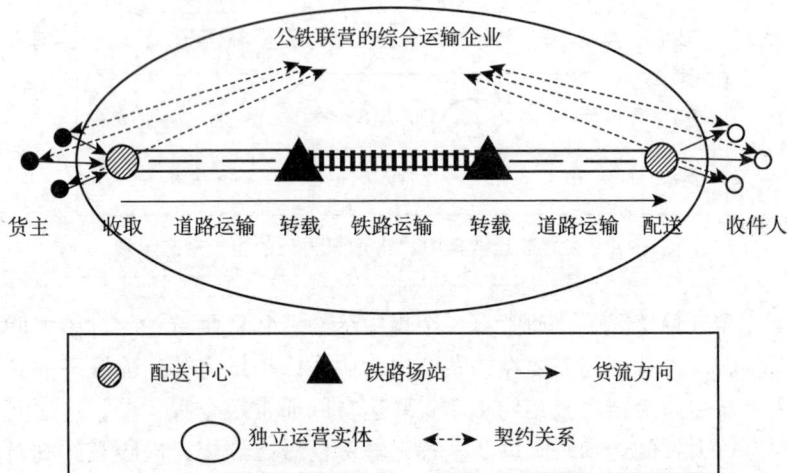

图4-5 多式联运链条中"科层企业"的组织形态示意

与市场交易相比，通过纵向一体化将生产内部化，科层制可以享有更大的行动自由和更强的控制力度，获得信息的方式也更优越。但是科层制与生俱来的低效率也不可避免地弥漫到所有大型组织，这使得纵向一体化的收益受到限制。而且由于运输资产的高成本投入，尤其是那些在空间上分布广泛的运输资源极难获取，使得综合性运输企业的规模受到限制，也不可能取代所有其他的组织形态。

3. 混合组织形态

混合组织形态其实是包含了多种组织关系的集合，或者是契约与纵向一体化的某种结合，或者是诸如合资、企业联盟等在激励强度、适应能力和科层体制成本等方面居于市场和科层组织之间的某种组织形态（见图4-6）。在这种情况下，缔约一方（或双方）拥有部分股权的合资企业和相关安排就会包含签约和所有权两种成分。而建立战略联盟的成员之间，虽然也有正式的合同作为其法律基础，但其合作运营可能并不以管理权的行使为基础，而是以来自共同目标和参与者之间的相互依赖为基础。

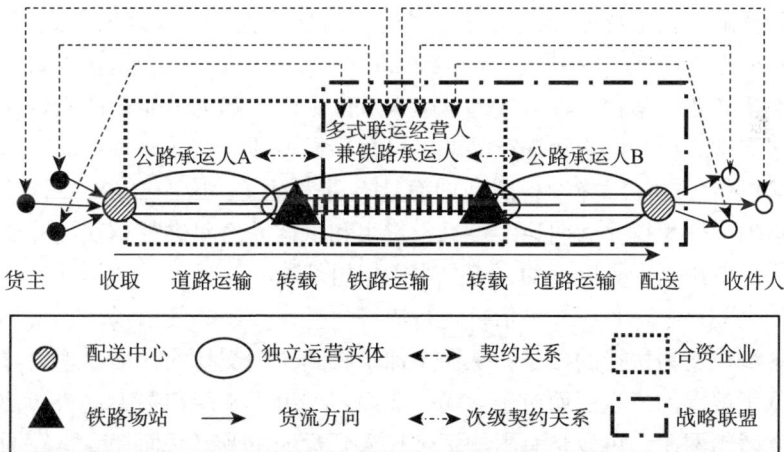

图4-6　多式联运链条中混合组织形态示意

4. 多式联运经济组织的链网形态

同上述各种组织形态相区别的是，多式联运经济组织的链网形态不仅仅是从对交易关系进行治理的角度来考察联运链条的组织，它还包括了对生产关系治理进行考察的视角。事实上，我们可以发现，在上述各种经济组织形态中，用以集中处理交易关系的多式联运经营者本身也承担链条上重要的生产性活动，它不仅要安排恰当的交易，还要在生产过程中提供必要的生产性组织活动。这种生产性活动就是对运输链条上各环节的运输服务进行集成化，因此多式联运经营人不仅是集中交易的中介者，也是集成生产的组织者。

从这一角度来考察，多式联运的经济组织其实就包含了纵向的生产关系和网状的交易关系，这就是其链网形态的内涵。这样，在注重考察通过交易效率提升来改善多式联运生产效率的同时，还可以关注作为提升交易效率的进行集中签约的交易中介所具备的直接改善生产效率的组织能力。

（1）多式联运经营人作为交易中介者的作用及其原因。

①减少搜寻交易对象的成本，有利于运输企业的专业化运营。一方面，多式联运是一个专业化的复杂运输系统，涉及众多的程序和环节，货主往往难以获得全部所需信息并进行有效处理和决策，它们强烈需要"一站式"的运输服务。另一方面，社会运输需求日益多样化，某种运输方式的承运人难以全面了解更不能全部满足这些需求，而且由于运输产品的不可存储性，即时地搜寻货主对于运输供给者提高设施设备的利用率具有重大意义，这一点在"回空"运输中体现得尤为明显。可见，货主和承运人之间进行相互搜寻的交易费用是十分巨大的，于是中间层组织通过其强大的营销网络和社会关系，把各种交易信息进行集成，提供交易的集中场所，增加了潜在交易伙伴的数量，从而增加了找到一个交易伙伴的概率，降低了搜寻的成本。而对于运输企业而言，由于不用花费大量资源建立营销网络，可以将有限的资金投入到运输主业，从而提高运输服务的专业化能力。

②通过交易的规模经济降低交易费用。运输市场具有分散需求和集中供给的特点。为了追求规模经济，运输供给者需要大批量的同质的运输需求，运输中间层组织通过拼装等方式集中运量，把分散的运输需求同运输业的集中供给很好地匹配了起来，由于运量充足稳定，它们成了运输企业的大客户，在满足运输业规模经济的同时也为中小运量的货主取得了较低廉的运输服务，通过交易的规模经济大大降低了交易费用。事实上，在美国大多数一级铁路公司都在充当批发商的角色来批发运量，而诸如货运代理、多式联运营销公司等中间层组织都在充当零售商的角色，直接面向最终客户。

③抑制道德风险和机会主义。多式联运链条上存在多个交易主体，由于信息不对称，在交易过程中存在着广泛的机会主义行为，比如货物运输责任的划分方面，不同运输方式的承运人有推卸责任的动机，如果由货主亲自同各个承运人进行谈判交涉，交易费用是巨大的，且不一定解决问题。而中间层组织作为中心签约人，集中承担了货主的风险，并充当仲裁者的角色，其长期信誉和谈判优势有助于抑制道德风险的发生。再比如，有些运输方式的企业之间由于缺乏相互信任而难以建立合作关系，这时中间层组织通过订立双边或多边合同，转移交易关系，促使各方做出可信承诺，实现不同运输企业间的合作。

（2）多式联运经营人作为货运集成商的能力。多式联运经营人作为货运集成商具备的组织能力包括：①具有设计适合复杂供应链需要的多式联运解决方案；②在发生冲突时，能处于中立状态提供建议并建立相互协作的仲裁机制；③具备所有运输方式以及仓储和货物处理方面的知识和经验；④与货主和运营商之间有长期合作关系；⑤可以获取有关运输服务、运营商及货物装运方面的信息；⑥可以获取广泛的联系人和合作者的网络[80]。

（二） 多式联运系统的特性对其经济组织的影响

如前所述，提升多式联运链条的效率，需要对链条上各经济主体间的经济关系进行恰当的治理。这种治理意味着需要选取恰当的经济组织来尽可能地降低链条上各种经济活动的生产成本和交易费用。多式联运系统自身在产品需求、生产技术和交易当中存在的特性，影响了不同组织形态下的生产成本和交易费用水平。因此，提升多式联运链条效率的经济组织必须适应多式联运系统的各种特性。

然而，多式联运系统的各个特性之间不是孤立存在的，而是相互联系并发生作用的。这种联系和作用，在某种程度上决定了用以治理链条上各主体间经济关系的组织形态不是单纯适应某一种特性而建立匹配关系的，虽然单个特性与经济组织之间具有强相关性。本书认为，至少有如下几种特性间的联系和作用，对于理解多式联运的经济组织问题是至关重要的。

首先，多式联运产品需求的完整性与其生产过程的高度连续、衔接及协作的特性密切相关，这种相互关系使得承担集中交易功能和链条组织的生产性活动的中间层组织成为必需。完整性是从运输需求者的角度而言，它意味着运输产品的用户不需要逐个直接地同实际承运人发生经济关系，由此直接的交易关系经由多式联运承运人这一中间层组织转化为间接交易，这本身就是对交易费用的节约。同时，对于链条的组织与协调的生产性工作，也转嫁给作为链条组织者的多式联运承运人。如果没有集中交易者和链条组织者，产品的完整性和运输生产的高度连续和衔接就无法实现。

其次，产品需求的分散性与运输供给的规模经济特性必须相互匹配，这种匹配性不仅影响多式联运的运输组织结构，并进而影响经济组织，而且这种匹配其所需要的核心能力也影响了多式联运链条中的组织决策。对于多式联运链条中那些具有显著规模经济特征的经济主体而言，为发挥干线运输的优势，于是"轴幅中转"的网络组织结构得以普遍采用。为了尽可能地获取规模经济优势，对整合小批量、分散性的运输需求提出更高的要求。比如集装箱班轮运输企业为提升规模经济效应，将其海运网络集中于少数大型集装箱港口，而主要依赖陆上运输系统集散货运量。这种运输组织结构的变化就要求集装箱班轮企业加强同陆上运输企业间的整合力度，对相应的交易关系进行调整。再比如，整合分散需求所需要的营销网络资源、能力以及对相应商业风险的承担，使得许多铁路运输企业更倾向于充当批发商的角色，借助包括货代企业、拼装业者在内的中介组织进行货运能力的营销。

再次，生产过程的时空特性是交易过程中的时空专用性产生的重要原因。由于运输产品的价值与时间密切相关，生产过程一经启动，就必须保证其连续性，如果运输过程中的某个环节于一定时间内不能寻找到交易对象，或者出现不按时履行合约的行为，就会产生高昂的交易费用。因此，离散市场中的即期交易对于多式联运而言通常是没有效率的契约安排，而长期契约尤其是可更新的关系型契约以及纵向一体化的组织安排是较优的备选方案。

最后，生产成本对于那些可以通过实现规模经济和范围经济以及相关的经济效率来降低成本的治理结构是有影响的。但关于这一点，笔者认为，人们容易过多地强调一体化的组织方式在获取规模经济进而降低生产成本方面的作用，而忽视了其可能带来的高昂的运输设施及设备的购置和管理成本。事实上，一体化的组织方式并不一定降低生产成本，尤其是对那些拥有庞大基础设施网络的运输企业实行并购。而近些年又有观察家指出，一些铁路运输企业逐渐将一些运输设备外包给专门的资产管理公司管理，比如 2005 年 8 月，北伯林顿圣塔菲铁路公司（BNSF）将其 3800 只国内集装箱的租约移交给了 Swift 多式联运公司。这一举措使得 BNSF 可以节省大量的空箱调运和场站堆放的成本，而资产管理公司的专业化管理也可以进一步提高集装箱的使用率[①]。这表明了通过外包进行的专业化分工可以降低生产成本。此外，由于市场竞争激烈，多式联运链

---

① 据 BNSF 测算，铁路管理的集装箱每年周转 19 次，而专业的资产管理公司可以使其每年周转 26 次。

条的组织者可以以较低的成本从市场上获取辅助性的服务，因而减少了通过一体化方式降低要素成本的必要性。可见生产成本对于组织模式的影响至少是两方面的，就生产成本本身，决策者也需做出权衡。

综合上述，多式联运系统的特性对其生产成本和交易费用的影响，决定了经济组织的形态。生产成本和交易费用是多式联运经济组织重要的内生决策变量。

四、多式联运经济组织的其他影响因素

（一） 企业战略考虑

影响多式联运经济组织的企业战略层面的因素主要涉及开拓市场空间、提高进入壁垒、提升服务质量及实现差异化竞争等方面。比如，某种运输方式的企业可能通过并购其他运输方式的企业，来获取新企业的经营网络资源，从而进入新的运输市场，并延伸其服务的链条，为客户提供增值服务，并一定程度上弥补了主业的不足，提升自己的竞争力。如果其并购的新企业在某一市场具有独占性，则这一战略并购行为，就可能提高其竞争对手进入该运输市场的壁垒，从而削弱竞争者的优势，并减少潜在竞争者的数量。此外，通过并购所形成的综合运输企业，由于其规模的提升，将能获得更大的竞价能力。因此，实际当中存在的一些纵向一体化行为，可能并非仅仅出于节约生产成本和交易费用的考虑，也可能是为了获取长远的战略收益而采取的战略行动。

（二） 公共政策与制度

影响多式联运经济组织的公共政策与制度主要涉及多式联运行业的管制政策及相关法律制度。其中管制政策对于多式联运经济组织的影响又主要涉及政府对于反垄断和反不正当竞争的有关规定，

当然这些规定目前大多数也经过法律法规的形式加以强化规范，因而也属于法律制度方面的影响。其核心问题在于管制机构是否判定某些经济组织形态尤其是企业的纵向一体化与政府的反垄断政策或法规相冲突。这一问题在理论界和司法实践中都有过很多争论。本书之前也曾论述到有关美国政府为防止铁路形成更大的垄断而限制其进行跨运输方式的并购活动，进而又放松这一管制的事件过程。在这一过程中，反对政府从反垄断意图出发进行运输管制的人们认为，跨运输方式的并购行为的主旨在于提升联运链条的效率，为用户提供更为优质的运输服务，其实质并不一定构成垄断。事实上，伴随社会经济的发展，公共政策部门对于反垄断的认识也在不断深化。目前，反垄断政策主要针对那些涉及包括掠夺性定价等在内的进攻型战略行为。对于现代多式联运行业而言，由于其行业集中度并不高，大多数旨在提升链条效率的经济组织行为，事实上并不对价格构成负面影响。不过，政府出于反垄断的需要，自然不可避免地要集中精力研究该行业内的各种战略行为。无论孰是孰非，政府的管制政策都是影响经济组织的重要因素。

　　法律规则对经济组织也具有重要影响。交易者在一种组织形态和另一种组织形态之间变化时，发生变化的是交易者可选的责任、程序和制裁，以及进而产生的交易者可用的策略和适应实现的过程。而法律制度是用来明确这些责任、限制条件，并根据它来执行制裁的。由于多式联运过程普遍存在的交易复杂性和不确定性，使得司法主体在判断各方履约义务的执行情况时变得十分困难。更糟糕的情况是，如果缺乏相应的法律制度对各经济主体间的责任进行界定，就会大大提升交易各方达成协作的成本，甚至阻碍交易的实现。从这个意义上讲，交易费用并非仅仅产生于交易之中，由于外部制度的缺失或不合理所造成的制度成本，也是交易费用产生的重要原因。

五、本章小结

当运输业进入多式联运时代以后，各种运输方式间的关系发生了变化。不同运输方式的运输企业需要加强相互间的合作，来完成完整运输产品。在这一过程中，处于运输链条上的各个经济主体必须充分考虑规模经济、范围经济的实现和交易费用的节约。换言之，必须通过一系列网络化的契约来恰当地处理彼此间的经济关系。多式联运系统具备的产品需求特性、生产技术特性和交易特性同其经济组织之间存在重要的联系。这些特性不仅是生产成本和交易费用产生的重要原因，而且决定了在治理多式联运链条上各主体间关系的过程中，需要一个可以集中管理交易关系并对链条上各个环节的运输服务进行集成的主体，这也是多式联运链网形态的成因。此外，企业的战略行为和公共政策及制度也是影响多式联运经济组织的重要因素。

| 第五章 |
海运业在现代多式联运发展中的组织变革

一、集装箱载运技术与海运业的发展

自 1956 年第一艘集装箱船试航开始，伴随集装箱在海运业的逐渐大规模使用，海运业以及与之紧密相关的港口业的面貌大大改变了。在集装箱用于海运业之前，码头的装卸效率是非常低的。大批具有不同类别、体积和重量的货物需要经由大批码头工人一件件地进行装卸、登记、中转和存放等操作业务，这就需要大量的时间和人力。比如，在装船过程中，码头工人要逐件地将先前已逐件存放进仓库或工棚的货物搬上船，并且要周密考虑如何摆放不同体积和重量的货物来有效利用船上的空间且不影响船只的平衡；在卸船的过程中，又要特别注意搬运一种货物的同时不损害其他货物，而且机械化操作通常要在手工搬运之后，装卸时间难以大幅节约。于是，船只在码头的装卸时间和成本就占据了其运输总时间和总成本的绝大部分。而对于海运业而言，最大限度地增加航行时间的比重是极为重要的，因为船只在港口的停留期间不能产生任何收入，相反会增加许多支出。

集装箱载运技术的使用，大大提升了码头的装卸效率，而且改善了以前大批件散货对码头空间的占用以及货损货差问题。如此一来，船运企业航行的班次密度和时间比重大大增加了，从而有助于提升其运输收入。于是，越来越多的海运企业加入集装箱船运的行列中，集装箱船运也日益成为海运业中最重要的组成部分。进入20世纪90年代以后，集装箱运输占据了班轮贸易的绝大部分，成为世界贸易运输的主导方式。

然而，集装箱技术变革所带来的影响还远非如此。就运输业而言，集装箱载运技术是一个高度自动化、低成本和低复杂性货运系统的核心[116]。集装化引发了运输链条的一体化（Brook，2000）。集装箱作为联运箱具的使用，使得各种运输方式围绕集装箱这一技术对整个货运系统进行了再造。于是，集装箱对于海运业的影响就不仅限于上述这些海运业效率提升的直接表现。集装箱对整个运输链条的改造，也使得海运业得以重新审视其在运输链条上的作用，并重新界定其同链条上其他运输方式和相关环节的关系。这种间接影响同样十分重要，而且更充分地体现了海运业为进一步适应集装箱运输技术变革而做出的组织变革。本书将在下文中着重论述这一问题。

二、集装箱海运业的组织变革

（一）主要集装箱海运企业及其概况

本书主要以在集装箱海运业发展过程中，运输能力占据前20位的集装箱海运企业为研究对象（见表5-1），通过考察其适应集装箱技术变革所作的组织调整，来分析集装箱海运业的组织变革问题。主要考察的时间区间为1979～2018年，重要的时间节点的间隔跨度约为10年。这段时间可以涵盖集装箱海运业发展过程中所有出现过的重要企业。在这一时段内，集装箱海运业的产业集中度、不同集装箱海运企业的运能及其在20大集装箱海运企业中的排名都有变化，它们中有的后来放弃了集装箱运输业务，有的则被其他企业兼并或重组，有的则成为行业的领军企业。这种变化可以作为了解集装箱海运业发展的一条线索。

根据这些企业创建之初所在的国家和地区，它们分别被划分在北美、欧洲、日本和东南亚等四个主要区域①（见表 5 - 2）。其中，北美区域包括 Sea - Land、Seatrain、USL、Farrel、APL 等集装箱海运企业。其中 Sea - Land 集装箱班轮企业是被誉为集装箱运输之父的麦克莱恩于 1956 年建立的，它开启了集装箱运输的先河。作为集装箱海运的先驱者，美国的集装箱海运企业在集装箱海运业发展初期，占据了整个行业大部分的运能。但在随后的近 20 年间，由于大批新进者的加入，集装箱海运行业竞争逐渐加剧，Seatrain、USL、Farrel 等一些企业因财务困境，逐渐退出了全球前 20 大集装箱班轮企业的行列。1997 年，APL 被新加坡 Neptune Orient（东方海王星）公司收购，虽然名字未改，且此后仍位列全球前 20 大集装箱班轮企业之中，但自 1999 年 Sea - Land 被 Maersk 收购以后，全球前 20 大集装箱班轮企业的行列中已没有属于北美区域的集装箱船运公司。

欧洲区域包括 Hapag - Lloyd、OCL、Maersk、CGM、Star Shipping、Nedlloyd、Brostrom、Wilhemsen、East Asiatic、ACT 等集装箱海运企业。其中，德国的 Hapag - Lloyd 和丹麦的 Maersk 始终保持位列全球前 20 大集装箱班轮企业之中。Star Shipping、Brostrom、Wilhemsen、East Asiatic、ACT 等企业则在 20 世纪 80 年代末以后就退出了这一行列。英国的 OCL 公司则与 P&O 公司于 1986 年合并成为 P&OCL 公司，1997 年合并后的新公司又同荷兰的 Nedlloyd 合并成为 P&O Nedlloyd 公司，此后又被 Maersk 兼并。法国 CGM 公司则于 1996 年与 CMA 公司合并为 CMA - CGM 公司。

日本区域包括 NYK、MOL、K - Line 等集装箱海运企业。其中 NYK、MOL 都是较早加入集装箱运输的海运企业，且始终位列全球

---

① 这种划分方法是商业研究中普遍采用的。

表5－1　全球20大集箱海运企业及其运能结构变化

排名	1979年 名称	1979年 属地	1979年 运能比重(%)	1989年 名称	1989年 属地	1989年 运能比重(%)	2000年 名称	2000年 属地	2000年 运能比重(%)	2008年 名称	2008年 属地	2008年 运能比重(%)	2018年 名称	2018年 属地	2018年 运能比重(%)
1	Sea-land	美国	4.6	Evergreen Line	中国台湾	4.4	Maersk	丹麦	9.4	Maersk	丹麦	15.7	APM-Maersk	丹麦	19.3
2	Hapag-Lloyd	西德	3.9	Maersk	丹麦	3.1	PONL	英国/荷兰	4.7	Mediterranean Shg Co	意大利/瑞士	11.1	Mediterranean Shg Co	意大利/瑞士	14.6
3	OCL	英国	3.2	Sea-land	美国	2.4	MSC	瑞士	3.6	CMA-CGM	法国	7.6	CMA-CGM	法国	11.7
4	Maersk	丹麦	2.9	APL	美国	2.1	APL	新加坡	3.3	Evergreen Line	中国台湾	4.8	COSCO Shipping Co Ltd	中国	8.4
5	OOCL	中国香港	2.5	NYK	日本	1.9	COSCO	中国	3.3	Hapag-Lloyd	德国	3.8	Hapag-Lloyd	德国	7.2
6	Seatrain	美国	2.4	MOL	日本	1.8	Evergreen Line	中国台湾	3.1	COSCO	中国	3.8	Evergreen Line	中国台湾	4.9
7	CGM	法国	2.2	K-Line	日本	1.6	Hanjin	韩国	2.4	APL	新加坡	3.8	OOCL	中国香港	3.2
8	NYK	日本	2.1	Yang Ming Line	中国台湾	1.5	NYK	日本	2.3	CSCL	中国	3.4	Yang Ming Line	中国台湾	2.8

续表

排名	1979年 名称	1979年 属地	1979年 运能比重(%)	1989年 名称	1989年 属地	1989年 运能比重(%)	2000年 名称	2000年 属地	2000年 运能比重(%)	2008年 名称	2008年 属地	2008年 运能比重(%)	2018年 名称	2018年 属地	2018年 运能比重(%)
9	Evergreen Line	中国台湾	2	Hapag-Lloyd	西德	1.4	OOCL	中国香港	2.1	NYK	日本	3.2	MOL	日本	2.7
10	USL	美国	1.9	P&OCL	英国	1.4	ZIM	以色列	2	Hanjin	韩国	2.9	NYK	日本	2.6
前10大企业运能比重			27.7			21.8			36.2			60.2			77.4
11	Farrel	美国	1.9	Nedlloyd	荷兰	1.4	K-Line	日本	2	MOL	日本	2.9	PIL	新加坡	1.8
12	APL	美国	1.8	OOCL	中国香港	1.4	CMA-CGM	法国	1.9	OOCL	中国香港	2.8	ZIM	以色列	1.7
13	Star Shipping	挪威	1.8	COSCO	中国	1.4	MOL	日本	1.8	K-Line	日本	2.5	Hyundai	韩国	1.6
14	MOL	日本	1.8	CGM	法国	1.2	Yang Ming Line	中国台湾	1.8	Yang Ming Line	中国台湾	2.4	K-Line	日本	1.6
15	Nedlloyd	荷兰	1.6	ZIM	以色列	1.2	HMM	韩国	1.7	Hamburg Süd Group	德国	2.3	Wan Hai Lines	中国台湾	1.1
16	Brostrom	瑞典	1.5	UASC	海湾国家	1	Hapag-Lloyd	西德	1.6	CSAV Group	智利	2.2	X-Press Feeders Group	新加坡	0.7

续表

排名	1979 年			1989 年			2000 年			2008 年			2018 年		
	名称	属地	运能比重(%)	名称	属地	运能比重(%)	名称	属地	运能比重(%)	名称	属地	运能比重(%)	名称	属地	运能比重(%)
17	ZIM	以色列	1.5	POL	波兰	0.9	Senator	韩国	1.4	ZIM	以色列	2.2	KMTC	韩国	0.6
18	Whilhemsen	挪威	1.5	DSR	东德	0.9	CSCL	中国	1.2	Hyundai	韩国	1.9	Zhonggu Logistics Corp	中国	0.6
19	East Asiatic	丹麦	1.5	Hanjin	韩国	0.9	Lloyd Tri-estino	中国台湾	1.2	PIL	新加坡	1.4	Antong Holdings (QASC)	中国	0.5
20	ACT	英国	1.4	Hyundai	韩国	0.7	UASC	海湾国家	1.1	UASC	阿联酋	1.2	SITC	中国香港	0.5
前20大企业运能比重	44.1			32.8			52			82			88		

数据来源：Alphaliner。

表 5 – 2　　　　全球 20 大集装箱海运企业发展简史

	1900 年	1950 年	2000 年	2018 年
北美地区				
Sea – Land		1960 ----------------	↓ 2005	
Farrell	1925 ----------------------------		↓ 2000	
SeaTrain	1927 ----------------		| 1981	
USL	1922 ------------------------		| 1986	
APL	1938 ----------------		↓ 1997	
欧洲地区				
CMA		1977 ------------------------------→		
CGM	1861 --------------------------------		↑ 1996	
Nedlloyd	(1830s) ----------------------------		↓ 1996 -----------	↓ 2006
Lloyd Triestino	1836 ----------------------------		↓ 1998	
Wilhelmsen	1861 ----------------------------		↓ 1999	
Senator		1976 -----------	↓ 1997	
POL		1951 ------------------------→		
Hamburg Sud	1871 ---		↓ 2017	
Maersk	1876 --			→
East Asiatic	1879 --			→
Hapag Lloyd	1847 --			→
日本地区				
NYK	1870 --			→
MOL	1884 --			→
K – Line	1921 --			→
东南亚地区				
HMM		1976 ------------------------------→		

续表

	1900 年	1950 年	2000 年	2018 年
COSCO			1961 -----------------------	↑2016→
CSCL			1997 -----------------------	↑2016→
Evergreen		1968 --		→
Hanjin			1977 -----------------------	∣2017
Yangming		1972 --		→
OOCL		1947 --		→
PIL		1967 --		→
Wan Hai		1965 --		→
NOL		1968 -----------------------		↓2016
其他地区				
ZIM		1945 --		→
UASC		1976 --		↑2017
CSAV	1872 --			↑2014

注:"→"集装箱运输业务的持续;"∣"终止集装箱运输业务或破产;"↓"被收购或被接管"↑"收购或合并(笔者注)。

资料来源:Brian Slack 等(2009)及本书整理。

前 20 大集装箱班轮企业之中。K – Line 大约从 20 世纪 80 年代开始从事集装箱海运业,此后也一直处于全球前 20 大集装箱班轮企业之列。这些企业都与大型工业集团相关联,且在发展初期受到政府的大力支持。

东南亚区域包括 HMM、COSCO、Evergreen、CSCL、Hanjin、Yangming、OOCL、PIL、Wan Hai、NOL 等集装箱海运企业。其中中国台湾的长荣海运公司(Evergreen)和中国香港的 OOCL 始终位列全球前 20 大集装箱班轮企业之中,而 Evergreen 在 1989 年的运能份额曾达到全球首位。我国的中国远洋(COSCO)、韩国的 Hanjin 和我国台湾的 Yangming 自 20 世纪 80 年代末以来始终保持较高的运能比重。我国的中国海运（CSCL）则是集装箱海运业的一个新进者，通过大规模购买新型集装箱船只，集装箱运能比重一跃进入全球 20 大集装箱班轮企业之列。此外，还有 ZIM、UASC、CSAV 等同属于前 20 大集装箱班轮企业，但不属于上述主要区域的集装箱海运企业。

从上述各主要区域的集装箱班轮企业的发展情况来看，基本可以发现集装箱海运业的发展变化与全球主要贸易区域的分布和制造中心的区域转移密切相关。

（二）　集装箱海运业组织变革的主要体现

1. 行业内部的横向整合

集装箱海运业发展过程中的一个突出的组织变化，是行业内部的横向整合。由于集装箱运输的规模经济效应显著，为了获取更多的运量和市场份额，拓展企业的运营网络，集装箱海运业出现了许多企业并购、同业联盟等现象。比如，1986 年，英国 P&O 公司收购了其合作者 OCL，成立了 P&OCL 公司；1996 年，法国 CMA 公司与 CGM 公司合并成立 CMA – CGM 公司；1997 年，新加坡 Neptune Orient（东方海王星）公司收购了 APL（美国总统轮船公司），英国 P&O 与荷兰 Nedloyd 合并成立 P&O Nedloyd 公司；1999 年，Maersk（马士基）收购了 Sea – Land（海陆联运）公司；2000 年，P&O Nedloyd 公司收购了美国 Farrel 公司，此后不久，P&O Nedloyd 又被 Maersk 收购[118]。近些年，受到国际贸易增速减缓、海运能力过剩等因素影响，业内又出现新一轮并购热潮，比如 2014 年，智利南美轮船（CSAV）与德国赫伯罗特（Hapag – Lloyd）合并；2016 年，中国远洋（COSCO）和中国海运（CSCL）合并为中国远洋海运公司（COSCO Shipping），新加坡东方海皇轮船公司（NOL）被法国达飞（CMA – CGM）收购；2017 年，阿拉伯联合国家轮船公司（UASC）与德国赫伯罗特（Hapag – Lloyd）合并，而韩国的

Hanjin 也宣布破产，正处于资产和债务重组之中。此外，集装箱航运企业还通过组建同业联盟开展合作。比如，COSCO、K - Line 和 Yangming 公司建立了 CKYH 联盟；NYK、MISC 和 OOCL 等企业建立了 Grand Alliance（豪华联盟）；APL、Hyundai、Mitsui OSK Lines 建立了 The New Wrold Alliance（新世界联盟）[119]。

这些行业内的横向整合大大提升了集装箱海运业的行业集中度。前 20 大集装箱班轮运输企业的运能份额由 1980 年的 45% 提升到 2000 年的 52%，又由 2008 年的 82% 提升至 2018 年的 88%。同期，前 5 大集装箱班轮运输企业的运能份额则由 17% 逐步提升至 24%、43% 和 61%。而通过并购组建的大型企业和企业联盟，则极大地拓展了其海运网络在全球的分布范围，并且能够以更高的运能、更密的班次为世界主要经济区域提供全球性的运输服务。

2. 运输链条的纵向延伸

海运行业另一项重要的组织变化是对运输链条的纵向延伸，或者是对运输链条上纵向相连的各环节进行的功能一体化。这些环节包括：码头装卸、船运代理、报关经纪、货运代理、铁路/公路运输、内陆场站作业、仓储及配送等。随着对各环节功能一体化水平的提升，集装箱海运企业的规模经济也在逐渐提升（见图 5 - 1）。这种功能一体化一方面是集装箱运输技术为海运业延伸服务链条所带来的机遇，同时也是海运业更好地利用这一技术而进行的组织变革。

许多运输业观察家和研究学者都注意到了，自 20 世纪 80 年代以来，海运企业对整合陆上运输系统表现了极大的兴趣。一批集装箱航运企业积极参与集装箱港口、公路运输企业甚至铁路运输企业等陆上运输系统的投资和陆上运输服务的改善。比如，马士基（Maersk）和铁行渣华公司（P&O Nedlloyd）在荷兰合资组建了 ERS 铁路运输企业。如今，我们也可以看到很多集装箱班轮企业为客户提供"门到门"的运输服务，甚至有更多附加值的物流服务。

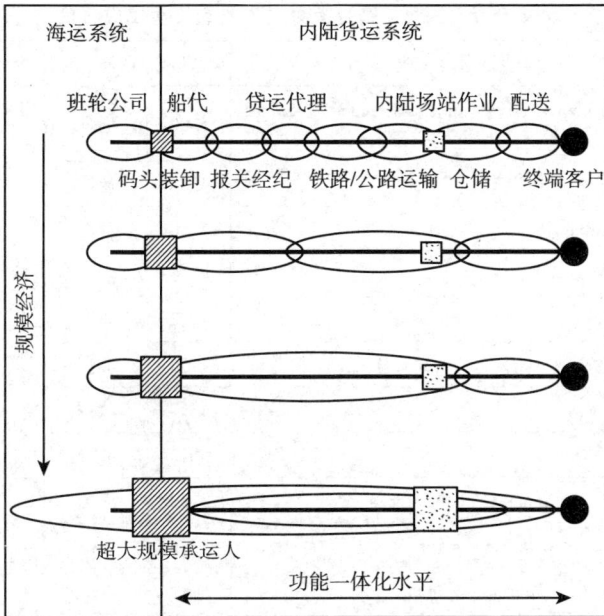

图 5-1　运输链条的纵向延伸

　　诺特伯姆等（Nottemboom et al.，2006）针对全球前 34 大集装箱航运企业的货运一体化程度进行了研究。其研究表明，包括 A. P. Moller 集团、中远集团、长荣集团、法国达飞、NYK、K-line、铁行渣华和 Mitsui - OSK Lines 在内的 8 家集装箱海运企业已经高度发展为货运集成商，而包括中海集运、韩津航运、东方海外、APL 等在内的 9 家集装箱海运企业也已经向货运集成商方向发展，而除了 RCL、Wan Hai Lines、中航和 Gold Star Line 4 家企业之外，其余 13 家集装箱航运企业也一定程度地参与了运输链条的延伸服务（见表 5-3）[120]。

表 5 - 3   2005 年全球 34 大集装箱海运企业的货运集成程度

集装箱海运企业	分值	所属区域	货运集成度
A. P. Møller Group（包括 Maersk Sealand & Safmarine）	5. 00	欧洲	高度发展的货运集成商
COSCO	4. 80	亚洲	
Evergreen Group	4. 50	亚洲	
CMA - CGM group	4. 48	欧洲	
NYK Group	4. 29	亚洲	
"K" Line - Kawasaki Kisen Kaisha, Ltd.	4. 25	亚洲	
P&O Nedlloyd	4. 17	欧洲	
Mitsui - OSK Lines	4. 13	亚洲	已向货运集成商方向发展
CSCL - China Shipping Container Lines	3. 89	亚洲	
Hanjin Shipping/DSR Senator Lines	3. 83	亚洲	
Hyundai Merchant Marine Co, Ltd.	3. 81	亚洲	
OOCL - Orient Overseas Container Line Limited	3. 77	亚洲	
APL - American President Lines（NOL Group）	3. 56	亚洲	
ZIM	3. 16	中东	
MSC - Mediterranean Shipping Company	3. 10	欧洲	
Hapag - Lloyd Group	3. 06	欧洲	
Yang Ming Marine Transport Corporation	3. 04	亚洲	
Hamburg - Süd Group	2. 96	欧洲	向货运集成商方向发展，但涉入程度较浅
CSAV Group	2. 88	南美	
Grimaldi（包括 ACL）	2. 83	欧洲	
UASC	2. 73	中东	
Crowley	2. 72	北美	
CP Ships Group	2. 63	北美	
IRIS Lines	2. 35	中东	

续表

集装箱海运企业	分值	所属区域	货运集成度
Libra – Companhia Libra de Navegacao	2. 32	南美	向货运集成商方向发展,但涉入程度较浅
MISC	2. 21	亚洲	
Costa Container Lines Group（包括 Gilnavi）	2. 18	欧洲	
Delmas Group	2. 12	欧洲	
Pacific International Lines	2. 10	亚洲	
DAL – Deutsche Afrika – Linen GmbH & Co.	2. 06	欧洲	
RCL – Regional Container Lines	1. 53	亚洲	未向货运集成商方向发展
Wan Hai Lines Ltd.	1. 42	亚洲	
China Navigation Company	1. 21	亚洲	
Gold Star Line Ltd.	1. 18	亚洲	

资料来源：Nottemboom（2006）。[120]

（三） 海运业构建多式联运链条的组织形态

海运企业在延伸运输服务、构建多式联运链条、处理同链条上其他经济主体间关系的过程中，存在多种组织形态。这些组织形态包括设立子公司、收购以及通过缔结契约构建网络关系（见表5-4）。不过，在可以观察到的诸多现象中，海运企业采用产权一体化的方式构建多式联运链条的情况并不多见，大多数的组织形态属于市场契约的范畴。只不过这种契约的形式多种多样。

表5-4 若干集装箱海运企业在其他运输及物流领域设立的子公司

海运集团	集装箱班轮公司	港口操作	多式联运	物流
AP Möller Group	Maersk	APM Terminals	ERS	Maersk Logistics

海运集团	集装箱班轮公司	港口操作	多式联运	物流
CMA – CGM Group	CMA – CGM		RSC Progeco LTI France CMA Rail	CMA – CGM Logistics TCX Multimodal Logistics
China Shipping Container Lines	CSCL	China Shipping Terminal		China Shipping Logistics
Neptune Orient Lines	APL	APL Terminals		APL Logistics
NYK Group	NYK	Terminal & Harbour services		NYK Logistics
Mitsui OSK Lines	MOL			MOL Logistics
Hanjin	Hanjin shipping			Hanjin Logistics
Orient Overseas International	OOCL	Terminal operations		OOCL Logistics

资料来源：各航运企业年报（2007）。

洛佩兹等（Lopez et al.，2002）研究了集装箱班轮运输企业在组织空箱调运活动中，同其他运输方式企业和相关主体间关系的治理形式（见表5–5）[77]。当然，严格来讲，空箱的调运活动并非属于面向货主的货运服务。但其重要性显而易见，因为空箱是货运的重要资源，其合理调配影响着货运服务水平。事实上，利用回空运输的货物运输还可以大大节约运输成本。因此，运输链条上的其他主体并非只是向船公司提供简单的空箱回送服务，它们也可以利用这一资源组织其自身的货运服务。因此，空箱调运的活动也可视同为一种提供延伸服务形式。从这个意义上讲，这对我们理解海运业构建多式联运链条的组织形态有重要帮助。

表5-5　　集装箱班轮公司在空箱调运活动中的组织形式

组织形式	缔约方	适用条件	该组织形式的使用频度	协调机制	控制机制	该组织形式的优点	该组织形式的局限性
现货交易	公路运输企业	目的地不规则 没有运量、距离和时间等制约条件	很少	价格机制			存在集装箱流通不畅的风险
一年期合同	铁路运输企业	长距离，大运量 远洋承运人有充足的运量 远洋承运人过去同铁路公司有过良好的合作关系	反复使用（经常使用）	铁路公司强定的运量定额比照过去的合作关系，考虑将来的谈判地位	铁路公司强征的垄断性价格		契约条款的刚性 远洋承运人处于谈判的弱势地位，因为运价和运量是由铁路公司强制决定的 不能在合同期内进行再谈判
可更新契约	公路运输企业	短途，小运量 供应商具备成功完成空货柜重定位所需的网络、专业能力和资产	反复使用（经常使用）	契约关系	可选择不同的供应商（比如"卡车会馆承运人"的制度安排）声誉	由于拥有相对较大的运量，远洋承运人在谈判中处于良好地位 远洋承运人从公路公司的技术、专业能力和网络中受益	在长距离、大运量的情况下，使用该组织形式的成本高昂

组织形式	缔约方	适用条件	该组织形式的使用频度	协调机制	控制机制	该组织形式的优点	该组织形式的局限性
可更新契约	多式联运营销企业（IMCs）	长距离，大运量远洋承运人不能直接同铁路公司进行谈判 IMCs具备成功完成空货柜重定位所需的网络、专业能力和资产	反复使用（经常使用）	契约关系	契约中界定的服务标准 声誉	由于拥有相对较大的运量，远洋承运人在谈判中处于良好地位 远洋承运人从IMCs的技术、专业能力和网络中受益 有可供分享的准租金	

资料来源：Lopez 等（2002）。

我们可以从其研究结果中发现，集装箱船运企业构建多式联运链条的组织形态以市场契约为主，而且更为通常的契约形式是长期的和可更新的关系型契约。同时，拥有较大的运量和运能的运输方式在缔约过程中有较高的谈判力，而且对交易对象的控制机制，除契约规定的约束作用外，还依赖于既往的合作关系和声誉等因素。此外，组织形式受到运输方式自身特性的约束，比如在长距离大运量的情况下同公路运输企业签订可更新契约的组织成本高昂。这从某个侧面也反映出经济组织问题不仅在于选择何种组织形式，还在于选取何种交易对象。

三、集装箱班轮公司参与多式联运的主要原因

（一）满足完整运输产品的市场需求

在经济全球化日益深入的今天，资源的全球性配置和市场在全

球范围的拓展对连接着生产、配送和消费的运输系统更为依赖。运输服务的需求者对运输产品在完整性、运输频率、准时性、可靠性以及网络可达性等方面的要求越来越高。尤其是，为节约交易费用，他们越来越倾向于面向少数承运人购买"一站式"的完整运输产品。这些要求显然就增加了整合运输链条的重要性和必要性。在作为全球贸易运输主导方式的集装箱海运业中，集装箱班轮企业有可能成为整合这一运输链条的主导。全球性的服务网络增加了集装箱班轮企业进行货运整合的潜质（Notteboom，2006）[120]。因此，许多集装箱班轮企业在着重改善"港到港"的基本业务的基础上，加强了对运输链条上其他环节的整合，以提供全球性的完整运输产品。

（二）实现规模经济和范围经济

集装箱班轮公司参与多式联运的另一个重要原因来自实现运输业规模经济和范围经济的需要。而海运业自身规模经济的提升也越来越离不开陆上运输系统的支持。事实上，集装箱运输的发展使得海运系统和陆上其他运输系统之间的联系日益紧密。

首先，集装箱船舶大型化带来的规模经济增加了对陆上集疏运系统的依赖。1956 年，世界第一艘集装箱船仅能装载 56 只集装箱，而此后集装箱船舶的大型化先后经历了五次升级，如今世界上最大的集装箱船只——"爱玛·马士基号"的载运量已达到 1 万 TEU。为提升海运业的规模经济，世界主要集装箱班轮公司都不断采用大型化的集装箱船舶。然而船舶大型化带来的直接问题是，由于水深等自然条件的制约，可供大型集装箱船舶提供服务的港口就相对有限了。于是，集装箱班轮企业就需要逐渐改造其海运系统的网络结构，"轴幅中转"的特征更加明显了。简单来说，就是让大型集装箱船舶仅停靠少数具有大规模吞吐和作业能力的枢纽港口，而靠小型船只或其他运输方式进行集疏运。这样一来，集装箱的集疏运除依靠支线航运之外，对陆上运输系统的集疏运功能更加依赖。而且，结合内陆系统的网络规划和海运系统的网络规划，可以充分利用各种运输方式的优势，选择更加灵活的线路，从而进一步节约集装箱的运输成本（见图 5 - 2）。

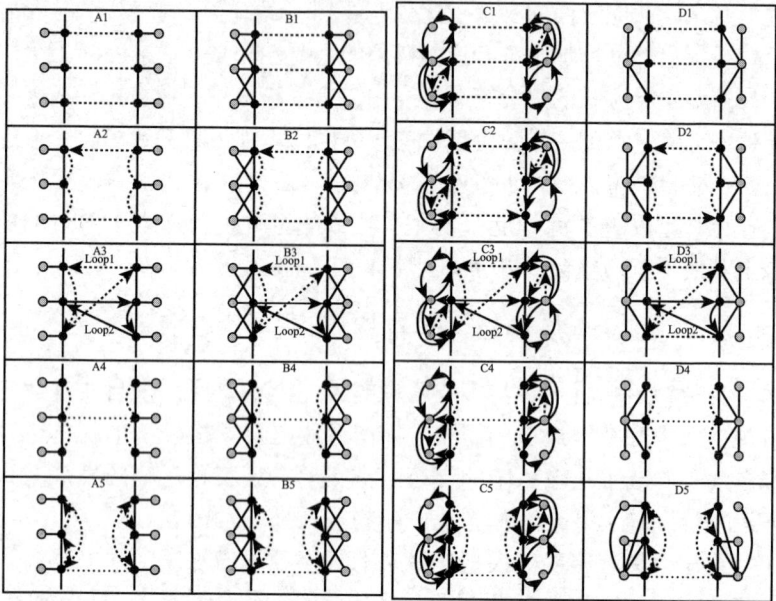

图 5 - 2 各种形式的海陆运输网络规划

资料来源：Notteboom（2002）。

其次，集装箱单位运输成本的节约日渐需要从节约陆上运输成本入手。集装箱船舶的不断大型化在降低集装箱单位运输成本中起了重要推动作用，但是这种手段在提升规模经济方面的边际作用正逐渐递减，可以改善的空间越来越有限。与此相对，陆上运输系统的改善对节约成本则仍有巨大空间。比如，黑斯廷（Hasting，1997）的一项研究报告称，CP ships 的内陆运输成本占总成本的42%。而诺特伯姆（2002）的一项研究则表明了，集装箱船舶规模的提升使得运输总成本的负担由海运转向陆运（见图 5 - 3）。

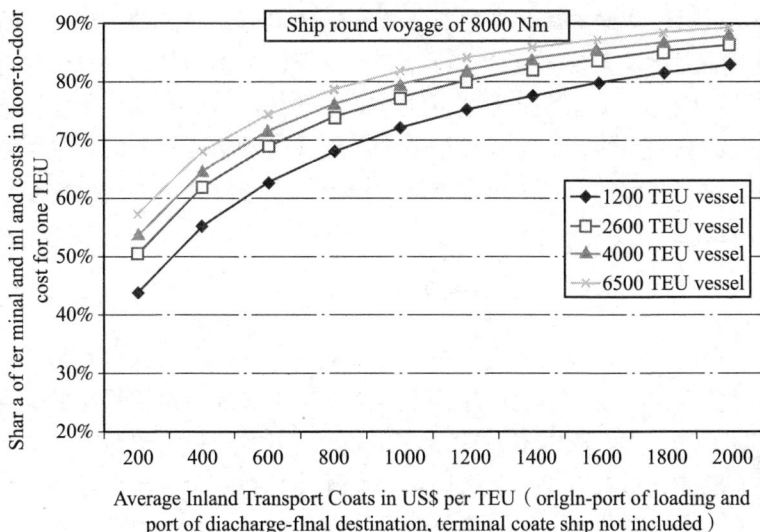

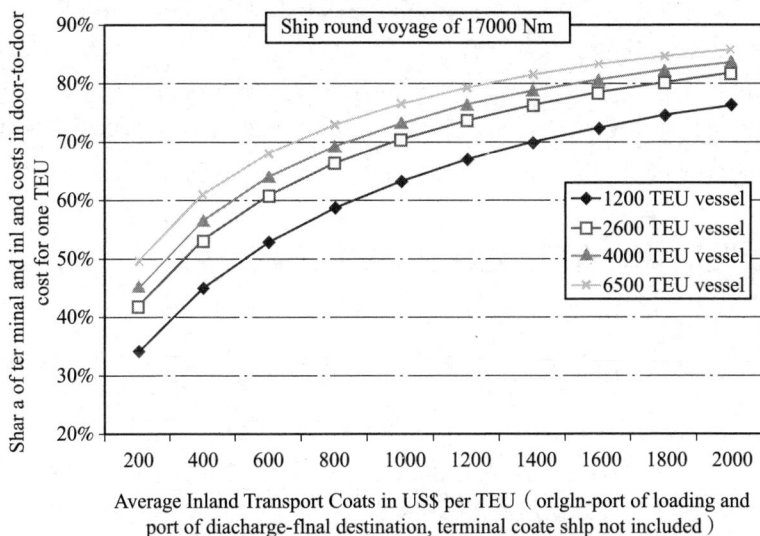

图 5 – 3 集装箱船舶规模与内陆运输成本占总成本的比重关系

资料来源：Notteboom（2002）。

最后，集装箱海运业参与多式联运还可以提升其范围经济。通过对陆上运输系统的整合，可以为货主提供更多附加值服务，这些服务可以在一定程度上和主营业务形成补贴，从而增加集装箱班轮企业的利润空间。而且，在结合了内陆系统网络规划和海运网络规划之后的综合性规划也可以增加运输产品的种类，从而提升海运业的范围经济。

（三） 提升市场份额和竞争能力

集装箱班轮公司参与多式联运也是提升其市场份额和竞争能力的重要企业战略。如前所述，由于海运系统和陆上运输系统的关系日益紧密。为获取更多的货源，就需要尽可能地扩大海运业的内陆腹地范围，这就需要集装箱班轮企业延伸其在陆上的运输链条。许多大型港口在改善其港口集疏运系统中所作的不断努力就是很好的说明。此外，集装箱班轮企业通过多式联运提供的物流增值服务改善了企业的盈利空间，而且也是企业差异化战略的重要体现。在这一过程中，集装箱班轮企业也可以分享并增加其在物流全过程中的创造力。那些能够更好地控制运输链条、提供全方位服务的承运人可能要比仅提供单一运输服务的承运人更具有市场竞争力。

四、集装箱海运业组织变革的作用及意义

（一） 提升整个运输链条的效率

集装箱多式联运链条效率的发挥有赖于链条上各相关经济主体间关系的恰当治理。集装箱海运业在运输链条上的纵向延伸过程中，通过各种组织方式恰当处理其与其他运输方式企业及相关经济主体间的关系，使得海运系统与内陆运输系统借由集装箱的技术变革和组织变革而更为紧密地联系起来，从而大大提升了整个运输链条的效率。

（二）　改造传统的海运行业

全球性生产网络的形成使得制造商更为深入地思考全球物流战略，而不是简单地依靠传统的运输或货代业务。因而，运输链条上的大多数参与者通过提供增值的一体化货运服务来做出应对。集装箱运输技术对整个运输链条的改造，使得海运业得以重新审视其在运输链条上的作用，并重新界定其同链条上其他运输方式和相关环节的关系。海运业通过恰当处理其同运输链条上各相关主体间的经济关系而做出的组织变革，尤其是纵向关系上的组织变革，使得海运业由传统的限定于某一运输方式的行业向可以提供全方位一体化服务的物流行业转变。

五、本章小结

集装箱载运技术的出现极大地改变了海运业的基本面貌。这不仅体现在由于港口货物装卸效率的提升为海运业带来的经济效益，也体现在海运业为进一步适应集装箱的技术变革而进行的组织变革。集装箱运输技术对整个运输链条的改造，使得海运业得以重新审视其在运输链条上的作用，并重新界定其同链条上其他运输方式和相关环节的关系。如今，出于满足市场需求、实现规模经济和提升企业竞争力等方面的考虑，世界上许多大型集装箱班轮企业都对整合运输链条产生了兴趣并付诸实践。它们通过设立子公司、收购以及通过缔结契约等组织形式处理与运输链条上其他相关主体间的经济关系，不同程度地实现对码头装卸、船运代理、报关经纪、货运代理、铁路/公路运输、内陆场站作业、仓储及配送等物流环节的功能整合，构建多式联运链条，提供全方位的一体化运输服务。这种组织变革不仅大大提升了整个运输链条的效率，而且也使得海运业由传统运输行业向现代物流行业转变。

第六章

欧美典型国家铁路多式联运的经济组织

美国和欧洲的一些发达国家是现代多式联运实践的先驱，在过去半个世纪尤其是近 20 多年间，这些发达国家的多式联运获得了巨大发展。其铁路行业在参与多式联运的过程中也积累了一些基本经验。接下来，本章将主要通过对欧美典型国家铁路多式联运①的经济组织进行案例研究，以进一步论证前文有关多式联运经济组织的相关命题，并借助这一分析寻求发达国家多式联运发展在经济组织层面的基本经验。

一、美国铁路多式联运的经济组织

（一）美国多式联运概述

美国是多式联运的发源地，是当今多式联运发展最具借鉴意义的国家。美国政府高度重视多式联运系统建设，把它提到"巩固美国国家经济基础"和"提升国家经济发展效率"的战略高度，其

---

① "铁路多式联运"的提法主要涉及有铁路参与的多式联运链条，在相关外文材料中有"Rail Intermodal"一词与之对应，主要指铁路提供的多式联运服务，在我国这种说法基本等同于集装箱铁路运输服务，但由于此处所考察的各典型国家的联运箱具更为多样化，不能以"集装箱铁路运输"进行简单概括，故采用"铁路多式联运"的提法。

政策指向清晰，顶层谋划长远。1991 年美国颁布了鼓励发展多式联运的《多式联运效率法》（Intermodal Surface Transportation Efficiency Act，ISTEA）。该法案指出，多式联运系统的建立可以为美国经济发展提供充足的运输支持，并提升经济发展效率。其政策核心点是"强调在系统内从起点到终点的整个过程中采取一种最有效的方式，其中运输方式间的衔接不仅包括运输作业流程中的换装、换乘，还包括不同运输方式间的政策和服务衔接"。与此同时，自 20 世纪 80 年代以来，美国运输领域实行放宽管制政策，促使公路、铁路、水路和航空运输企业间跨界多式联运业务迅速发展。

美国多式联运市场十分成熟，形成一批适应并推动多式联运发展的市场主体。在美国政府多式联运政策导向和放宽运输市场管制政策下，美国多式联运市场经过近 30 年的发展日趋成熟，其显著特征是：形成了一批有质量、有规模、合格的多式联运市场主体，大量先进的多式联运技术和装备得到应用，运输组织先进，经营模式不断创新，运输和物流效率大大提高，同时成本大大降低。如今，美国铁路货运形成了东西各 2 家和南北 1 家的五大铁路货运企业格局；公路运输历经淘汰重组，形成了数家拥有数万辆车辆资产的大型企业；物流和快递业形成了 UPS 和 Fedex 等国际著名大企业。美国航运业相对不发达，目前航运主要集中在内河或沿海运输；远洋运输曾经很发达，但随着主要船公司美国总统轮船被新加坡东方海皇集团收购以及海陆公司被马士基收购后，美国远洋运输公司规模较小。但是，就铁水联运而言，正是美国总统轮船最早把铁水联运引入远洋运输环节，为多式联运的发展开辟了一条新的道路。此外，美国总统轮船还发明了双层集装箱列车，大大提高了集装箱运输效率。与此同时，公路运输公司 JB Hunt 与铁路运输公司 BNSF 合作，将长距离公路运输转向铁路，成为美国公铁联运的开拓者和承载者。根据美国运输和物流领域专家施学范（Andy Sze）等学者的研究，为推动铁水联运和公铁联运，美国铁路公司特别进行了以下努力和调整：

（1）投入巨资完善信息系统；

（2）铁路实行定班列运行，严格遵循时刻表；

（3）把提高服务质量作为可靠供应链的组成部分；

（4）通过外包铁路货运场站管理减少成本和资本的投入；

（5）努力提高资金使用效率和资产收益率等。

在这些铁路、公路和航运企业的努力下，美国多式联运的发展水平处于全球领先地位。

（二） 美国铁路多式联运经济组织的基本现状

美国铁路多式联运发展迅速，在某种程度上，其铁路行业在开展多式联运业务上的成功可以作为世界各国铁路行业的表率。2003年，多式联运业务首次超过煤炭业务，成为美国铁路运输行业货运收入的最大来源。美国铁路多式联运的成功有诸多原因，其中经济组织是不可忽视的重要因素。

在铁路多式联运链条上，分布着包括铁路公司、船公司、卡车运输企业、场站运营企业、货代企业、货主企业、第三方物流企业等经济主体。在美国，现有 7 家一级铁路公司经营多式联运业务，其中 5 家为美国本土企业，分别是位于美国西部的北伯灵顿圣塔菲铁路公司（BNSF）和联合太平洋铁路公司（UP），位于东部的诺福克南方铁路公司（NS）和切西滨海铁路公司（CSX），以及位于中西部的堪萨斯城铁路公司（KCS）；其余 2 家为加拿大公司，即加拿大国铁（CN）和加拿大太平洋铁路公司（CP），它们在美国境内拥有少部分自己的铁路网。美国铁路多式联运的运量主要集中在东西方向的主通道上。

在美国，国际多式联运业务的链条通常由远洋运输企业组织和控制，不过这些远洋运输企业多半已经不是美国的本土企业，在海运业的不断并购活动中，许多美国的船公司都归入海外船公司旗下。而在国内多式联运链条的组织上则主要由多式联运营销企业（IMCs）来负责，如 Pacer Internationa、Hub、Alliance Shipper 等公司，它们将多式联运服务直销给客户并代表铁路向货主提供服务，铁路运输企业主要作为次级承包商，专注于提升铁路运输效率和服务水平。在铁路多式联运链条中，卡车运输企业主要负责两端的取送作业，其中一些大型的卡车运输企业的网络可以覆盖全国，也会组织联运服务，因此在运输市场中，也是铁路和多式联运的一大竞争者。

（三）　美国铁路多式联运经济组织的变迁及其原因

1. 美国铁路多式联运经济组织的变迁

这里，笔者所考察的美国铁路多式联运经济组织的变迁过程主要是反映了美国铁路运输企业在构建多式联运链条上同其他运输方式的企业间经济关系的变化。应当说，导致这一变化过程的环境和条件是多方面的，经济组织变迁的过程也是其与内外部诸多环境及条件相互适应的过程。这一过程大致经历了三个阶段（见图6－1），即从跨"运输方式所有权的严格管制"到"放松管制后的并购热潮"，再到"所有权的纵向分离"，形象地说，其主要的经济关系变化是由"企业间难协作"到"企业内协作"，再到"企业间协作"，相应地，其组织形态变化是由"企业科层"形态转变为"市场契约"形态。本书将主要通过对不同阶段变化的考察来寻求影响多式联运经济组织的若干重要因素和有助于促进多式联运发展的某些启示。

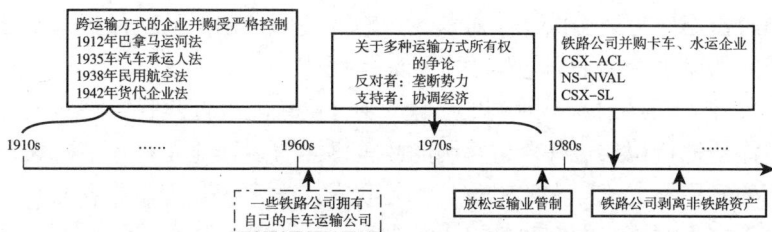

图6－1　美国铁路多式联运经济组织的变迁

在 20 世纪初至 70 年代末期的数十年中，美国运输业处在严格的管制时期。于是，在 20 世纪五六十年代，现代多式联运逐渐起步之时，其发展就受到这种严格管制政策的阻碍，其中比较有代表性的是联邦政府对跨运输方式的企业并购的严格管制。

（1）政府对跨运输方式并购的管制。1972 年，罗伯特·C. 利布（Robert C. Lieb）在其名为《货物运输：对联邦多种运输方式所有权政策的研究》一书中就这一政策进行了回顾和评价。从中我们可以了解到，在美国运输业管制时期，联邦政府对跨运输方式的企业并购的管制政策是由一系列法律中的若干条规定所组成的，这些法律包括《1912 年巴拿马运河法》《1935 年汽车承运人法》《1938 年民用航空法》《1942 年货运代理商法》以及《州际商务法》。其中《1912 年巴拿马运河法》中明确规定禁止铁路企业与驳船运输企业之间的合并，并将运输全程中铁路与水运企业的联运视为非法，禁止它们制定联合运价；《1935 年汽车承运人法》中规定凡1935 年 1 月之前拥有汽车运输企业的其他运输方式企业不受该法的追究，此后的此类申请须经过 ICC 的严格审批；《1938 年民用航空法》也对地面运输企业拥有航空公司的申请进行了严格管制，但允许其他运输方式的企业拥有航空货代公司。这些管制政策的执行机构是州际商务委员会（ICC）和民用航空委员会（CAB），其中 ICC 负责管制地面运输方式之间的企业并购，CAB 负责管制地面运输方式对航空运输方式的企业并购。管制机构认为，这些管制政策都旨在保护处于弱势的运输方式不受强势运输方式的威胁，主要是防止当时占据优势地位的铁路对其他运输方式的控制，从而保护运输方式间的竞争，促进弱势运输方式的发展[2]。

（2）对政府严格管制的争论。到了 20 世纪 70 年代，许多人逐渐深刻地认识到这种严格管制的政策已经对运输业尤其是多式联运业的发展形成了巨大的阻碍。于是政界、学术界和运输业界的一些有识之士对这些管制政策提出了批评，认为管制机构应当放松对跨运输方式的企业并购的管制，允许不同运输方式的企业进行合并，他们的这一主张获得了包括托运商在内的许多利益集团的支持。支持者认为，对跨运输方式的企业并购的管制，尤其是对铁路企业并购其他运输方式企业的严格限制已经失去了现实依据，铁路运输企业已不具有强大的资本实力来控制甚至遏制其他运输方式的发展，相反，运输市场对"一站式"运输服务的需求客观上要求不同运输方式进行紧密的协作，而通过并购其他运输方式的企业，形成拥有多种运输工具的综合性运输企业可以加强综合管理、简化运输手续，从而有利于满足运输市场的需求。但仍有一些反对者坚持认为，铁路企业并购其他运输方式的企业会强化自身的垄断势力，削弱竞争并最终导致公共利益的损害[3]。

而事实正如利布所论述到的，严格的管制不仅限制了运输业获取其发展所需的有限资金，而且阻碍了各种运输方式间的协作，结果非但没有促进当时的所谓弱势运输方式的发展，反而在一定程度上阻碍了多式联运的发展。因此，要求放松运输业管制的声音越来越强烈。

（3）政府放松对跨运输方式并购的管制。到20世纪70年代末80年代初，美国运输业终于结束了半个多世纪的严格管制，进入了放松管制时期，关于跨运输方式的企业并购的管制也因此大大放松了。此后不久，美国运输业就出现了一股跨运输方式的企业并购热潮，并购方主要是美国一级铁路公司。如1984年，ICC批准了切西滨海铁路公司（CSX）以7.25亿美元收购美国商业海运有限公司，而这家公司旗下有一家子公司是美国最大的内陆水运企业；1986年伯林顿北方铁路公司（BN）获得ICC批准收购了6家汽车运输企业；1986年，ICC批准诺福克南方铁路公司（NS）以3.7亿美元收购北美货车运输公司（North AmericanVan Lines）；1986年6月，ICC批准CSX以8亿美元收购了海陆公司（Sea – Land）[4]。虽然并购的动机是多方面的，但通过并购，客观上使这些铁路公司成为所谓的综合运输企业，可以通过内部组织的方式提供多式联运产品。

（4）铁路企业陆续放弃纵向一体化模式。上述综合运输企业并没有持续多久，几年之后，许多铁路公司就开始剥离非铁路运输的资产①，如 NS 出售了北美货车运输公司，CSX 出售了其旗下的海运企业，联合太平洋铁路公司（UP）出售了 Overnite 卡车运输公司。克林顿·H. 怀特赫斯特（Clinton H. Whitehurst）注意到了这一有趣的现象，他认为铁路公司之前并购其他运输方式的企业是为了通过多元投资收益增加铁路主业的发展资金，而现在出售非铁路运输资产的原因则是这些铁路公司发现当时那些没有进行跨运输方式并购的企业也可以把多式联运做得很好。本书认为，怀特赫斯特对前者铁路跨运输方式并购的解释并不全面，铁路公司的并购行为并不完全只是一种多元投资行为，事实上，更重要的是为适应当时运输市场的需求，提供更高质量和更有效率的多式联运产品。而他对后者（铁路公司）剥离非铁路资产的解释仍不够深入，他没有进一步解释那些未进行跨运输方式并购的企业是如何将多式联运业务较好地完成的。而如果进一步结合此两种解释，似乎又能发现其中的逻辑缺陷，即如果铁路公司实施跨运输方式并购是为了获得更多的投资收益，而非提升多式联运链条效率，那么为什么不继续投资，且在资产剥离的同时会关注那些非综合性运输企业在多式联运业务上的绩效呢？以此为反证，本书可以进一步指出铁路公司之前的跨运输方式并购行为，旨在构筑多式联运链条，提升链条效率。

事实上，关于通过所有权一体化来提升多式联运链条效率的问题，福蒂斯·M. 帕尼迪斯（Photis M. Panayides）也曾结合近些年海运企业不断并购陆上运输企业的现象，从交易费用的角度进行分析。他认为，由于多式联运链条具有诸如服务的可靠性、敏捷反应、企业专用性技术、各种运输方式承运人之间的责任划分及互信协调机制等特征，所以存在较高的资产专用性、交易频率和不确定

---

① 被出售的非铁路运输方式的企业也包括铁路公司在 20 世纪六七十年代建立的一些汽车子公司。

性，通过市场契约的方式进行组织就存在较高的交易费用，因此所有权一体化的组织方式具有适用性和必要性[9]。

然而，以上的论述还只是充实了对于"并购行为"的解释，并不能说明"资产剥离"的原因。而这一点正是整个变迁过程中的一个重点，接下来，本书将尝试对这一组织形态的重大变化进行经济学解释。

2. 美国铁路多式联运变迁的经济学解释

在铁路公司剥离了非铁路资产之后，铁路公司同卡车公司、船公司之间的协作关系由内部科层性质转为市场契约性质。也就是说，如果铁路公司要组织多式联运链条，就需要通过签订市场契约的形式同其他运输方式的企业进行协作。而当时的实际情况表明，在市场契约式组织形态中，最重要的链条组织者是那些通常被称为运输中介的"中间层组织"，而铁路公司作为链条组织者的身份已逐渐减弱了。于是，以此类作为链条组织者的中间层组织为切入点，本书着重分析经济组织形态变化的原因。事实上，本书认为中间层组织在多式联运链条上发挥了巨大作用，它们的存在是改变多式联运组织形态的因素之一。

首先，中间层组织的概念及相关理论是由丹尼尔·F.斯普尔伯提出的，他将中间层定义为从供应商那里购买产品，再转卖给买者，或者帮助买卖双方相遇并进行交易的一个经济行为者。作为中间层，厂商不仅进行价格决策，同时开展制造市场、降低交易费用、生产和分配信息以及放权监督等活动。斯普尔伯认为中间层组织的出现是由于经由中间层的交易能够比消费者和供应商之间的直接交易带来更多的利益，在这一情况下，中间层比直接交易具有以下优势①：①通过交换的集中化来降低交易费用；②减少搜寻和讨价还价的成本；③减少道德风险和机会主义行为；④减轻逆向选择的影响；⑤促使买卖双方做出可信的承诺；⑥通过放权来减少内部

---

① 事实上，这些优势都可以归结为节约交易费用。

监督的成本。他还进一步指出，某些优势得益于协调上的经济效应：厂商被公认为交换的集中场所，从而减少了搜寻成本。另一些优势得益于某种微妙的规模经济和范围经济。其他的优势来自交易的长远性和建立信誉的经济动机。尤其是，能够做出可信承诺的中间层远比买卖双方之间需要不断谈判的短期合同有优势[112]。

以美国为例，多式联运行业中的中间层组织主要有多式联运营销公司、货运代理、无船承运人、拼装业者、经纪公司、第三方物流公司、货主协会等①。有些学者也把这些中间层组织统称为"第三方"，即独立于货主和承运人之外的企业。一些学者（Taylor，Jackson，2000；Rong，Sze & Gallamore，2005）曾对运输业中的中间层组织进行过研究[8][9][10]，这也为我们研究多式联运中的中间层组织的作用提供了一些参考。

不同于泰勒等（Taylor, et al.）的研究，本书主要根据中间层组织理论，将多式联运中的中间层组织的作用及其原因归纳为以下几点。

（1）减少搜寻交易对象的成本，有利于运输企业的专业化运营。多式联运是一个专业化的复杂运输系统，涉及众多的程序和环节，货主往往难以获得全部所需信息并进行有效处理和决策，他们强烈需要"一站式"的运输服务。另外，社会运输需求日益多样化，某种运输方式的承运人难以全面了解更不能全部满足这些需求，而且由于运输产品的不可存储性，及时地搜寻货主对于运输供给者提高设施设备的利用率具有重大意义，这一点在"回空"运输中体现得尤为明显。可见，货主和承运人之间进行相互搜寻的交易费用是十分巨大的，于是中间层组织通过其强大的营销网络和社会关系，把各种交易信息进行集成，提供交易的集中场所，增加了潜在交易伙伴的数量，从而增加了找到一个交易伙伴的概率，降低了

---

① 从广义的概念上讲，那些充当链条组织者的某些承运人，如某些船公司，以及某些快递公司，如 UPS 等也可以称之为中间层组织。

搜寻的成本。而对于运输企业而言，由于不用花费大量资源建立营销网络，可以将有限的资金投入到运输主业，从而提高运输服务的专业化能力。

（2）通过交易的规模经济降低交易费用。运输市场具有分散需求和集中供给的特点。为了追求规模经济，运输供给者需要大批量的同质的运输需求，运输中间层组织通过拼装等方式集中运量，把分散的运输需求同运输业的集中供给很好地匹配了起来，由于运量充足稳定，它们成为运输企业的大客户，在满足运输业规模经济的同时也为中小运量的货主取得了较低廉的运输服务，通过交易的规模经济大大降低了交易费用。事实上，在美国大多数一级铁路公司都充当批发商的角色来批发运量，而诸如货运代理、多式联运营销公司等中间层组织都充当零售商的角色，直接面向最终客户。

（3）抑制道德风险和机会主义。多式联运链条上存在多个交易主体，由于信息不对称，在交易过程中存在着广泛的机会主义行为，比如货物运输责任的划分方面，不同运输方式的承运人有推卸责任的动机，如果由货主亲自同各个承运人进行谈判交涉，交易费用是巨大的，且不一定解决问题。而中间层组织作为中心签约人，集中承担了货主的风险，并充当仲裁者的角色，其长期信誉和谈判优势有助于抑制道德风险的发生。再比如，有些运输方式的企业之间由于缺乏相互信任而难以建立合作关系[1]，这时中间层组织通过订立双边或多边合同，转移交易关系，促使各方做出可信承诺，实

---

① 有资料表明，由于铁路同公路长期进行激烈的竞争，以至于在美国多式联运发展初期，两种运输方式之间在很长一段时期内不能建立良好的合作关系。在铁路实施对大型卡车运输企业的并购时期，两种运输方式之间的斗争也十分激烈，1986年美国卡车司机兄弟联合会曾向对ICC提出控告，认为其放弃"铁路公司收购汽车运输公司只能用于发展铁路运输业务"这一"特殊条件"有悖于州际商务法的有关规定，于是哥伦比亚巡回区法庭驳回了ICC原先所批准的诺福克南方铁路公司对北美货车运输公司的收购，之后铁路集团又借助政治影响力，在第99届国会闭幕日之前，在《反毒品法案》之后附加了一个文件，规定在哥伦比亚巡回区法庭的判决之前同意铁路公司对汽车运输公司的收购免受这一判决的限制。

现不同运输企业间的合作。

综上，由于多式联运中的中间层组织极大地降低了联运过程中的交易费用，使得其有能力成为整个多式联运链条的组织者、协调者和控制者。事实上，我们也可以从多式联运发展的相关史料中找到相应的证据来说明中间层组织在多式联运中的这种作用。

麦肯齐（Mckenzie）等描述到，在 20 世纪 80 年代中后期的美国，"第三方"组织在数量上和提供的服务范围上都获得了显著的成长。据《私有承运商》的记载，在 1980 ～ 1986 年间，经纪商从少数几家增长到 6000 多家[114]。穆勒（Muller）也曾写到，20 世纪 80 年代后期，美国多式联运营销公司已达到 300 多家，90 年代初增长到 400 多家，而且多式联运营销公司占有多式联运市场的最大份额，为总收入的 42%[113]。其所参与的业务量在 1980 年约为 250 万单位①，到 1985 年已增长两倍以上，到 1997 年，总运量已增长到 860 万单位。他还进一步指出，多式联运营销公司等中间层组织在 20 世纪 80 年代的快速发展得益于运输业的放松管制政策[113]。有趣的是，这一时期正是我们考察美国铁路运输企业相继剥离非铁路资产的时期，在这一时期运输市场所发生的这一巨大变化无疑为我们的解释提供了有力的证据。

此外，仍值得一提的是关于铁路企业出售卡车运输企业这一历史现象的另一个解释。施学范（Andy Sze）认为造成这一现象的原因是由于铁路企业与公路企业的经营理念和管理体制存在较大差异，使其不能很好地融合，换句话说是内部组织成本太高。但我们认为这一解释恰恰说明了，中间层组织所制造的市场机制为铁路企业提供了降低内部组织成本的替代方案。

至此，我们对于美国铁路运输企业在 20 世纪 80 年代中后期相继出售其原有的公路、水运企业现象的解释达到历史与逻辑的统

---

① 美国铁路多式联运主要分为驮背运输和箱驮运输两种类型，由于这两种类型的运量统计单位不一致，所以统一用"单位"表示运量。

一。也就是说，中间层组织作为市场制造者，使得铁路运输企业可以通过创新的交易方式而非纵向一体化的方式实现多式联运。也说明了，在当时的美国多式联运市场，绝大多数的情况下，铁路运输企业已经不具备控制整个链条的必要和能力。事实上，直到目前，大多数美国的一级铁路公司都只充当多式联运链条上的一个重要环节，专注于铁路运输能力的提升。

二、欧盟地区典型国家铁路多式联运的经济组织

同美国相比，欧盟地区运输网较为分割①，铁路多式联运的发展相对落后。但欧盟非常重视多式联运的发展，认为多式联运是整合既有运输系统，提升运输效率，改善道路拥挤、交通隐患、能源消耗和环境恶化的重要手段，因而采取一系列措施改善本地区的运输系统，鼓励并促进组合运输（Combined Transport）的发展。其中，特别重要的措施是施行了铁路自由化改革的放松管制政策②。在这一政策背景下，铁路运输行业以及公铁联运市场的竞争性得到了改善。包括船公司、场站经营业者、港务局在内的许多经济主体都参与到铁路多式联运业务中来。不过由于各国在铁路自由化改革中的进程并不一致，使得各国铁路多式联运的经济组织具有多样性。

（一）欧盟地区典型国家铁路多式联运的主要参与主体

在欧盟地区，参与铁路多式联运业务的主要有 ICF、欧洲公铁

① 这种分割意味着运输过程中的结合部和环节过多。比如，欧洲各国的铁路集装箱运输公司大多属于其国家铁路，列车（包括集装箱特快专列）在过境运输时，除国家铁路间有协议者外，必须更换机车、乘务人员以及有关运输文件。此外，各国对基础设施收费也不统一，有的国家铁路借其垄断地位收取高额过轨费。这些都是路网分割的危害表现。

② 1991 年，欧盟启动 91/440 号决议，要求各会员国对本国铁路运输行业实行"网运分离"，并在 2003 年 3 月 15 日之前，向私有铁路企业开放国际运输业务。在此期间，各会员国都必须开展并完成对本国运输管理体制的改革。

联运企业国际联合会（UIRR）中的各会员企业、各会员国的集装箱公司以及一些包括 Eurogate、HHLA、ERS 等公司在内的市场新进者。其中，ICF 是一家由欧洲各铁路公司共同拥有的组织，其在欧洲境内的多式联运网络幅员最广，主要客户是船公司、货代企业及大型货主企业。UIRR 是一个自治协会①，其"会员家族"在运量方面可称作是欧洲最大的多式联运经营者。对于货代及拖运业者而言，UIRR 的会员企业是多式联运服务的批发商，它们和铁路公司通过签订双边协议的方式确定运价和运输计划。各会员国的集装箱公司主要负责交换箱、内陆箱等国内集装箱的铁路运输，它们通常是铁路运输企业或者其下属单位，比如德国国铁的 Transfracht 公司、法国的 CNC 铁路公司和英国的 Freighliner 铁路公司。

　　这里还要着重说明的是，由于欧洲铁路自由化进程的推进和公铁多式联运市场开放性的改善，包括集装箱班轮公司、港口企业、大型货主企业在内的市场新进者开始经营铁路多式联运业务。其中集装箱班轮公司经营铁路多式联运业务的动机是为了更好地控制从港口至内陆腹地间的这段陆上运输过程，并在实现业务多样化的同时弥补其在海运方面的经营业绩，比如 ERS 公司在鹿特丹港与比利时、德国、意大利及波兰的腹地之间开行往返列车。而港口企业则是为了通过铁路对港口集疏运效率的改善来吸引更多的集装箱运量，比如 Eurogate、PAH 分别在汉堡港、勒阿弗尔港开行了通往内陆的铁路集装箱短程穿梭列车。

　　由于欧盟地区所涉国家较多，铁路行业改革进程不一，参与铁路多式联运的企业亦多种多样，接下来，本书将通过选取德国 Eurogate 集团、HHLA 集团，荷兰 ERS（European Rail Shuttle）铁路公司，法国 PAH 港务局以及英国 Freighliner 铁路公司 5 家典型企业，对其组织铁路多式联运业务的各种方式进行分析。

---

　　① UIRR 的宗旨之一是通过公铁联运减轻公路运输的压力，其主要目标是促进其会员企业之间在联运业务方面的各种协作。

（二）　欧盟地区典型国家铁路多式联运的组织形式

1. 德国 Eurogate 和 HHLA 公司的铁路多式联运服务组织形式

在德国，Eurogate 集团公司和 HHLA 集团公司是欧洲多式联运市场的新进者，它们均属于场站经营业者。其中 Eurogate 集团公司是一家在汉堡和不来梅经营港口装卸及相关物流业务的私营企业，占有两地港口吞吐量31%的市场份额。其提供的铁路多式联运服务称为"集装箱快运（BoxXpress）"，具体由其旗下的 Eurogate Inter-modal 公司来经营。该公司在汉堡港和不来梅港与慕尼黑、斯图加特、纽伦堡及奥格斯堡之间每天开行 1 或 2 班的短程穿梭列车（Shuttle Train），并同 HHLA 公司在东欧部分国家的铁路集装箱运输服务相衔接，将德国两大港口同其内陆腹地紧密地联系起来。

为了开展此项铁路集装箱运输服务，Eurogate Intermodal 需要向德铁网络公司（DB Netz）购买列车运营时刻，并分别向西门子 Dis-polok（Siemens Dispolok，SD）公司、Ahaus‐Alstatter Eisenbahn（A‐A E）公司和 MEV Eisenbahn Verkehrgesellschaft（MEV E‐V）公司租赁机车、货车和员工等必需资源（见表 6‐1）。Eurogate In-termodal 在德国还有许多长期合作的卡车公司，它们负责两端的取送作业。在场站处理方面，港口内部的作业由 Eurogate 负责，而内陆联运场站的作业则交由其他合作企业。关于此项服务的营销，Eu-rogate Intermodal 采用了建立合资企业的形式加以促进。提供 BoxX-press 服务的公司是一家合资企业，分别由 Eurogate Intermodal 公司（38.5%）、ERS 公司（46.5%）和 Netlog 公司（15%）持有。其中后两个公司主要负责此项服务的营销工作，不过实际上，Netlog 公司的参与在一定程度上就已经是货源的保障了，因为它是德国 TX 物流集团的子公司，而该集团有大量的零售企业作为客户可以提供大量的集装箱货源。而 Eurogate Intermodal 本身又同班轮公司和货代企业有良好的合作关系，所以实际上 ERS 是合资企业中最大的受益者。由此可见，Eurogate 公司虽将铁路运输服务整合入企业内部，成为集港口装卸和铁路集装箱运输于一体的综合性企业，但在该服务的营销方面还是采用了更为灵活的策略以寻求更多的市场机会。

表 6 – 1　　欧洲典型国家的铁路多式联运服务及其组织形式

组织机构	机构类别	国别	铁路运输服务内容简述	关联主体及经营关系		业务种类	组织形式
Eurogate	港口装卸公司	德	由其旗下的 BoxXpress 在汉堡港、不来梅港与慕尼黑、斯图加特、纽伦堡及奥格斯堡之间每天开行 1 或 2 班的短程穿梭列车，并和 HHLA 在东欧地区的列车服务相匹配	SD	租赁机车	铁路运输	一体化
				A – A E	租赁货车		
				MEV E – V	租赁员工	市场营销	合资
				DB Netz	购买时刻		
HHLA	港口装卸公司	德	向东欧地区国家提供港口与内陆腹地间的往返列车服务，在捷克通过 Metrans 经营，在波兰通过 Polzug 经营	DB Cargo	境内运输	铁路运输	签订契约
				Metrans	境外运输		
				Polzug	境外运输	市场营销	参股或控股
ERS	铁路运输公司	荷	在鹿特丹港与比利时、捷克、德国、意大利和波兰等地之间每周开行 3 到 6 趟往返列车	Railion	境内运输	铁路运输	一体化或签订契约
				DB Cargo	境外运输		
				Metrans	境外运输	场营销	合资
				Polzug 等	境外运输		
PAH	港务局	法	由 CNC 铁路公司在勒阿弗尔港与法国里昂、第戎、南锡和斯特拉斯堡以及意大利的诺瓦腊之间开行往返列车	SNCF	机车牵引	铁路运输	设立子公司
						市场营销	设立子公司

续表

组织机构	机构类别	国别	铁路运输服务内容简述	关联主体及经营关系		业务种类	组织形式
Freighliner	铁路运输公司	英	为本国提供港口和内陆腹地间的集装箱铁路运输服务。大多数服务集中于南部港口（费利克斯托和南安普顿）和北部工业中心（利物浦、曼彻斯特和利兹）以及苏格兰（格拉斯哥）之间	Network Rail	使用路网	铁路运输	一体化
						市场营销	一体化

注：表中"一体化"的含义总体上是指依靠本公司自身提供相应服务，因此，对于铁路公司而言，其铁路运输服务的运营基本均用"一体化"表示，而对非铁路公司而言，"一体化"的含义就包含了联运链条上不同运输方式的企业间所有权的整合。

　　HHLA 集团公司是一家由汉堡市自由汉莎城（Free and Hanseatic City of Hamburg）所有的经营港口装卸及相关物流业务的企业，占有汉堡港吞吐量65%的市场份额。其铁路多式联运服务由其下设的一个多式联运部门来负责，与 Eurogate 不同的是，HHLA 并不直接参与铁路运输服务的运营，而是与各国的铁路公司签约购买其铁路运输服务。其中国内铁路集装箱服务，由德铁货运公司（DB Cargo）提供；国际服务则主要是为东欧国家提供港口与其内陆地区之间的往返列车服务，由 Metrans 和 Polzug 铁路公司提供（见表6－1）。不过，虽然该链条包含了众多参与者，但总的责任是由 HHLA 来承担的。由此可见，HHLA 的身份其实是一个中间层组织，它一方面通过协议购买各铁路运输企业的运输服务，另一方面则在运输市场上销售这一服务。事实上，考虑到 Metrans 和 Polzug 铁路公司在东欧地区的人气，HHLA 在 20 世纪 90 年代初就分别购买了 Metrans 公司 50.1% 的股权和 Polzug 公司 33% 的股权，以增加

129

盈利能力。

综上，德国 Eurogate 和 HHLA 两大港口企业在铁路多式联运服务的运营上，分别采用了一体化和市场契约的形式，而在此项服务的营销方面，基本均采用了参股或合资的方式。

2. 荷兰 ERS 铁路公司的铁路多式联运服务组织形式

ERS 公司是一家由马士基（Maersk）和铁行渣华公司（P&ONedlloyd）合资组建的铁路运输公司，在鹿特丹港与比利时、捷克、德国、意大利和波兰等地之间每周开行约 80 列往返列车。作为两大世界顶级船公司的合资子公司，ERS 铁路多式联运业务的 70% 以上的运能是为该两大船公司服务的，剩余运能则出售给其他班轮公司。

在铁路运输服务的运营方面，ERS 主要采取市场契约的形式（见表 6-1）。比如，在德国，它让德铁负责实际的铁路运输，在东欧地区又选择 Metrans、Polzug 或某些其他铁路公司。值得注意的是，在 ERS 开行集装箱班列初期，曾与 Railion 公司进行合作，由 Railion 公司为其提供自鹿特丹港到 Germersheim 的班列牵引服务，但后来 ERS 不满意 Railion 的服务而改由自己运营。于是，在"鹿特丹港—Germersheim"这条运输线路上，是由 ERS 自己提供铁路运输服务的。

3. 法国 PAH 港务局的铁路多式联运服务组织形式

PAH 港务局（勒阿弗尔港港务局）是法国港口集装箱铁路运输服务的发起者之一①，目前在勒阿弗尔港（Le Havre）已经开展了一些由独立的企业运营的铁路服务。比如 CNC 铁路公司负责在勒阿弗尔港与法国里尔（Lille）、第戎（Dijon）、南锡（Nancy）和斯特拉斯堡（Starsbourg）以及意大利的诺瓦腊（Novora）之间开行往返列车（Le Havre Shuttle，LHS）。

---

① 法国港务局在港口经营活动中仍具有较大影响力，凡涉及港口发展的重大事件仍由港务局负责牵头实施。

需要说明的是，勒阿弗尔港往返列车服务（LHS）的概念最初是由"海运及港口联合会"（Union Maritime et Portuaire，UMEP）于 1998 年创立的[78]。当时，UMEP 想通过招标的形式寻找铁路公司提供此项服务，但实际上只有 CNC 一家可供选择且 CNC 不愿放弃对此项服务的营销。于是，UMEP 采取折中方案，通过向 PAH 港务局和 CNC 公司分别出售 34% 的股权方式对 LHS 进行股改，其实际结果是 LHS 的运营及营销全权由 CNC 接管，港务局则通过购买股份、提供补贴、对外宣传等方式支持 LHS 服务。因此，勒阿弗尔港往返列车服务的组织方式也是通过设立合资子公司的形式来提供的（见表 6 – 1）。

不过，虽然 CNC 负责 LHS 的运营和营销，但该公司却没有足够的权限购买运营时刻来提供更多新的服务，因为法国整个铁路基建系统实际上是处于 SNCF 的控制之下，而 SNCF 本身还持有 CNC 70% 的股权。此外，在实际运营过程中，CNC 和 SNCF 每年都还要签订协议，由 SNCF 为 CNC 公司提供机车牵引服务。也就是说，在实际生产过程中，LHS 的开行或多或少还受制于 SNCF。这种局面和法国铁路运输自由化改革进程较慢有关。

4. 英国 Freighliner 公司的铁路多式联运服务组织形式

在英国，铁路多式联运服务非常多，绝大部分集中在费利克斯托、南安普顿等南部港口和利物浦、曼彻斯特、利兹等北部工业中心之间，且主要由 Freighliner 铁路公司和"英格兰、威尔士及苏格兰铁路公司"（English Welsh & Scottish Railway Ltd，EWS）① 经营。其中，Freighliner 铁路公司的前身是"不列颠铁路公司"（British Rail）的货运子公司，在 2002 年 EWS 公司进入英国铁路多式联运市场之前，它一直保有集装箱铁路运输的垄断地位，该公司拥有自己的

---

① EWS 公司于 2007 年被德铁（Deutsche Bahn）收购，并于 2009 年更名为"DB Schenker Rail（UK）Ltd（简称 DB Schenker）"，是英国最大的货运铁路公司，它于 2002 年才刚开始经营铁路多式联运业务。

机车、车辆，几乎控制着所有多式联运服务中铁路区段的运营活动。

在铁路多式联运服务的提供上，Freighliner 公司完全保有独立的所有权，并没有其他运输方式的企业参与投资。而在该服务的营销上，Freighliner 公司也基本采取直接营销的方式，即直接同客户签订购销合同，而不经由第三方。值得注意的是，对于具有规模经济特性的铁路运输企业而言，这种营销方式通常被认为是具有较大商业风险的。不过，对于 Freighliner 公司而言，此处又有合理的原因。这是由于，一方面，Freighliner 公司本身具有"多式联运经营人"的身份，也就是说，Freighliner 公司既是铁路运输服务的提供者，又是多式联运的组织者，因此需要直接面对多式联运的客户。而 Freighliner 公司作为铁路运输业者选择同时充当多式联运经营人这一身份的原因又在于，对于欧洲铁路公司而言，由于网络幅员的局限，"线上"服务的盈利能力有限，通常需要借助"线下"两端的增值服务加以弥补。另一方面，在英国多式联运市场中，铁路服务的供给能力是相对紧缺的，且供给者仅有 2 家，因此 Freighliner 公司并不担心货源组织问题。而且在这一背景下，Freighliner 公司通过"专列协议""以基本载运量为基础的长期契约"等契约形式，可以较好地保障其车辆周转率和盈利水平，并转嫁相应的商业风险。比如，东方海外、马士基就曾分别与 Freighliner 公司签订了为期 10 年和 5 年的"专列协议"，铁洋渣华也同其签订了为期 3 年的长期契约。事实上，这些船公司也从这些合约中取得了运能的控制权，从而有效规避了其他小型船公司的竞争。可以说，铁路已成为船公司在英国开展竞争的一种策略工具。

三、欧美典型国家案例的相关启示

（一）美国铁路多式联运经济组织变迁的启示

美国铁路多式联运经济组织演变的整个过程反映了铁路运输企

业为构建多式联运链条在组织变革方面所作出的各种努力和尝试，说明了正确处理多式联运链条上不同经济主体间关系，即使用恰当的经济组织模式对于提升多式联运链条效率的重要性。

在处理链条上各企业间关系的过程中，尽可能地节约交易费用是重要的决策变量。在运输业管制时期，不同运输方式间的协作并不积极，也受到很多限制，如此一来，链条衔接上的交易费用就很高昂，很难形成链条，即便形成，其效率也会很低。这说明，节约交易费用或进一步说提升交易效率是促进多式联运发展的关键性因素。

所有权一体化被认为是节约交易费用的一种手段，这是铁路运输企业并购其他运输方式企业的重要动机。但理论和实践又同时证明了所有权一体化并非节约交易费用的唯一手段。运输企业仍会根据市场环境和外部条件的变化，寻求新的替代手段来节约交易费用。

中间层组织作为市场制造者，通过创新交易方式，大大节约了多式联运过程中的各种交易费用，使得各种运输方式之间可以通过市场契约的方式实现有效的协作，同样提高了整个多式联运链条的组织效率。这是铁路运输企业剥离非铁路资产以及逐步弱化链条组织者角色、专注铁路运输主业的重要原因之一。

美国铁路多式联运经济组织变迁的过程似乎可以说明，对于中国铁路而言，目前最重要的并不是并购或建立其他运输方式的企业，而是尽一切努力打通铁路线上现有的障碍，快速提升铁路运输的专业能力，实现线上运输的密度经济和规模经济，把运输成本降到最低，使铁路对多式联运链条具有吸引力[122]。而对政府而言，应当重视并促进运输业中的中间层组织的发展。

（二）欧盟地区典型国家铁路多式联运经济组织的启示

在过去近20年间，随着欧盟地区铁路自由化改革的推进，以及欧盟对组合运输的重视和大力支持，欧盟地区的铁路多式联运业务，尤其是海铁联运（主要表现在集装箱港口的铁路集疏运服务）获得了重大的发展。许多来自海运部门的船公司、港口企业都参与到铁路多式联运服务的经营中来，希望借由铁路来改善其主业的经营绩效，比如港口企业通过高效的铁路集疏运系统来吸引更多的货源。这种现象和趋势表明了构建多式联运链条对于各运输方式自身的发展具有重要作用，同时也进一步表明了链条间的竞争对于未来运输企业竞争模式的重要意义。因此，各种运输方式都必须重视整个联运链条的构建问题，重视链条中各个环节间的紧密衔接和协作。

在上述欧盟诸国案例中，海运部门各企业在构建海铁联运链条时的组织方式存在较大的差异。这些差异又具体体现在各典型企业在铁路多式联运服务的提供和营销上采取的诸如一体化、参股合资、设立子公司、签订市场契约等形式。其中只有英国的 Freighliner 公司整合了铁路服务的实际承运和市场营销的功能，这和其本身具有铁路承运人和多式联运经营人的双重身份及其市场垄断力有关。对于不同运输方式间的所有权一体化，突出表现在德国 Eurogate 集团旗下的 BoxXepress 服务和荷兰 ERS 公司在本国境内替代原 Railion 公司开行铁路服务上。前者作为港口企业整合铁路企业主要得益于德国发达的铁路租赁市场，机车、车辆及技术人员的租赁是 Eurogate 这一港口企业可以开展铁路业务的重要资源基础。而作为两大船运巨头合资成立的铁路公司，ERS 直接参与实际铁路运营则是由于原铁路公司不能提供满意的服务。事实上，在那些铁路公司服务质量相对较好的地方，船公司很少直接经营铁路，而是倾向于通过签约的方式进行合作。总起来说，这些组织差异同这些国家各自运输业管理制度尤其是铁路业制度环境的差异有密切关系。这说明了宏观制度环境对于企业微观组织形态的影响作用。

组织形态的多样性一方面表明组织形态本身必须适应周围动态变化的环境，因而没有唯一最优的组织形态，只有适应特定环境的组织形态。另一方面也表明组织形态创新的潜质，企业为了最大限度地减少多式联运链条上的各种费用、提升协作效率，可以采取多样化的组织形态。事实上，只要参与各方的产权明晰，通过分工可以获得收益，那么各方就会通过各种交易方式来努力实现这种收益。欧盟地区各国在铁路行业的自由化改革进程虽有不同，但围绕开放铁路市场这一基本方向，都需要清晰地界定铁路的各项产权。在产权明晰的基础上，才能利用市场机制来更好地调动各参与要素的活力，帮助改善传统铁路行业的绩效水平。

对于我国而言，有必要借鉴这些典型国家在开展铁路多式联运服务方面的经验。首先，仍需进一步深化铁路运输体制改革，构建真正的市场主体，建立产权明晰的现代企业制度。其次，在现有体制下，进一步明确铁路集装箱运输企业在链条上的角色定位，改善铁路运输服务，并通过各种组织形式的创新，适度开放铁路集装箱运输服务的经营权，吸引各大船公司和社会物流企业参与海铁联运服务。

四、本章小结

欧美地区若干发达国家在铁路多式联运业务的发展，不仅表明了铁路运输方式对于多式联运的重要性，也提供了铁路参与多式联运链条并发挥相应作用的方式参考。这些链条组织方式或组织形态进一步说明了经济组织问题对于多式联运链条整体效率的重要作用，表明了运输企业在构建多式联运链条中所形成的微观治理结构。其所表现出的时空差异性则表明了经济组织形态与其外部环境的动态适应关系，说明了运输管理体制、相关法律、政策等制度环境是影响多式联运经济组织形态的重要因素。

本书对美国铁路多式联运经济组织变迁的考察，展示了铁路运输企业如何处理同联运链条上其他运输方式的企业间关系，而对欧盟典型国家铁路多式联运经济组织差异性的考察，则主要展现了海运方式的企业如何处理同铁路运输企业的关系。然而，不管以何种方式为立足点，构建链条、强化各环节的协作都是多式联运不变的重心。各种运输方式都要满足构建链条的要求，而不能孤立、封闭地发展。

美国铁路运输企业开展多式联运业务的现状，提供了一种以铁路运输主业为核心、定位于次级缔约人角色的经营模式。而欧洲的铁路公司则提供了一种兼顾"线上线下"两种服务的经营模式，通过与其他运输方式的企业进行合资、联盟及签订各种组合契约的形式，强化了彼此间的联系，如此所形成的链条上的双向延伸都为各参与主体提供了良好的收益。这两种经营模式及其背后的经济组织在一定程度上都可以为中国铁路集装箱的发展提供借鉴和启示。毕竟，中国铁路要参与多式联运，就必须关注多式联运链条的经济组织问题。

第七章

我国铁路集装箱多式联运发展的经济组织问题

一、铁路货运组织改革前集装箱多式联运经济组织分析

（一） 我国铁路集装箱运输经营及管理主体的组织变化

我国铁路集装箱运输开始于 1955 年，当时的铁道部成立了"集装箱运输营业所"来尝试办理集装箱运输业务。在最初的试运期间，铁路上所采用的集装箱载重量只有 3 吨左右，且仅限于在 6 个办理站之间运输较为笨重的零担货物，但受惠于当时国民经济稳定发展的大环境，最初集装箱运输的尝试较为顺利，1958 年的集装箱货运量达到了 55 万吨，且"门到门"运输达到 10% 以上。然而当时对集装箱运输的发展前景和重要性的认识相对不足，集装箱运输的管理机构在 1958 年的机构精简中被撤销，集装箱归各站使用，汽车划归地方企业，接取送达服务被取消，全路也不再有统一的集装箱运输发展规划。此后随着国民经济的起伏，集装箱运输陷入徘徊停滞的状态。至 1977 年，集装箱的运量下降到 21.3 万吨。

1978 年，随着国民经济的重新升温，集装箱运输逐步走出低谷。当年，铁道部重新设立了"集装箱运输营业所"。80 年代又将其改名为"运输局集装箱运输管理处"，各铁路局相继在货运处成

立了集装箱科，各车站在货运车间设立了集装箱办公室，形成了部、局、站的三级管理机构，开始了一段艰苦创业的历程。

进入 20 世纪 90 年代以后，铁道部对集装箱运输实施"运输计划单独列，日请求车单独报，统计单独立项；优先审批计划，优先配车，优先挂运，优先回空（简称三单独四优先）"的政策，使铁路集装箱运输真正从传统的整车、零担货运组织形式中独立出来，实现了集装箱运输在货运组织方面的突破。此后，随着一批集装箱直达快运列车的开行和集装箱陆桥联运的进一步发展，铁路集装箱运输实现了运输组织的突破。1995 年，铁路集装箱货物发送量达到 2293 万吨，是 1990 年集装箱货运量的 2 倍以上。1996 年，铁道部正式成立了"中铁集装箱运输中心"，各铁路局、铁路分局和主要办理站也设立了相应的管理机构。此后，集装箱运输工作上下贯通，独立负责，并逐步开始了企业化运作。不过，早期的中铁集装箱运输中心的主要业务职能是负责其所拥有的铁路集装箱和篷布等资产的管理，并不负责集装箱的运输，其主要的收入来源是各路局租用集装箱而向其缴纳的使用费，而主要的支出也只是发生在对集装箱、篷布的购置和维修上。只是随着企业化运作的逐步推行，中铁集装箱运输中心的运输业务经营职能逐渐确立，并要求进一步加以明晰。

2003 年底至 2004 年初，铁道部通过整合铁路集装箱运输资源，由"中铁集装箱运输中心"代表铁道部连同当时的 14 家铁路局[①]共同出资组建了中铁集装箱运输有限责任公司（China Railway Container Transportation Company，CRCTC，以下简称中铁集运），设立了铁路集装箱运输的企业经营主体。此后不久，铁道部撤销了"中

---

① 最初参与出资的 14 家铁路局分别为上海铁路局、北京铁路局、广铁集团、成都铁路局、郑州铁路局、沈阳铁路局、济南铁路局、哈尔滨铁路局、兰州铁路局、呼和浩特铁路局、柳州铁路局、乌鲁木齐铁路局、昆明铁路局、南昌铁路局。2005 年后，又有太原铁路局、武汉铁路局、青藏铁路公司、西安铁路局 4 家新成立的铁路局加入中铁集装箱运输公司的股东行列。

铁集装箱运输中心"，将铁路集装箱运输的管理职能交由运输局的专业运输处。于是，新成立的中铁集装箱运输有限责任公司和过去的集装箱运输中心相比，不再是简单的管理机构，而是变成了企业法人。所有的铁路集装箱经营业务都归中铁集装箱运输有限责任公司，作为独立的成本核算主体，公司需要向货主收取费用，并通过铁道部清算系统清算成本和付费。

综上所述，从 2013 年货运组织改革前中国铁路集装箱运输的经营管理机构的变化来看（见图 7 - 1），铁路集装箱运输的经营与管理职能在逐渐分化，集装箱运输经营主体逐渐明确。这一变化过程说明了，发展铁路集装箱运输需要相对独立的市场经营主体，为此必须明确企业间的产权关系和经营职能。

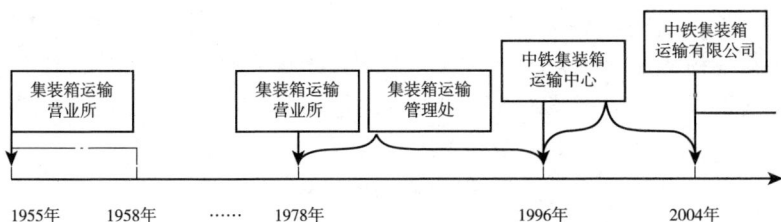

图 7 - 1　国铁集装箱运输的经营管理机构的变化

（二）　我国铁路集装箱多式联运链条的组织结构

1. 货运组织改革前中铁集装箱运输公司概况

（1）经营范围。在 2013 年货运组织改革实施之前，中铁集运是我国唯一一家拥有集装箱铁路运输经营权的运输企业，具备集装箱铁路运输承运人资格。其注册资本为 12 亿元，中铁占 51% 的股份，其他 18 个路局持有 49% 的股份。其主要经营范围包括：国内、国际集装箱铁路运输，集装箱多式联运，国际铁路联运；仓储、装卸、包装、配送等物流服务；集装箱、集装箱专用车辆、集装箱专用设施、铁路篷布等经营和租赁业务。此外，还兼营国际、国内货运代理以及与上述业务相关的经济、技术、信息咨询和服务业务。

（2）主要资产。"货改"前，该企业的主要固定资产包括：北京东、杨浦、大朗、阿拉山口、满洲里5个直属的集装箱办理站①，各种制式集装箱约17.3万TEU以及集装箱专用平车9130辆和铁路篷布35万张。此外，中铁集运作为中铁联和国际集装箱有限公司（以下简称中铁联集）的大股东，还参与全路18个中心站的投资，目前已有大连、青岛、上海、郑州、宁波、西安、武汉、重庆、昆明、成都10个中心站开通运营。

（3）组织机构。中铁集运总部共设15个部门，下辖18个分公司、1个子公司为中铁国际多式联运有限公司（以下简称中铁多联），另有4个参股公司，分别为与丹麦A.P.穆勒集团合资的上海铁洋多式联运有限公司（简称上海铁洋），与加拿大太平洋铁路公司合资的兰州太平洋物流有限公司（简称兰太物流），中铁铁龙集装箱物流股份有限公司（以下简称铁龙物流）和中铁联集，其中，上海铁洋主要经营国内和国际的集装箱多式联运业务，尤其以海铁联运为主，铁龙物流为境内上市企业。

中铁多联的前身是中铁国际货运代理有限公司（以下简称中铁货代），具有国际货代权、报关资质及多式联运经营权，主要负责经营铁路进出口业务及大陆桥货运业务。铁龙物流的主营业务是铁路特种集装箱物流、铁路货运及临港物流业务。中铁联集是由中铁集运与新创建服务管理有限公司、中国国际海运集装箱（集团）股份有限公司、汉彩投资有限公司、法国达飞海运集团、以星综合航运有限公司、德国国铁等公司合资成立的，主要负责集装箱中心站的建设和营运。

2. 货运组织改革前各相关主体间关系

（1）同铁道部及各铁路局间的关系。如前所述，中铁集运实际上是从铁道部中的集装箱运输经营管理机构逐渐演化而来的。在这

---

① 成都东、重庆东、昆明东三个办理站划为中心站。

一过程中,集装箱运输的管理职能和经营职能逐渐分离,中铁集运的经营权限逐渐扩大,在名义上更为独立。然而实际上,中铁集运还并未完全脱离铁道部这一政企合一的大系统。铁道部作为铁路行业的行政管理部门,同时也是中铁集运的控股股东或实际上的全资所有者。中铁集运实质上是铁道部国有资产经营的代理人,负有国有资产保值增值的经营责任。虽然,各铁路局也是中铁集运的股东,但实际上它们之间的委托代理关系并不明显。相对于铁道部的管理体制而言,中铁集运和各铁路局属于同一个管理层级。

在业务经营方面,铁道部每年向中铁集运分派运输任务,设定经营目标。而中铁集运需要向铁道部申请获取集装箱班列运输的时刻资源,以保证重要的集装箱运输能力。其集装箱运价也受到国家发改委和铁道部的严格管制,不能进行灵活的调整。在实际的运输过程中,中铁集运需要依靠各铁路局负责集装箱的到发、装卸和运输等相关作业。而中铁集运则通过铁道部的清算中心向各路局支付包括承运及发送服务费、到达作业服务费、线路使用费、机车牵引费、车辆挂运服务费、车辆编解服务费、车辆租用费以及劳务输入费等在内的相关服务费用。这些费用大概占到中铁集运成本总支出的80%以上。其中部分费用的价格也会适当调整,但并不依靠市场机制,而是通过铁道部的相关政令加以调整,可以说计划色彩较重。在这种情况下,中铁集运并不具有实际的运营控制权,因而不仅不能有效控制集装箱运输过程来确保其服务质量,也不能有效地节约成本。实际上,中铁集运的经营绩效或说盈亏与否,在很大程度上是由铁道部的内部清算来决定的。

如果进一步分析中铁集运与各路局之间在业务经营方面的关系,可以发现两者之间还存在一些障碍甚至冲突。首先,一方面铁路局对运输集装箱缺乏积极性,铁路局拥有运输能力,但这种运输能力要在集装箱、整车和零担三种方式间进行分配,虽然铁道部向铁路局下达了集装箱运输的指标任务并且给集装箱以优先运输的政策支持,但路局仅仅限于完成指标任务,大部分的运能还是用于铁路局自身的业务——整车和零担的运输①，当然不可否认的是这一情况的出现与集装箱运输本身的市场需求、集装箱运输存在运能利用不足以及集装箱运输同整车运输存在一定程度的竞争等方面也有很大关系，比如在一些区域铁道部已经给予 CRCTC 班列的运输能力，但却由于缺乏集装箱货源而无法开行。从这一角度出发，笔者认为铁路局对运输集装箱缺乏积极性的一个很重要的原因在于缺乏激励机制，也就是说更为积极的运输集装箱并不能为路局带来很多的实惠，集装箱运输量的多少并不影响路局的收入，只是影响取得付费的多寡，发生多少成本就有多少付费，花别人的钱办别人的事，仅此而已，缺乏共同的利益基础因而也就没有一致的行动目标。另一方面，现行清算体制并不鼓励路局节约成本，如我们所知，铁路运输成本的核算方法是作业成本法，即根据工作量和单价来确定成本。但清算体制并不鼓励节约工作量，相反还会使路局"创造"出更多的工作量，另外清算单价的确定基础是路局过去的成本②，其激励含义是成本越低的铁路局收入会越少[3]。总之，无论是在提高集装箱运输量上还是在降低集装箱运输成本上，都缺乏对铁路局必要的激励。其次，对铁路局运输集装箱所发生的实际成本缺乏约束。比如，铁道部虽然规定了路局运输集装箱的最短路径，但在实际运输过程中，这些路径通常优先安排给整车货物使用，据有关业内人士反映，集装箱运输普遍存在"绕远运输"问题，这显然增大了集装箱运输成本。另外铁道部统计中心的成本数据完全依据路局的统计，而不经中铁集运的确认。当然不可否认在现行体制下，由于铁道部政令的约束，在数据的传输过程中不太可能出现人为变更数据的情况，但在基层数据采集点，由于技术和体制的限制，目前还不能实现有效的监督，而恰恰在这一点容易出现

---

① 铁道部对各铁路局运输绩效是以发送货物的吨数和吨公里数为考量标准的，这就使得集装箱运输作为一种货物类别处于一个不利地位。

② 这主要是 1999 年以前的一贯做法，此后，新的清算办法以标准成本为基础确定清算单价，但到目前为止如何准确、动态地测算各路局的标准成本还是改革的一大难点。

一些问题。据业内人士反映，在基层数据采集点普遍存在数据失真的情况，成本往往因此被高估。最后，构建中铁集运同各路局之间良好互动关系的困难还在于两者都不是真正的运输企业，在很多情况下不具有独立行为的能力，比如中铁集运和各铁路局都不能直接从市场取得运营收入，而是要靠铁道部的清算；一些运输能力的取得如五定班列的开行以及整个集装箱专用车辆和集装箱的调度，都要由铁道部负责；路局的运输计划也受到行政力的约束，比如在煤炭运输的旺季，运能就更加紧张，集装箱同整车对运力的争夺就更为激烈[1]；路局也不是以"利润最大化"为目标，在通过技术改造节约成本方面也缺乏动力和支配力等。

综上所述，由于中铁集运在集装箱铁路运输服务的能力、质量、定价以及实际的运输组织过程控制方面都受制于铁道部和各铁路局，使得中铁集运的运营权大打折扣。

（2）同链条上其他相关企业间关系。

①中铁集运与集装箱场站建设及经营企业的关系。中铁集运为扩充集装箱铁路运输服务的范围、提升集装箱铁路运输服务的能力和水平，提出构建包括18个集装箱中心站、40个集装箱专办站和100个集装箱办理站在内的集装箱铁路运输网络的目标。并于2006年，同新创建服务管理有限公司、中国国际海运集装箱（集团）股份有限公司、汉彩投资有限公司、法国达飞海运集团、以星综合航运有限公司、德国国铁等公司合资成立了中铁联集，负责先期的18个集装箱中心站的建设和运营。

中铁联集的成立反映了外资企业对中国集装箱多式联运市场的信心，同时也是中铁集运有效拓展运营网络的简易手段。然而，从该合资企业成立至今的发展情况来看，这种合作模式仍存在许多障

---

[1]　由于一个集装箱铁路专用平车所装载的货运量是远低于铁路整车的货运量，这就使得铁路局在混编货运列车的运输组织中，更倾向于优先满足整车货物的运输能力，而减少集装箱货物的运输能力。

碍和问题。比如，由于铁道部同其他部委以及地方政府之间缺乏沟通和协作，18个集装箱中心站的规划存在很多不合理之处，突出表现在缺乏与其他运输方式的衔接。又如，场站的建设时序不够科学，最先建设的昆明集装箱中心站由于货运量不足而使大部分设施设备长期闲置，影响了现金流。再如，实际的建设速度远远落后于原先的计划，本应于2010年完成全部18个中心站的建设，却只有昆明、上海和武汉三处落成。

另据该合资企业中的某位外资高管透露，许多外资股东都对目前的合作关系不甚满意，其主要原因在于目前中国铁路的许多体制问题使得外资的相关权益没有得到切实的保障。而事实上，这些体制中最严重的问题莫过于国铁的政企不分，国铁的政府职能和企业职能的边界不清晰，使得政府不能在真正承担责任的地方承担责任，而在本应充分发挥市场机制的地方多加干预，企业的产权得不到切实保障，且丧失自主性。

此外，中铁集运同集装箱港口经营企业间的合作关系也存在一些问题。首先，铁路设施同许多集装箱港口之间还缺乏有效的衔接，这一点在本书中曾多次提及。其次，集装箱铁路运输服务的时效性和客服满意度受到许多港口企业的批评。以盐田港区为例，该港区有一条长约23公里的疏港铁路，由盐田港集团和其股东"和记黄埔"共同所有的平盐铁路公司经营，主要负责盐田站同国铁平湖南站之间的集装箱铁路集疏运，并同中铁集运合作开行集装箱班列。但平盐铁路公司对国铁集装箱班列运输服务的质量和客户服务不甚满意。比如，国铁的班列运输申请及办理手续较为烦琐，运输能力和时效性不能得到有效保证，负责实际运输调度的国铁并不主动告知客户所关注的集装箱运行位置，常常需要平盐铁路反复协调确认。这些问题都反映了目前铁路集装箱运输经营及管理体制的落后，不能适应运输市场的需要。实际上，就目前港口集装箱吞吐量的规模及未来增长趋势而言，铁路实在应当有更大的发挥空间。即使公路运输占据了这一市场绝大多数份额，但大规模集装箱集疏运量还是能为铁路带来高效的运输密度经济。而对集装箱港口企业而言，也着实希望铁路充分发挥港口集疏运功能，提升港口的通过能力和处理能力。那么问题就在于铁路集装箱运输企业如何改变自身的经营体制，优化同港口企业间的经济合作关系。

②中铁集运与集装箱船运公司的关系。据笔者的观察，"货改"前，中铁集运处理同集装箱船运公司之间商业关系的模式主要有三种。第一种合作模式是组建合资企业，即目前中铁集运同马士基海运集团合资拥有的上海铁洋公司。该公司在海铁联运链条中的主要身份是货运代理，其作用主要是向船公司、外贸企业和国际物流公司行销集装箱铁路运输服务。但据笔者了解，该合资企业其实并没有从中铁集运那里获得充分的集装箱铁路运力保障和运价优势，另外又由于铁路集装箱运输服务的可靠性、时效性不足，使得许多船公司不愿或不能利用铁路集装箱运输服务。因此，尽管上海铁洋在10多年的发展中，经营网络和服务范围有所拓展，但海铁联运的业务仍遇到很多障碍，低于预期的发展目标。

第二种合作模式是订立长期的市场契约。由于商业合约的保密性质，这方面的资料并不充分。但可以观察到的是，虽然中铁集运声称同许多船公司建立了合作关系，但真正落实到实际的商业运作中的或者较大规模合作的并不多见。当时，已知的付诸实践的海铁联运方面的业务合作，是中铁集运同中海集运在国内沿海运输和远洋运输中开展的海铁联运服务。据了解，中海集运从中铁集运那里获得了较为优惠的运价，并就集装箱班列运能和托运量订立了双边协议。应当说，这是一种有益的商业实践，许多船公司也对集装箱运价的优惠表示了关注。但就当时笔者对长三角地区海铁联运的调研结果来看，这种价格优惠对于其他船公司而言，并不易获得。于是，扩充海铁联运业务的关键问题就在于该协议中的价格调整机制是否可以适用更多的市场需要。由于无法了解更为细致的合约内容，只能合理猜测当时这种合作模式仍处于摸索阶段，尚不具备大规模应用的条件。然而，要进一步拓展海铁联运市场，需要更多的船公司参与进来，因为海铁联运的运量受制于船公司的运营网络。事实上，由于当时中海集运自身运营网络的局限，许多必须经由其他船公司运输的外贸集装箱就未能采用海铁联运的方式。

第三种合作模式是签订合作框架协议。这种契约属于关系型契约，旨在同潜在的合作伙伴就将来的商业合作建立沟通对话机制。其真正的商业实践仍有待各方面条件的成熟。比如，中铁集运曾与部分船公司签订关于"集装箱互使"的框架协议，希望将来较好地解决集装箱在港口的掏箱再装箱的重复作业问题。

此外，还有部分海铁联运是由货代企业或物流企业作为中介组织，实现铁路运输企业同船公司之间的间接合作关系。船公司同中铁集运之间的即期合约关系则非常少见。

综上，当时中铁集运在处理与集装箱船运公司之间的业务关系上的主要问题在于，集装箱铁路运输服务水平、组织能力和运价机制总体上仍不适应海铁联运的需要，而这一问题在很大程度上又取决于中铁集运能否改善"线上"各运输主体间的合作关系，提升集装箱铁路运输组织及服务水平，并通过恰当的价格机制适应"线下"运输市场的需要。

③中铁集运与公路集装箱运输企业的关系。中铁集运在大多数大型集装箱办理站，都和当地的集装箱卡车运输企业签订有运输合约，期限通常为一年。这些卡车运输企业负责"门到站"或"站到门"的取送作业，由中铁集运通过招投标的形式选取业务合作对象。不过，中铁集运并不一定负责组织公铁联运链条。这些卡车公司可能隶属于某些货代企业或物流公司，它们中有很多都具备揽货的功能。在这种情况下，中铁集运实际上只是限定了哪些卡车企业可以进出铁路集装箱办理站进行上门作业，而这些卡车运输企业却不一定直接同中铁集运进行交易。据统计，当时中铁集运的集装箱发送总量中，约有50%属于"门到门"运输，这部分运量属于由中铁集运组织的联运服务，其他的运量则是"站到站"的运输。也就是说，中铁集运作为链条组织者的角色还不太明显。

此外，由于中铁集运服务能力和水平的限制，公路集装箱运输企业在中长距离的运输市场中对其形成了一定程度的竞争。而且由于我国公路运输市场长期缺乏有效的管理和规制，公路运输企业的竞争行为还存在许多不公平和不合理之处，比如超载、超限运输等行为。因此，如何进一步提升公铁联运的组织和服务水平，减少不合理的公路集装箱运输，是需要解决的重要问题。

④中铁集运与货代企业及物流公司的关系。货代企业和物流公司是集装箱铁路运输服务营销的重要力量，它们也是中铁集运的重要货主。虽然中铁集运旗下也有中铁国际货代公司，并合资组建了兰太物流公司，但其业务种类和服务网络仍相对有限①，当时主要的集装箱货运承揽业务及潜在市场的开发还需要借助地方性、区域性乃至全国性的货代企业或物流公司②。这些企业在货运营销和客户关系管理上具有专业优势，掌握更为充分的需求信息，有更强的揽货能力，在联运链条上发挥着重要的匹配市场供需的作用，是市场的制造者。

为了借助货代企业和物流公司的揽货能力，中铁集运还将一些集装箱班列的运能进行出租。在这种租约安排中，中铁集运收取固定的租金，而班列承包者则负责承揽货源，并向货主收取协议运费。目前，蓉深班列、京沪班列均采用此种模式。

（3）中铁集运在联运链条上的角色和作用。如前所述，经过几十年的经营管理体制变革，当时的中铁集运作为集装箱铁路运输经营主体的角色更为明确，逐渐发挥其集装箱铁路承运人的作用。但中铁集运同多式联运链条中的其他相关主体间的关系还不够顺畅。这些不协调的关系会制约中铁集运作为承运人的作用的发挥，并最终影响整个链条的效率。

---

① 中铁国际货代运输公司主要负责大陆桥集装箱运输业务，兰太物流的服务重心则集中于西北地区。

② 在调研中，笔者发现，由于存在地方垄断势力等原因，中铁集运相较于地方性的货代企业及物流公司在揽货能力上处于劣势。

综合前述分析，中铁集运同链条上各主体间的关系大致可分为两个部分，即铁路系统内部的"线上关系"和铁路系统以外联运链条之上的"线下关系"（见图7－2）。在铁路系统内部，中铁集运高度依赖各铁路局的实际运输能力，它并不能有效地控制运输过程，从而不能确保运输服务的质量和成本，这就使得中铁集运必须尽可能地向铁道部争取高质量的班列运输资源，并仰仗铁道部对各路局下达的相关集装箱运输指令的力度。而铁道部对各路局的考核体制，又使得铁路局在运输能力相对紧缺的情势下，只能着重于本局自身业务。而铁道部的内部清算体制，不仅使得中铁集运不能掌握收支，也使得各路局并不特别关心集装箱业务的发展。简而言之，在目前铁路系统内部，铁道部、各铁路局和中铁集运尤其是后两者之间还未能形成合理有效的激励约束机制。如果各路局不能在实际运输过程中，确保集装箱运输服务的质量，并控制成本，那么中铁集运作为集装箱铁路承运人的角色就难免有虚设之嫌，其作用也会大打折扣。

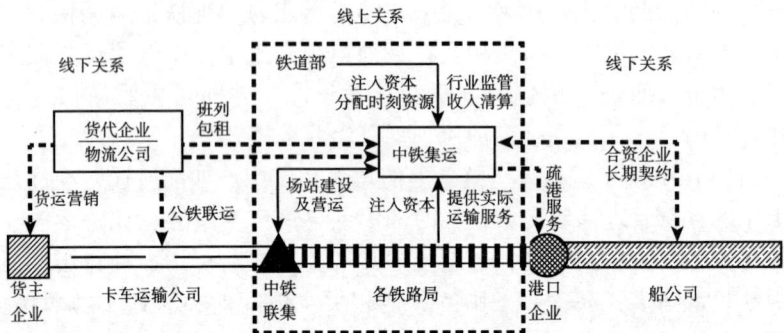

图7－2　货运组织改革前中铁集运同联运链条上各主体间的关系

在铁路系统以外，以中铁集运当时的企业能力，尚不具备链条组织者的角色。原因包括：中铁集运的定价权尚不充分，现行的集装箱铁路运价机制不能灵活适应市场变化；中铁集运的揽货能力和客户关系管理能力较弱，难以掌握终端货源。而由于线上服务能力和水平的制约，又使得其在开发潜在客户、融入联运链条方面举步维艰。

也就是说，中铁集运一方面既不能控制铁路线上和站内的运输流程与成本，也没有能力控制市场上的箱源，并向链条两端延伸，处于相对尴尬的局面。其根源在于铁路系统内部各相关主体间未能形成良性互动，这势必造成巨额的交易费用，严重影响多式联运链条的效率。因此，中铁集运在进行恰当的角色定位的过程中，必须尽可能地理顺铁路系统内部各主体间的关系，尽可能获取与其角色相匹配的关键资源和核心能力。

（三） 优化铁路集装箱经济组织的思考

1. 进一步明确中铁集运的市场主体地位

铁路集装箱运输的发展需要培育富有竞争和发展潜力的铁路集装箱运输企业，构建适应市场经济的经营主体。中铁集运的组建及其企业化运作是适应铁路集装箱运输市场发展的客观要求，需要继续深化集装箱运输经营管理体制的改革，进一步明确中铁集运的市场主体地位。

这些改革内容主要包括产权制度、清算体制和运价机制。其中，产权制度的改革方向是进一步明晰中铁集运的产权关系，增强其对自身资产和运输生产过程的自主控制权。清算体制改革的方向是要使中铁集运有独立获取市场收入的能力，并对企业经营的现金流进行披露，增强企业对自身盈利能力的控制。在运价机制改革方面，国家发改委应适当放松对铁路集装箱运价的管制，使集装箱铁路运输经营主体有较高的自主定价权，以灵活应对市场需求。铁路部门则应进一步理顺各种货运类别的比价关系，并简化集装箱运费的项目。

2. 创新铁路集装箱多式联运链条的组织模式

铁路集装箱运输要取得长足发展，不能仅仅将集装箱运输作为自身系统的一个普通业务，而是要以为社会提供完整运输产品为目标，将自身看作是整个多式联运链条上的一个重要环节，致力于提升专业化水平和同其他运输方式的协作，把提供完整运输产品作为铁路集装箱运输企业发展的出发点与归宿点。

集装箱铁路运输经营主体应充分利用铁路网络优势，挖掘中长距离运输市场，提升货运承揽能力，为市场提供更为完整的运输产品。在扩展业务范围的过程中，不断创新组织模式，通过并购、合资、签订长期契约、组成战略联盟等形式有效扩展运输组织的横向和纵向边界，扩大运输经营的时空范围。

二、铁路货运组织改革的背景及主要内容

（一）铁路货运组织改革的背景

2013 年 6 月 15 日，刚刚成立不久的中国铁路总公司（以下简称中铁总）以"全面改善铁路货运服务"为目的在全路开展铁路货运组织改革。就笔者的观察而言，其背景及原因至少有以下三个方面。

1. "政企分开"为进一步推进铁路市场化改革奠定新的基础

2013 年 3 月，新一轮的国务院机构改革对铁路行业实施了"政企分开"：撤销铁道部，将原铁道部拟定铁路发展规划和政策的行政职责划入交通运输部；组建国家铁路局，由交通运输部管理，承担原铁道部的其他行政职责；组建中国铁路总公司，承担原铁道部的企业职责。可以说，铁路行业的"政企分开"是我国深化市场经济体制改革的重要组成，是推进铁路市场化改革的重大举措和后续改革的重要基础，为铁路货运组织改革提供了基本的体制保障。

2. 货运市场供需结构的重要变化促使铁路加快改善货运服务

从货运市场的总体供需结构来看，铁路货运周转量的份额呈较大萎缩态势。以铁路、公路、水运（含远洋）、民航四种运输方式统计来看，自 1980～2012 年，铁路货运周转量的占比由 47.5%下

降至 16.9%。以铁路、公路、水运（不含远洋）、民航、管道五种运输方式统计来看，自 2008～2013 年，铁路货运周转量的占比由 32.4% 下降至 24.4%。铁路货运的优势运距也由过去 800 公里退守至 1000 公里，大量长运距货源被公路瓜分。尽管铁路货运市场份额的变化有诸多外部因素，但在很大程度上也反映出铁路自身发展的相对滞后尚不能满足综合交通运输发展的总体要求。从货运市场的需求结构来看，伴随我国产业结构调整和转型升级，煤炭、矿石等适合铁路长距离大运能优势的大宗原材料货类在长期趋势下将逐步缩减，而对便捷性、时效性要求较高的高附加值工业制成品、日用消费品等货类则将稳步提升。而从铁路货运市场的供给方面来看，伴随"十一五"以来，铁路网特别是客运专线的大规模建设使得长期以来铁路运能紧缺的局面得到缓解，铁路货运能力得到较大程度的释放，而铁路货运能力的利用率则相对下降，亟待高效开发和利用。上述这些变化特别是铁路供需力量的转变要求铁路要加快改善货运服务，适应市场需求，进而扭转不利局面。

3. 宏观经济"新常态"下的发展压力凸显了改革的紧迫性

2008 年以来，在一系列旨在应对全球金融危机的刺激政策实施的同时，我国经济发展的深层次矛盾特别是"产能过剩"的问题也进一步凸显。而铁路网建设在这一时期获得快速发展的同时，也逐步累积了近 3 万亿元的债务。近年来，受宏观经济形势等多方面因素影响，铁路货运业务规模出现下降苗头。2012 年，全国铁路货运量和货运周转量分别同比下降 0.7% 和 0.9%，是近 15 年来的首次下降，其中，国铁货运量和货运周转量分别同比下降 1.8% 和 1.5%。实际上，当前及今后一个时期，为应对宏观经济形势，国家将进一步加大市场体制改革力度，调整完善经济发展战略，加强治理产能过剩和产业结构转型升级，由此宏观经济开始进入"增速换挡"时期。可以说，宏观经济中低速增长的"新常态"和铁路自身路网建设、债务增加、货运萎缩等，进一步凸显了"以改革促发展"，增强铁路企业自生能力的紧迫性。

（二）铁路货运组织改革的主要内容

1. 总体情况

2013 年的铁路货运组织改革围绕"稳黑增白，规范收费"的发展目标，在受理方式、运输组织、运输价格和全程服务四大方面进行了改革（见图 7－3）。

具体来讲，在货运受理方面，各铁路局全面完善了包括 12306 网站、12306 客服电话、货运站受理电话、货运营业场所以及铁路营销人员上门服务五大受理渠道，对于大宗稳定货物，通过协议运输方式给予运力保障，对其他零散货物则敞开受理，随到随办。

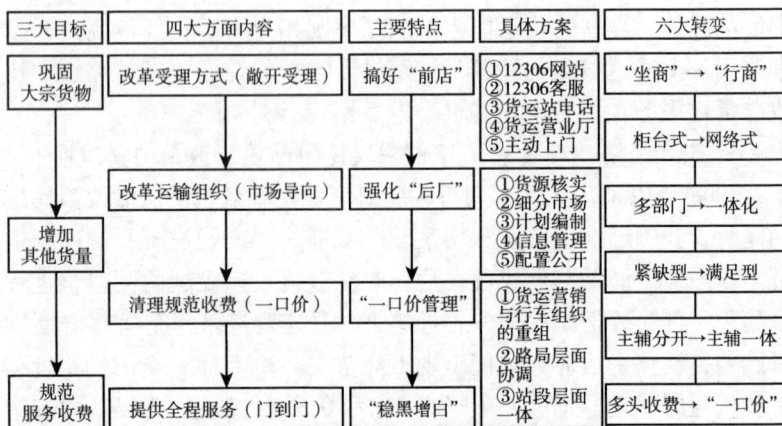

三大目标	四大方面内容	主要特点	具体方案	六大转变
巩固大宗货物	改革受理方式（敞开受理）	搞好"前店"	①12306网站 ②12306客服 ③货运站电话 ④货运营业厅 ⑤主动上门	"坐商"→"行商"
				柜台式→网络式
增加其他货量	改革运输组织（市场导向）	强化"后厂"	①货源核实 ②细分市场 ③计划编制 ④信息管理 ⑤配置公开	多部门→一体化
				紧缺型→满足型
	清理规范收费（一口价）	"一口价管理"	①货运营销与行车组织的重组 ②路局层面协调 ③站段层面一体	主辅分开→主辅一体
规范服务收费	提供全程服务（门到门）	"稳黑增白"		多头收费→"一口价"

图 7－3　铁路货运组织改革的主要内容及特点

在运输组织方面，全面实行"实货制"运输，一是搞好"实货"的货源核实工作，二是按"实货"运输组织方式细分货运市场，三是改革运输计划的编制与下达，四是加强运输计划管理信息化工作，五是实现运力配置公正公开。

在生产经营的组织架构方面，围绕货运营销与行车组织的关系，中铁总将过去负责货运营销、受理、接取送达、承运交付与装卸以及在两端进行的仓储、包装、加工等物流服务的货运调度、货运中心及经营部等部门化为"前店"；将负责行车、运转业务，包括车务、机务、工务、电务、车辆和调度等专业的行车调度与车站调度、车务站段等部门作为"后厂"。在路局层面，专门成立了货运营销中心，作为"前店"，同作为"后厂"的调度、站段属平级单位；在站段层面，则成立货运营销分中心，负责分管物流、货运、装卸等与"前店"相关的人员、资产和业务，站段上的其他生产相关部分则作为"后厂"，"前店后厂"的业务则均划归车务站段统一管理（见图7-4）。

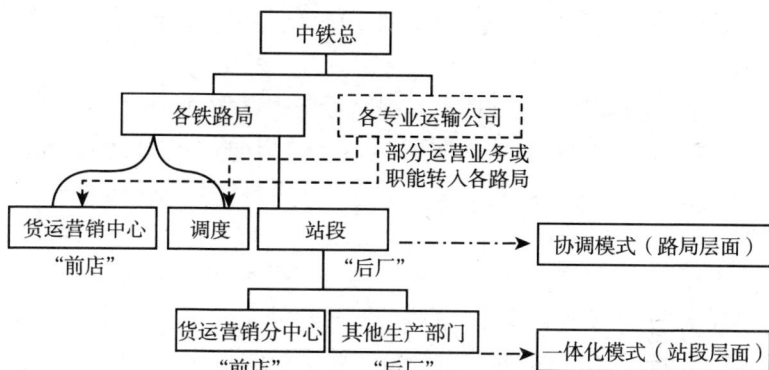

图7-4　铁路货运生产经营组织架构

2. 推进集装箱铁水联运发展的若干举措

2014年，伴随货运组织改革的推进，中铁总在集装箱运输领域推出了一系列改善措施：一是根据市场需求扩大办理站范围，新增集装箱办理站129个；二是简化铁路箱出境下水流程，促进铁路箱出境下水运量快速增长；三是优化入箱货物品类，对原箱水转铁的全部敞开运输；四是组织清理车站的用箱和进站车队资质管理，简化铁路箱使用手续；五是全面实现网上订箱，彻底解决了"客户线下订箱、车站人工分箱"的局面，实现了公平、公正和公开。

2015 年，中铁总就推动铁水联运工作向各铁路局发出了若干通知，主要包括《关于大力发展集装箱铁水联运的通知》《关于大力发展自备箱运输提高集装箱铁路运量的通知》《关于大力组织货物入箱促进集装箱增量增收的通知》与《关于全面推进集装箱敞开受理与直接受理的通知》。从各项通知的主体内容来看，铁总在推进铁水联运工作中将要实施的新的举措包括下述的几个方面。

（1）大力挖掘适箱货货源。各铁路局积极建立港口到发适箱货源调查机制，吸引疏港集装箱经铁路运输，做"散改集"的货物引流入箱工作。组织在商贸中心、工业园区、物流园区等建立"无轨站"。

（2）规范集装箱运输收费，提高运费的竞争力。明确了铁路集装箱运输的"一口价"收费政策，由发站使用货票向托运人一次收取。除规定的运输费用外，发、到站不得再收取其他任何费用。在明确收费标准的前提下，一些费用还进行了下调。比如，铁路到达的空重箱和汽运到达的空箱均可以免费堆存 50 日，超过 50 日收费不得高于按 20 英尺箱 2 元/箱日，40 英尺箱 4 元/箱日核收仓储费。这项措施的贯彻落实将极大地降低先前实施的集装箱运价中占比高达 27% 的杂费。又如，统一了集装箱进出车站短途汽运费率标准，起码里程 10 公里的费率：20 英尺箱 300 元/箱，40 英尺箱 450 元/箱；超过起码里程后每公里费率：20 英尺箱 20 元/箱公里，40 英尺箱 30 元/箱公里。以送货距离 30 公里的 40 英尺集装箱送箱送达收费为例，通知发布后的费用较以前下浮达 9%。

此外，通知还提出借鉴前期整车货物"一口价新管内、新直通"经验，对新增集装箱货源，可按照紧贴公路的市场定价方式确定竞争性集装箱一口价，实施项目管理制。如果这条政策可以落实，就会对铁路局管辖内的中短途铁水联运项目和新开通的跨局直通铁水联运项目争取到具有竞争性的价格，这对铁水联运的促进作用很大。

（3）完善集装箱信息系统，开放信息共享。通知指出，各铁路局要抓紧完善本局的集装箱信息系统，大力推进与港口、船公司、大型企业等单位的信息交换，共享集装箱舱单、进出门、装箱单、装卸报告、订舱及确认、船舱挂靠、完船报告、运抵报告等信息，总公司将为各铁路局对外信息交换提供全路运输数据支持。

（4）大力改善铁路基础设施水平。通知中提出，各铁路局要加强与地方政府沟通联系，积极参与港口规划建设，完善铁水联运设施设备，推进港铁无缝衔接；同时，敞开受理集装箱办理站申请，凡有货源支持，设施设备符合条件的，均应支持开办集装箱业务，扩大集装箱办理站数量，对于新建货场要按规定增加集装箱作业区，对既有货场进行更新改造，使之具备集装箱运输功能，加快推进装卸机械专业化、硬化场地等设施设备更新改造，纳入"短平快"项目进行重点支持，提高集装箱办理能力。

（5）优化铁路集装箱运输组织。加强与港口集团对接，建立日常协调机制和定期例会制度，有条件地实行运输部门和港口生产部门合署办公；各路局要加强与地方政府口岸管理部门沟通，在集装箱办理站引入海关、国检功能，接入港口、船公司的集装箱信息系统，大力发展无水港，推进港口功能前移，为客户提供便利的货运和关检服务；同时，清理集装箱运输各类规章制度，凡是阻碍集装箱运输发展、限制敞开受理和直接受理的规定，一律废止；针对港口80%的集装箱货源运距在400公里以内的实际情况，增加铁水联运班列特别是管内铁水联运班列开行数量，以优惠价格、稳定运力与公路竞争。

（6）关于大力发展自备箱运输和铁路箱下水业务。此次系列通知中，对自备箱的堆存、装卸以及运输均给出了一系列的优惠政策，比如，自备箱回送空箱运费由原来按重箱运费的40%计费降为

10%，交付后的空自备箱免费堆存最长达 50 日，这对降低由于掏箱、换箱以及自备箱的空箱运输费用大有益处；通知中还要求大力发展铁路箱下水业务，特别是要扩大远洋运输业务，提高铁路箱进出口业务量，简化铁路箱出境、下水手续，对诚信客户可减少或免收租金，最大限度地方便客户还箱。

三、货运组织改革后铁路集装箱多式联运的主要变化

（一） 业务及运营机构重组

2013 年 6 月，根据铁路货运组织改革的相关要求，中铁集运的集装箱运输经营职能划转到各个路局，主营业务只保留了集装箱及篷布的租赁业务。与此相对应的，上述 5 个直属办理站及所有专用平车也一并划归给各路局，只保留集装箱和篷布。由此，中铁集运从国内唯一一家集装箱铁路"承运商"重又退回至"租箱业者"，不再取得运输收入，而主要只收取集装箱及篷布的租赁费。而且需要注意的是，中铁集运也不再负责集装箱的调运，因此实际上仅仅是"保管员"和"修箱人"。此外，考虑到国际集装箱运输业务的相对独立性以及中铁集运的既有优势，中铁集运继续保留对"中欧班列"的开发与运营。由于上述经营组织变动，中铁集运的利润考核指标大幅缩水，由 2013 年的 28 亿元缩减至 2014 年的 3 亿元，降幅近 90%。

如前所述，本次货运组织改革中，中铁总在全路实行了"前店""后厂"的新型管理模式。以广铁集团的集装箱运输业务组织为例，"前店"指的是长沙、怀化、广州、佛山、海口、惠州这 6 个货运中心及平南公司，主要负责广铁集团管辖内所有集装箱业务的收货、货运调度等业务管理工作；"后厂"指的是广铁集团管辖内的 47 座集装箱运输办理站（见表 7 - 1）。

表 7-1　　　　　　广铁经营集装箱业务货运中心及属站

前店	后厂
长沙货运中心	岳阳北、霞凝、株洲北、冷水江东、邵阳北、德山、益阳东、衡阳、东阳渡、槐树下、三塘、永州东
怀化货运中心	怀化南、澧县
广州货运中心	黄埔、下元、石龙、常平、平湖、平湖南、笋岗、大朗、江门南、珠海西、韶关东、英德、源潭、棠溪
佛山货运中心	三眼桥、佛山东、小塘西、三水西、肇庆、云浮、阳春、茂名东、罗定
惠州货运中心	惠州、河源、梅州、潮州、潮安、汕头北
海口货运中心	湛江西、海口南
平南公司	西丽、蛇口

此外，值得注意的是，由于货改后，中铁集运的集装箱运输经营职能划转到各个路局，主营业务只保留了集装箱及篷布的租赁业务，因此，集装箱铁水联运的组织经营也发生了变化（见表 7-2）。

表 7-2　　　　　货改前后铁路部门铁水联运组织情况

主要环节 ＼ 阶段	铁路货运组织改革前	铁路货运组织改革后
业务管理	货运处	货运中心
调车审批	路局调度	货运调度
协调人	中铁集	暂无协调人
编组执行	集装箱办理站	集装箱办理站
调度发车	车务段	车务段
到站装卸	到站自提	自提、专用线、门到门供选

铁路货运组织改革前办理集装箱运输业务繁杂，托运人需要先填写订单，然后由上报订单、审批订单、审核日请车计划，最后填写货物订单，过程非常繁杂。在订单受理之后，由场站进行装箱、收费。而铁路货运组织改革后，托运人只需要填写一份订单，经由路局审批之后受理服务，路局可以给货主配空车、办理物流服务、送箱上门、装卸搬运集装箱，然后由货运站进行装箱，托运人缴纳费用，铁路方面完成运输。

（二） 货运组织改革对铁路集装箱多式联运的若干影响

1. 集装箱运量有所下降

根据中铁集运提供的 2014 年上半年集装箱运量数据及《人民铁道》报相关消息，预计 2014 年全年集装箱运量约为 431.3 万 TEU，较去年下降 2.2%。其中一个主要原因在于，"货改"实行了"实货制"运输及按"实际重量或体积计费"，使得许多适箱货物的运价较集装箱而言为低，进而转向整车或零散快运业务。

2. 集装箱中心站建设受到一定影响

由于中铁集运丧失了集装箱铁路运输经营权，改由各个路局负责运营，在运输组织过程中，特别是在非班列运输情况下，各路局有可能会倾向于运用路局自己的场站设施开展经营，这在一定程度上会影响集装箱中心站的运营。换句话说，运营权的丧失可能在一定程度上会制约集装箱中心站所有权者效益的实现程度，进而影响中铁联集对新一批集装箱中心站的投资力度和建设进度。此外，当前集装箱铁路运输总体形势并不被看好，加上铁路投资和偿债压力也较大，这些因素也对集装箱中心站的投资建设产生了一定负面影响。

3. 一体化运输服务效率有所降低

同样是由于中铁集运运营权的丧失，使得客户在实际运输过程中，从过去的只同中铁集运一家企业进行接洽转变为可能要与多家铁路局进行交涉，这显然增加了客户的交易费用，也可能进一步降低整个一体化运输链条的效率。而且，由于中铁集运也不再负责集装箱这一载运装备的调运，各路局更可能倾向于在本局管内运转，而且跨局的交接转运很可能更为麻烦，因此不仅会降低集装箱的使用效率，也会降低全程运输的效率。比如，尽管中铁总已鼓励集装箱"水转铁"的运输，但目前的实施情况仍不乐观，特别是许多船公司表示仍然担心集装箱内陆段运输效率和服务水平较差，影响集装箱运输的整体效率。

四、当前铁路货运组织改革的主要问题

（一）国铁在货运营销中的定位仍不够清晰合理

对具备规模经济特性的铁路运输方式而言，要充分发挥自身优势满足多样化、分散化、不确定性强的市场需求，在运输组织过程中就不可避免地需要"从分散到集中"的集结过程。形象地讲，铁路运输企业是一个"运力批发商"，而各种直接面对分散客户特别是"小批量"货主的营销部门或货代企业是"运力零售商"。在通常的市场营销中，"零售商"作为市场交易的中间层组织，承担着集中交易量和分担市场风险等主要功能，具有节约交易费用的重要作用，因此可以获取包括代理费用、价差收入等收益。

而目前的货运组织改革主要出于"规范收费"和强化"自身营销"的考虑，出台了诸如"取消立户""将多经企业并入货运中心"等举措，尽管在一方面减少了一些收费环节、增强了运费的透明度、压缩了大量个体灰色收入的空间，并且在一定程度上增强了自身营销的能力，但也使得铁路运输企业自身兼具了"批发商"和"零售商"的身份，降低了"批发价"和"零售价"的差异性，在相当程度上弱化了大量中间层组织"零售商""集零为整"、节约交易费用的功能。尽管从铁路自身来看，无论过去和现在，"批零价是否缩小甚至变得更为一致"对单个货运产品而言在运输收入层

面上没有太大意义，但从整个货运市场来看，则可能会对营销总规模产生不利的影响。

当然，此次货运改革也强调了稳定传统大宗货物，并指明了以"协议运价"方式加以应对。但上述举措的实施，在实际上极可能失去众多有利于形成大宗货物的抓手，并且事实上已经挫伤了过去一些"大客户"的积极性和实际利益，比如一些由路外物流企业承租的班列运输量开始大幅下降。

考虑到至少在短期内，铁路自身营销能力与社会化的货运营销企业以及新的物流服务模式还存在相当大的差距，况且目前中铁总针对内部货运营销部门及个人的资源整合与激励约束机制以及基于"12306"网站的信息化平台都还极不完善，会对铁路自身营销能力产生制约，上述举措多少还是存在"矫枉过正"。

笔者并不反对国铁积极开展货运营销，毕竟从"坐商"向"行商"转变是值得赞赏的顺势之举，但在营销渠道及定位策略上，从"批发商"转为"零售商"则值得商榷，因为在一个已经逐步呈现"买方市场"和"社会化专业化分工"等特点的大环境大趋势下，这种营销策略是不利于铁路货运营销持续健康发展的。

（二）内部资源整合仍有待优化

货运组织改革在内部资源整合过程中还存在一些遗留问题未能妥善解决。比如，中铁集装箱运输公司作为集装箱承运人的职能已并入各路局，但其下属的众多分支机构中的营销力量尚未得到优化整合。此外，由于中铁集运重又"退化"为"租箱业者"，而且是不包括"集装箱调运管理权"（或者说资产管理职能）的仅靠取得"集装箱、篷布等租占用费"清算收入的"管箱人"，这在一定程度上会降低"集装箱"这一载运工具的运营效率，甚至会对集装箱运输业务产生负面影响。又如，尽管铁路货场经过又一轮"短平快"的改造，其总体作业能力得到部分缓解，但由于布局衔接和经营机制仍不尽合理，总体来看，场站的集货能力和分拨能力仍有局限，"产能过剩"和"拥挤过度"的情况也同时存在，场站资源没有得到有效的整合。再如，"敞开受理"后，许多场站的承运、装卸、接取、送达等作业压力增加，各个环节仍不能合理衔接，全程可视化的信息服务未能跟进，大大降低了货运产品的速度优势和价格优势。

（三）　激励约束机制有待完善

首先，各路局仍缺乏经营自主权，"统收、统支、统分"的清算体制还未得到深入改革，各路局作为中铁总的"成本中心"的角色远远大于"利润中心"的角色，市场主体的活力难以充分激发。当然，这和各路局对路网分割的现状也有重要关系，在很大程度上取决于铁路运输企业边界的合理界定，问题的实质是企业组织改革。事实上，在如此庞大的路网中，实施"统一调度指挥"在经济效益上已经出现了"规模不经济"，要真正激发国铁系统的市场活力，必须对企业组织进行更加深入的改革。其次，在货运营销的激励约束机制方面，对地区差异性的考虑仍不够充分，考核办法不够精准，监督约束也有待完善。比如，各路局为增强"揽货"积极性，向基层站段普遍下达了与发货量相挂钩的各种考核指标，但一些经济欠发达城市的货运站营销压力过大，职工收入受到影响，而其他一些站段则不同程度地出现"人造指标"的情形。

（四）　运价机制仍不够灵活精细

尽管铁路货运定价机制正在逐步从"政府定价"向"政府指导价"转变，并且采用了一定的下浮政策，各路局管辖内下浮可达50%，但运价下浮的审批过程特别是涉及跨局货物的定价机制仍较为烦琐，不能灵活应对市场变化。此外，尽管"一口价"的实施在取消不合理收费方面的成果显著，但"门到门"全程服务中涉及"线下"两端取送、仓储等环节服务的定价却缺少了"随行就市"的灵活性，这些"线下"服务的提供商不得不承担成本波动的风险，极大挫伤其与铁路合作的积极性。事实上，这也反映出本次货运组织改革的政策精细化程度仍不充分，这也是制约全程服务发展的一个重要因素。

（五） 一体化运输服务的运行规则不够协调

除了上述运价机制与全程服务间的矛盾外，铁路在承运、结算、保险、理赔等方面的运行规则仍不能满足一体化运输服务的要求。比如，尽管中铁总放宽了危险品运输管理规则，但较运输行业通用规则仍为严格，出于安全运输的压力，一些适合于铁路运输的二类或三类危化品仍只能大量采用公路运输；铁路对适箱货物的诸多规定也限制了海铁联运的换装；而铁路在结算方式、保险及理赔方面的规则与国际规则尚未接轨，加上铁路自身时效性较差的因素，船公司也尽力规避在涉及铁路运输的国际货运中使用多式联运提单。这些问题在很大程度上制约了一体化运输服务的效率。

五、改善我国铁路集装箱多式联运经济组织的建议

提升我国集装箱多式联运效率的关键问题之一，在于提升铁路集装箱运输服务的能力和水平，并通过改善铁路集装箱运输企业同其他相关主体间的经济关系，使铁路运输方式适应集装箱多式联运的要求，较好地融入多式联运链条，实现与其他运输方式间的有效衔接和协作。本书认为，就目前我国铁路集装箱多式联运所面临的经济组织问题而言，需要从以下几个方面加以改善。

1. 明确并强化"批发商"的战略定位，健全货运营销机制，充分利用社会资源，发展渠道代理模式

尽管当前铁路货运能力的释放为"白货"这种"增量货源"的产品化开发创造了有利条件，但此类货源毕竟具有品类丰富、流向分散、批次频繁、批量不大、时效性强、运费结算周期长等特点，单纯依靠铁路自身实施承揽，在"可行性"和"必要性"层

面都不尽合理。事实上，包括货代企业在内的大量中间层组织的价值就在于满足和创造需求，它们是"做市商"，是市场机制中间接交易效率高于直接交易效率时的必然产物。而且，此次货运组织改革实施的"敞开受理"等系列举措已然大幅压缩了过去利用"运能紧缺"所创造的寻租空间。因此，中铁总应持续增强并充分发挥其规模经济优势，明确并强化作为"批发商"的战略定位，在进一步做强传统大宗货物的"存量货源"基础上，充分利用社会上大量专业化的货运代理企业、物流企业等中间层组织，针对"增量货源"发展渠道代理营销模式。中铁总需要认真审视不同类型中间层组织的价值，根据其价值差异性，通过适度灵活调整铁路运价等系列措施，优化渠道资源的投放，切实提升铁路产品的促销效能。

当然，目前中铁总所实施的建立在"前店资源整合"基础上的"全员营销"和基于"12306网站"的平台营销策略仍可同步开展。原因有三：其一，"全员营销"有助于转变基层组织和员工的传统经营理念，提高劳动效率，遏制计划思维的惯性；其二，庞大的职工群体需要逐步有序精简，"调整人员结构、充实内部营销队伍"有利于稳定大局；其三，"线上营销"代表未来商务发展趋势，值得尝试。但是，需要强调的是，不能因此而放弃渠道代理模式，而且必须要有所侧重。此外，当前各路局出台的一系列货运营销激励考核机制，事实上也反映出"批发"与"零售"间的价值空间，因此也有理由相信通过运价机制的优化助力发展渠道代理具有可行性，而且通过"市场竞争"形成的外部约束比"科层组织"的内部监管可能更为有效。

2. 适度应对多样化运输需求，加快产品试水和市场定位，优化运输组织流程，有序推进货运服务产品化

尽管中铁总已开发出多种货运产品，其中一些也逐步呈现出品牌效应，但值得注意的是，货运市场需求千变万化，"敞开受理"和货运产品的推广需要量力适度，货运营销部门不能仅仅考虑增加货量，还应从产品设计的角度提供全面深入的货运需求信息。货运产品应有明确合理的市场定位，不能"眉毛胡子一把抓"，更不宜"赔本赚吆喝"，否则可能会由于"后厂"运输承载压力过重或成本过高而影响整体效果。因此，铁路运输企业必须深入把握市场规律，充分利用富余能力开展产品试验，不断优化运输组织流程，待形成运输链条良性运转的条件下再适度推广。

进一步讲，在推进货运服务产品化的过程中，要从前期的市场调查以及试验产品的营销中，深入把握货运需求特点，进而从一体化运输链条乃至整个供应链的视角来实施设计，充分考虑产品需求特点和运输组织特点的匹配程度，整合内外部资源，挖掘铁路货运中心、节点资源服务功能和潜力，加强供应链管理技术、互联网及信息技术、库存管理及网络优化技术、产品设计与管理技术等跨产业技能与技术的应用，优化车、机、工、电、辆的生产组织流程和其他增值服务流程，完善作业标准和考核机制，增强低成本、高效率、可视化、网络化、柔性化、精细化的运营管理水平。

3. 围绕一体化运输链条要求，衔接协调运行规则，协同线下物流资源，健全铁路物流网络，提升服务效率品质

长期以来，铁路运输是我国综合交通运输体系和一体化运输服务链条中的薄弱环节，是制约我国物流行业效率的"瓶颈"之一。铁路货运要适应一体化运输链条的要求，由传统货运服务向全程物流服务转变，就意味着货运组织改革要从提升一体化运输服务乃至整个供应链效率的视角来实施组织重构。这种组织重构不仅包括生产组织流程的重组优化，也包括交易组织、商业模式的变革。这就需要铁路将自身的生产作业标准、业务运行规则同链条上的其他运输方式及经济主体进行衔接匹配。当然，必须承认这是一个复杂的系统工程，并非单靠铁路自身可以完全实现，但仍须强调的是，铁路需要主动改造自身以融入链条。因此，下一阶段的铁路货运组织改革，有必要在承运、安检等运输作业标准和结算、保险、理赔等商业运作规则方面，加强同其他运输方式及经济主体间的沟通协调，尽快制定并出台统一的规则，为真正实现一体化运输提供基本的体制保障。

从当前我国铁路行业发展现状来看，铁路运输企业显然还不具备依靠自身实力整合全程运输服务资源成为"货运集成商"的实力。中铁总需要对铁路运输和其他运输方式的比较优势有更加深刻的认识，精准把握自身在物流市场中的战略定位，首先是要大幅提升能够适应一体化运输需求的铁路运输服务质量，增强"线上"的保障能力和经济效率，其次才是通过加强同其他"线下"资源的协同整合，向两端延伸服务链条，而非"大包大揽、全盘通吃"。在协同整合线下资源过程中，处于接合部的各种节点设施是需要着重整合的资源，中铁总可以考虑依照供应链发展的市场规律，对现有货运场站进行分级排序发展，并与社会物流节点有效衔接，甚至出台鼓励合营合作的开放性政策细则和操作标准，引入社会资本，按照市场化规则和现代公司治理模式经营铁路场站，盘活存量资产，健全干线和区域铁路物流网络，增强集货效应和一体化运输效率。

4. 适时稳步推进企业组织边界重构，健全市场经营主体，完善经营管理体制，增强行业市场活力

如前所述，铁路货运组织改革是适应市场化体制改革和转变铁路发展方式的关键环节和重要切入点，有助于构建铁路市场化改革的微观基础。伴随货运组织改革的深入，各种市场要素将充分涌动，客观上会要求在铁路行业内部建立更加科学合理的企业治理结构，也会进一步要求增强行业内部企业之间的竞争效率。因此，在今后的货运组织改革中，中铁总有必要对包括清算体制、经营考核机制等在内的经营管理体制进行深入研究和完善，健全现代企业治理结构，优化资产经营边界，增强路局企业的经营自主权。国家发展改革委、交通运输部及国家铁路局等行业管理部门则有必要在此过程中，探讨适时推进铁路行业重组的可能性和实施方案，交由中央审议施行，进而逐步健全铁路行业内部的市场经营主体，增强铁路行业内部的市场竞争活力。

六、本章小结

铁路运输行业是我国集装箱多式联运链条中的薄弱环节，其原因不仅涉及设施设备层面等硬件问题，更重要的还包括企业组织和行业管理体制层面的制约。为了充分发挥铁路运输方式在多式联运链条中的作用，并进而提升整个链条的效率，需要改善铁路运输企业同联运链条上各相关主体间的经济关系，并破除制约经济组织效率的体制障碍。货运组织改革以前，中铁集运作为中国唯一的铁路集装箱运输承运人，其市场主体地位不够明确和独立，其同铁道部、各铁路局以及其他相关经济主体间的关系不够顺畅，这使得它既没有能力控制铁路线上和站内的运输流程与成本，进而提升铁路集装箱运输服务能力，也没有能力控制市场上的箱源，并向链条两端延伸以提供增值服务，从而严重影响了整个联运链条的效率。货运组织改革以后，国内集装箱铁路运输的经营权又收归各个铁路局，这在一定程度上反而降低了经济组织的效率。未来深入推动我国铁路集装箱多式联运发展，仍需要破除行业管理体制障碍，按照一体化运输发展的要求深化经济组织的变革。

| 第八章 |
我国国际集装箱铁路联运的经济组织

一、我国国际集装箱铁路联运的发展历程及总体现状

（一） 我国国际集装箱铁路联运发展的基本背景及历程

中欧班列是依托欧亚大陆桥①铁路运输骨干通道，以集装箱"五定班列"② 形式组织开展中欧及沿线国家间贸易运输的一种货运产品或物流服务，属于国际集装箱铁路联运范畴③。从较为正式的班列运输服务形式的角度来看，目前业界普遍认同"中欧班列"起始于 2011 年 3 月重庆开行的"渝新欧"。事实上，在此之前的很长一段时间内，我国国际货物联运集装箱运输和国际集装箱过境运输通达的境外国家主要是俄罗斯、哈萨克斯坦、蒙古、朝鲜、越南等周边国家，比较少有直达欧洲的集装箱班列运输服务。自 2006

---

① 主要包括通过俄罗斯的西伯利亚大陆桥和通过我国的新亚欧大陆桥。

② "五定"指定点（装车地点）、定线（固定运行线）、定车次、定时（固定到发时间）、定价（运输价格）。

③ 目前，我国国际集装箱铁路运输主要包括三方面内容：（1）海铁联运，主要承接通过港口的海运进出口货物内地转运；（2）国际铁路货物联运集装箱运输，主要是通过国际铁路联运与周边国家的各国铁路集装箱和自备箱的运输；（3）国际集装箱过境运输，主要是在我国东部港口上岸，通过我国铁路过境到相邻国家的过境货物及反向货物运输。

年11月20日，中、德、俄三国铁路领导人在北京共同签署《中华人民共和国铁道部、德国铁路股份公司和俄罗斯铁路股份公司关于加强欧亚铁路运输合作的谅解备忘录》，并成立协调委员会和共同工作组，这以后，亚欧、中欧间的集装箱铁路运输开始较快发展。

1. "渝新欧"开行之前的中欧集装箱铁路运输基本情况

在"渝新欧"开行之前，我国开行和试验开行的亚欧铁路集装箱列车主要有3个（见表8-1）。

其一，是"呼和浩特—德国法兰克福集装箱列车"。该列车自呼和浩特出发，经二连浩特口岸出境，途经蒙古、俄罗斯、白俄罗斯和波兰，到达德国法兰克福，全程9814公里，运行15天。该列车自2005年3月1日第一列试开至2006年2月停开期间，共试开9列，运送集装箱586TEU。

其二，是"深圳—捷克美尼克富士康国际联运专列"。该列车自深圳出发，先后采用了从满洲里、二连浩特、阿拉山口出境的三种不同路径，最终到达捷克美尼克，运输里程分别是12912公里、12052公里、12755公里，运输时间从16天至27天不等。自2007年5月至2008年7月，共开行6趟列车。

其三，是"北京—德国汉堡集装箱示范列车"。该示范班列于2008年1月9日，自北京出发，经二连浩特出境，途径蒙古、俄罗斯、白俄罗斯、波兰，于22日北京时间16点抵达德国汉堡，全程运行9902公里，用时12天21小时15分。

表8-1　2011年以前我国主要亚欧集装箱铁路运输列车开行情况

列车名称	出境口岸	全程距离	运行时间	开行数量	备注
呼和浩特—德国法兰克福集装箱列车	二连浩特	9814公里	15天	9	试验开行，存续1年左右
深圳—捷克美尼克富士康国际联运专列	满洲里、二连浩特、阿拉山口	12000~13000公里	16~27天	6	企业全程承运，存续1年左右

续表

列车名称	出境口岸	全程距离	运行时间	开行数量	备注
北京—德国汉堡集装箱示范列车	二连浩特	9902 公里	13 天	1	政府主导示范班列，开行 1 次

2. "渝新欧"开行背景及此后中欧集装箱班列运输基本情况

2008 年 12 月，时任国务院总理的温家宝赴重庆调研时指出，要建设重庆国家贸易大通道。2009 年 1 月，国务院出台了《关于推进重庆市统筹城乡改革和发展的若干意见》，支持把重庆建设成为长江上游地区综合交通枢纽和国际贸易大通道，成为内陆出口商品加工基地和扩大对外开放的先行区。从 2009 年开始，惠普、宏碁、华硕等"笔记本电脑出口制造基地"先后落户重庆，其后富士康等 6 家台湾代工企业及 300 多家零部件企业也落户重庆，使得重庆逐渐形成了"3 + 6 + 300"的笔记本电脑产业集群，笔记本电脑的年销售量不断增加。这些产品主要销往国外，其中一半左右销往欧洲地区。大规模的销量需要一个畅通的、成本较低的物流通道。

在国家政策支持和企业发展诉求下，2010 年 8 月，重庆市正式向海关总署、铁道部提出开行重庆至欧洲铁路大通道五定班列的请求。当年 8 月 30 日，由德铁牵头，在德国柏林召开了欧亚铁路会议，重庆首次建立了与辛克、TEL（德铁和俄铁的合资企业）等机构的联系。其后，重庆方面又陆续建立了与俄罗斯、哈萨克斯坦等国铁路公司及沿线国家政府部门的联系，并形成"五国六方联席会议"的多边磋商机制。

2010 年 10 月，重庆市政府与铁道部进行了"渝新欧"五定班列国内段试运行。当年 11 月 23 日，在温家宝总理访俄期间，中国、俄罗斯、哈萨克斯坦三国联合签署了两项海关便捷通关协议。协议确定，三国海关对从重庆发出，通过新疆阿拉山口，途经哈萨克斯坦、俄罗斯的货物，只进行一次海关检查，不必重复关检，就可以运往荷兰、德国。2011 年 1 月 28 日，"渝新欧"进行了第二次测试，将重庆力帆的摩托车配件，及少量惠普和宏碁的电子产品，运到了俄罗斯的两处交货地点。

在两次试运行的基础上，2011 年 3 月 19 日，"渝新欧"国际铁路联运班列首次全程运行，列车载着惠普在重庆生产的电子产品，从重庆团结村始发，经阿拉山口出境，途经哈萨克斯坦、俄罗斯、白俄罗斯、波兰，抵达德国的杜伊斯堡，行程约 12000 公里，运行时间 15 天 23 小时，全程平均速度 726 公里/日。

2011 年 9 月 27 日和 28 日，重庆市再次举办"五国六方联席会议"，与会各方签署了《共同促进"渝新欧"国际铁路常态开行合作备忘录》，就建立"渝新欧"平台公司，形成利益共享机制；提高列车运行速度和换装效率，实现 12 天目标；共同做好列车的安全保卫工作；进一步降低运输价格，争取更多返程货等内容，达成了一致。

2013 年 9 月 7 日，国家主席习近平在哈萨克斯坦纳扎尔巴耶夫大学发表演讲提出："为了使我们欧亚各国经济联系更加紧密、相互合作更加深入、发展空间更加广阔，我们可以用创新的合作模式，共同建设'丝绸之路经济带'"。自此，"丝绸之路经济带"这一概念由中国正式提出，并先后写入《中共中央关于全面深化改革若干重大问题的决定》、国务院《政府工作报告》，上升为国家战略。

为响应"丝绸之路经济带"战略，同时在"渝新欧"班列的示范带动下，国内其他一些地区也在先期试验的基础上先后开行了本地至欧洲的班列。如，2012 年 10 月 24 日，武汉正式开行了经阿拉山口至波兰罗兹的"汉新欧"班列，开行约 23 天，行程约 10863 公里。2013 年 4 月 26 日，成都正式开行了经阿拉山口至波兰罗兹的"蓉新欧"班列，开行约 14 天，行程约 9826 公里。2013 年 7 月 19 日，郑州正式开行了经阿拉山口至德国汉堡的"郑新欧"班列，开行约 15 天，行程约 10214 公里。2014 年 3 月 17 日，苏州正式开行了经满洲里至波兰华沙的"苏满欧"班列，开行约 18 天，行程约 11200 公里。2014 年 10 月 30 日，长沙正式开行了经阿拉山口至德国杜伊斯堡的"湘欧"班列，开行约 18 天，行程约 11808 公里。2014 年 11 月 18 日，义乌正式开行了经阿拉山口至西班牙马德里的"义新欧"班列，开行约 21 天，行程约 13052 公里。2015 年 2 月 28 日，哈尔滨正式开行了至俄罗斯比克良站的集装箱班列，开行约 10 天，行程约 6578 公里（见表 8－2）。

表 8－2　　　　近年来各地开行中欧班列的基本情况

班列名称及起讫点	运行时间	运输里程	首趟班列开行时间
渝新欧：重庆—德国杜伊斯堡	16 天	12000 公里	2011 年 3 月 19 日
长安号：西安—荷兰鹿特丹	18 天	9850 公里	2011 年 9 月 24 日－测试
汉新欧：武汉—捷克、波兰	23 天	10863 公里	2012 年 10 月 24 日
蓉新欧：成都—波兰罗兹	14 天	9826 公里	2013 年 4 月 26 日
郑新欧：郑州—德国汉堡	15 天	10214 公里	2013 年 7 月 28 日
苏满欧：苏州—波兰华沙	18 天	11200 公里	2014 年 3 月 17 日
新疆库尔勒－土耳其梅尔辛	18 天	9094 公里	2014 年 7 月 5 日－测试
湘欧：长沙—德国杜伊斯堡	18 天	11808 公里	2014 年 10 月 30 日
湘欧：长沙—俄罗斯莫斯科	13 天	8047 公里	2014 年 11 月 21 日
义新欧：义乌—西班牙马德里	21 天	13052 公里	2014 年 11 月 18 日
哈欧：哈尔滨—俄罗斯比克良	10 天	6578 公里	2015 年 2 月 28 日
哈欧：哈尔滨—德国汉堡	—	9820 公里	2015 年 6 月 13 日
合欧：合肥—德国汉堡	15 天	11000 公里	2015 年 6 月 26 日
云南昆明—荷兰鹿特丹	15 天	—	2015 年 7 月 1 日
兰州号：兰州—德国汉堡	15 天	8027 公里	2015 年 8 月 21 日
长满欧：长春—德国施瓦茨海德	14 天	9800 公里	2015 年 8 月 31 日
沈阳—德国汉堡	14 天	11000 公里	2015 年 10 月 30 日
深圳—白俄罗斯明斯克	12 天	—	2017 年 5 月 23 日

注：2016 年 6 月起，中国铁路正式启用中欧班列统一品牌，此前命名方式带有地方特征。

（二） 中欧班列发展的基本现状

1. 班列规模及结构分布

根据中国铁路总公司（以下简称中铁总）统计的数据①，自2011年3月19日首列中欧班列开行至2017年底，中欧班列累计开行总数已达6637列，呈现快速增长态势。其中，2013年总计开行80列。2014年共开行308列，同比增长285%，共发送集装箱26078TEU，共计15万吨，货物总价值18.5亿美元。2015年开行815列，同比增长165%。2016年，中欧班列共开行1702列，同比增长109%。2017年开行3674列，同比增长115.8%。

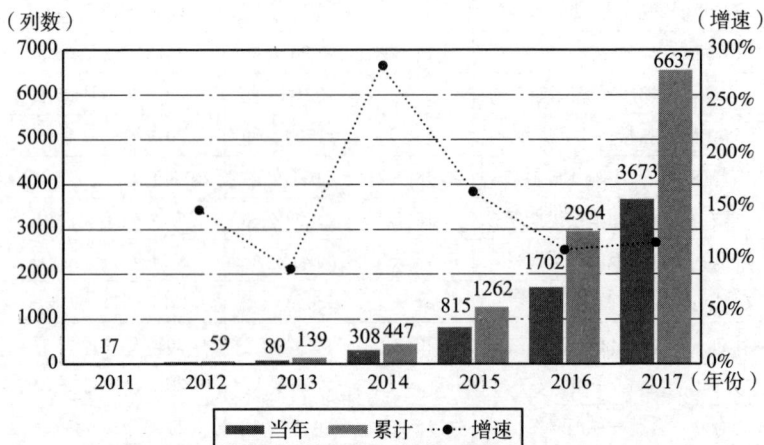

图 8-1　中欧班列（不含中亚班列）历年开行数量

在2016年开行的中欧班列中，去程班列共开行1130列，回程开行572列，同比增长116%。其中，去程阿拉山口方向768列，

①　不含中亚班列；因铁路运输组织方式产生的统计口径原因，部分境内城市开往欧洲地区的班列未纳入统计。

霍尔果斯 68 列，二连浩特 95 列，满洲里 199 列；回程阿拉山口 388 列，霍尔果斯 3 列，二连浩特 65 列，满洲里 116 列。2017 年 1 月至 5 月 13 日，中欧班列开行满 1000 列，其中一季度开行 593 列（回程 198 列）。

从去程、回程双向列车开行数量来看，目前回程班列占开行班列总数的 30% 以上，占去程班列的 50% 以上。从各个口岸情况看，阿拉山口进出境班列总数最多，接近 70%，满洲里接近 20%。从各主要城市看，以中铁总的数据为依据，西南地区的成都和重庆开行的中欧班列数量合计占比超过 50%，中部地区的郑州和武汉占比也超过 20%；其中郑州开行的回程班列占其班列总数的 45% 左右，占其去程班列的 80% 以上。

根据各省发展改革委统计汇总的数据①，2015 年，各地方开行的中欧班列（含中亚班列）总数达 2436 列，其中去程班列为 2117 列，回程班列为 319 列，占班列总数的 13.1%，占去程班列的 15.1%。2016 年，班列总数为 3780 列，同比增长 55.2%，其中去程班列为 3088 列，同比增长 45.9%，回程班列为 678 列，同比增长 112.5%，占班列总数的 17.9%，占去程班列的 22.0%（见图 8-2 和图 8-3）。

2. 货类构成及货值水平

中欧班列的主要货类包括 IT 产品、汽车配件、机器设备、服装百货、家具建材等（包括日韩等国家和地区的过境货物）。其中，自重庆、成都、郑州、武汉、苏州等地开出的班列多以 IT 产品、汽车配件、机电产品等为主；自广州、东莞等地开出的多以日用家电、服装鞋帽等为主；自义乌开出的班列多以日用小商品为主。

去程货源由开行之初的以 IT 产品为主，拓展到机械设备、汽车整车及零配件、家居用品、饮食品原料等多个品类；回程货源方

---

① 不排除重复统计的情况，比如部分沿海省份统计的支线运输量，可能会被中西部省份重复统计。

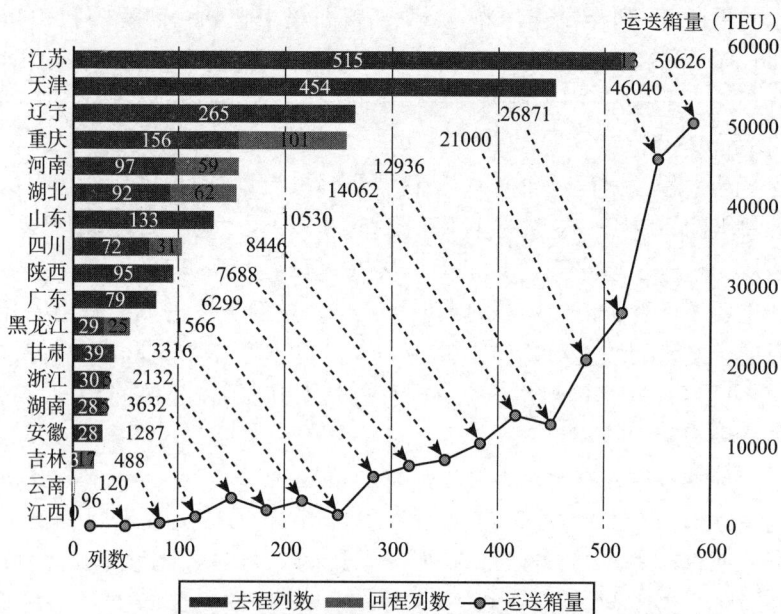

图 8 - 2　2015 年各省中欧班列（含中亚班列）开行情况

面，已覆盖欧洲多国的汽车整车及零配件、机械设备，以及化妆品、酒类、食品等。

　　从货物价值平均水平来看，以 2011 年开行以来累计实现的贸易额和箱量为依据，每标箱（TEU）货物的价值约为 7.7 万美元，高于 2014 年的每标箱（TEU）货值 7.1 万美元。其主要原因，一方面是去程货物价值水平提升，另一方面是回程班列数量的增加。

　　据调研情况显示，2015 ~ 2017 年，主要班列运行城市运送的货物平均价值均有较大幅度提升。比如，2017 年 1 ~ 3 月，中欧班列（郑州）的货物价值水平达每大箱（FEU）① 16.3 万美元或者说每标箱（TEU）8.2 万美元，较 2015 年的每大箱（FEU）11.2 万美元

---

　　① 大箱指 40 英尺集装箱（Forty-foot Equivalent Unit，缩写为 FEU）。

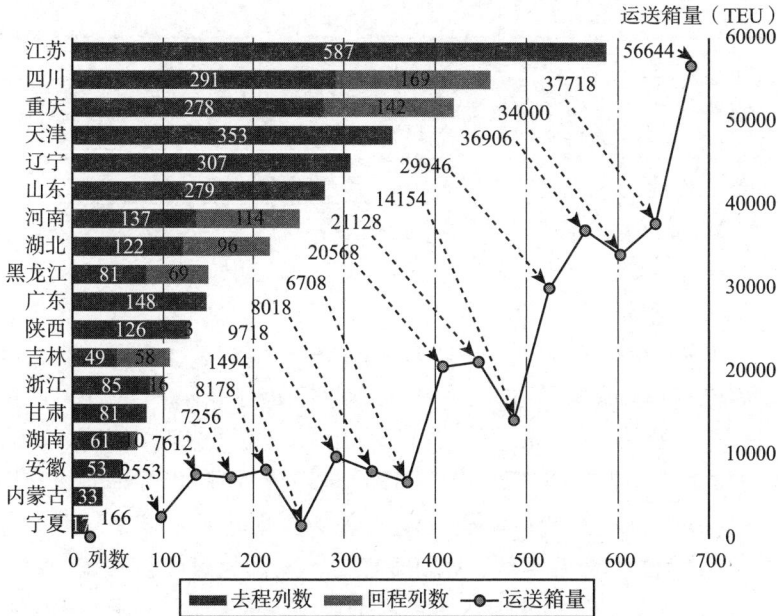

图 8 - 3 2016 年各省中欧班列（含中亚班列）开行情况

提升 45.5%。从各主要运行城市来看，苏州货物平均价值最高，2016 年达到每标箱（TEU）9.1 万美元，成都货物平均价值较低，仅为每标箱（TEU）4 万美元（见表 8 - 3）。

表 8 - 3 2016 年各主要班列货值平均水平

项目 班列名称	箱量 （万 TEU）	货值 （亿美元）	平均货值	
			每标箱 （万美元/TEU）	每大箱 （万美元/FEU）
中欧班列（重庆）	3.41	26	7.6	15.2
中欧班列（成都）	3.77	15.07	4.0	8.0
中欧班列（郑州）	2.11	12.67	6.0	12.0

项目 班列名称	箱量 （万 TEU）	货值 （亿美元）	平均货值	
			每标箱 （万美元/TEU）	每大箱 （万美元/FEU）
中欧班列（苏州）	1.07	9.77	9.1	18.3

资料来源：根据相关财经报道及调研信息综合汇总。

3. 物流通道及节点覆盖

目前，中欧班列已形成经四大口岸进出的三条物流通道。根据
2017 年初的铁路运行图显示，共有 46 条中欧班列运行线（不含中
亚地区）。其中，西部通道，经阿拉山口或霍尔果斯口岸出入境，
主要货源范围为中西部地区，我国境内段铺画有 30 条班列线；中
部通道，经二连浩特口岸出入境，主要货源范围为华北、华中地
区，境内铺画 4 条班列线；东部通道，经满洲里口岸出入境，货源
范围为东南沿海及东北地区，境内铺画 12 条班列线。在上述中欧
班列运行线路中，出境方向共有 34 条，入境方向共有 12 条（见表
8 - 4）。2017 年 5 月，中欧班列总数增至 51 条。

表 8 - 4　　　　　2017 年年初各口岸班列运行线路情况

通道 方向	口岸 名称	总线 路数	出境（去程） 线路数	入境（回程） 线路数	备注
西部	阿拉山口	22	16	6	其中 1 条也可经霍尔果斯出境
	霍尔果斯	8	7	1	其中 2 条也可经阿拉山口出境
中部	二连浩特	4	3	1	
东部	满洲里	12	8	4	
合计		46	34	12	

资料来源：根据中铁总运行图整理。

截至 2017 年 5 月 23 日，国内大约有 31 个城市开通过至欧洲地区的中欧班列①。此外，有约 24 个城市开通过至中亚、中东、南亚等地的班列②。中欧班列现已通达欧洲 12 个国家的 29 个城市③。

值得注意的是，上述开通过至欧洲、中亚、西亚（中东）、南亚等地国际班列的国内城市中，有相当部分城市的班列目前并未常态化运行（如昆明、赤峰、包头等），还有一些城市属于支线运输（如厦门、南昌等），另有一些城市开行的并非都是集装箱班列（比如乌鲁木齐、奎屯等，开行了一些整车运输的专列）。事实上，许多城市尚未纳入铁路国际班列运行图，特别是针对中欧班列的运行图。目前，纳入中欧班列运行图的城市主要包括重庆、成都、郑州、武汉、长沙、沈阳、哈尔滨、长春、大连、苏州、南通、徐州、连云港、合肥、天津、广州、东莞、义乌等 18 个城市。

4. 铁路运输组织的进展

（1）推进全程运行图贯通。中铁总积极与沿线国家铁路协商，共同铺画中欧班列全程运行图。2014 年 12 月 10 日列车运行图调整之后，铁路安排了 19 条中欧班列运行线，同时安排了 15 条中亚班列运行线。其中，经西部通道进出的中欧班列线共计 14 条，其中经阿拉山口进出的有 11 条（出境 9 条，入境 2 条），经霍尔果斯进出的有 3 条；经东部通道进出的中欧班列共计 2 条（出境 1 条，入境 1 条）；经中部通道进出的中欧班列线共计 3 条（出境 2 条，入境 1 条）。2015 年 7 月 1 日，中铁总再次调整列车运行图，新图优化了中欧班列、中亚班列运输组织，安排了中欧班列 21 列、中亚

①　据本书整理，包括重庆、成都、郑州、武汉、西安、苏州、义乌、长沙、合肥、广州、东莞、天津、连云港、厦门、兰州、日照、临沂、哈尔滨、长春、沈阳、大连、营口、昆明、南昌、通辽、赤峰、乌鲁木齐、库尔勒、二连浩特、满洲里、深圳。

②　据本书整理，包括重庆、成都、武汉、郑州、合肥、长沙、兰州、西安、东莞、义乌、天津、连云港、乌鲁木齐、奎屯、南通、南京、徐州、白银、银川、包头、乌兰察布、青岛、潍坊、滨州。

③　据本书整理，包括俄罗斯、白俄罗斯、波兰、德国、英国、荷兰、法国、捷克、斯洛伐克、西班牙、意大利、格鲁吉亚。

班列 17 列，较原有运行图各增加 2 列。2017 年调整新图后，仅中欧班列就安排了 46 条班列线。目前，铁路方面已开辟了重庆—杜伊斯堡、成都—罗兹、郑州—汉堡、武汉—帕尔杜比采、苏州—华沙、义乌—马德里等 21 条中欧班列线，实现了国内段与宽轨段运行图全线贯通。班列全程运行 1 万 ~ 1.3 万公里，时间较贯通前压缩 2 天，最快 12 天运达，是海运的 1/3 ~ 1/4。

（2）统一打造班列全程服务平台。专门组建了中欧班列客户服务中心，每天两次向客户通报班列运行信息，提供 7 × 24 小时业务咨询、应急处置等服务。成立了单证中心，开发了单证制作系统，为客户提供联运单证制作、报关转关等服务。

（3）全面提升国内段运输服务质量。在铁路总公司和铁路局两级调度，设立专人负责中欧班列箱源调配、运行盯控、中转集结组织等工作。中欧班列自运行以来，除受大风天气影响外，正点率达 100%，运行速度达到日行 1300 公里，比沿线其他国家快 300 公里以上。

（4）推动电商邮包常态化运输。积极配合国家相关部门和国际组织，取消了国际联运规章对邮包运输的限制。为促进邮包正常运输，成功组织了重庆、乌鲁木齐、郑州至哈萨克斯坦，以及哈尔滨至俄罗斯的班列邮包试运。同时，多次与万国邮联、海关总署等密切沟通监管互认等电商邮包运输问题，推动实现电商邮包常态化运输。

（5）大力加强班列货物安全保障。在中欧班列推广使用了集装箱电子防盗锁，实施远程监控；通过全程保价保险，降低客户货损风险；与沿线铁路建立协调机制，共建全程安全防控体系，有效保障了班列货物运输安全。

（6）初步实现预报关电子数据交换。建立了中欧班列中哈、中俄间信息交换机制，通过提前录入随附单据信息，实现电子预报关和单据预审，口岸转关时间得到进一步压缩，其中多斯特科口岸缩短至 5 小时，依列茨克口岸缩短至 2 ~ 4 小时，布列斯特口岸缩短至 5 小时，马拉舍维奇口岸缩短至 10 小时。

（7）加快中欧班列协调机制建设。自 2014 年 8 月开始，中铁总先后通过建立中欧班列国内协调会议制度，与沿线部分国家铁路部门签署《关于深化中欧班列合作协议》，发起设立中欧班列运输协调委员会等形式，加强中欧班列的运营协调工作（见表8-5）。

表8-5　　　　　中欧班列运营协调机制的相关进展情况

时间	协调机制形式	主要参与主体	主要协调内容	主要文件或协议	备注
2014年8月14日	中欧班列国内协调会议	中铁总，重庆、成都、郑州、武汉、苏州、义乌等地政府及各地中欧班列平台公司	统一品牌标志、统一运输组织、统一全程价格、统一服务标准、统一经营团队、统一协调平台，强化机制和装备保障等	《中欧班列组织管理暂行办法》《关于建立中欧班列国内运输协调会备忘录》	要求各地开行的各种以地方城市命名的班列统一称为"中欧班列"，直至2016年6月，正式启用中欧班列统一品牌标识
2014年12月16日	中欧班列国内协调会议	中铁集运，重庆、郑州、成都、武汉、苏州、义乌等六地平台企业	就开通运行、量价捆绑、中转集结等问题展开深入探讨	《中欧班列中转集结组织办法》	明确了郑州铁路集装箱中心站重点承接的货源范围
2017年4月20日	签署合作协议	中国、白俄罗斯、德国、哈萨克斯坦、蒙古、波兰、俄罗斯等七国铁路部门	铁路设施规划衔接、加强全程运输组织、服务标准统一与全程信息跟踪、营销宣传及关检协调等	《关于深化中欧班列合作协议》	国际铁路协调机制
2017年5月26日	设立中欧班列运输协调委员会	中铁总，重庆、成都、郑州、武汉、苏州、义乌、西安等七家班列平台公司	中欧班列中转集结组织、相关信息平台搭建及开通、运营能力、全程运行图、对外价格谈判等	《中欧班列运输协调委员会工作规则》	替代国内协调会制度

2014 年 8 月 14 日，中铁总同重庆、成都、郑州、武汉、苏州、义乌等地政府及各地中欧班列平台公司负责人在重庆举行了首届中欧班列国内协调会议，会议颁布了《中欧班列组织管理暂行办法》，签署了《关于建立中欧班列国内运输协调会备忘录》。具体内容涉及各地中欧班列未来统一品牌标志、统一运输组织、统一全程价格、统一服务标准、统一经营团队、统一协调平台，强化机制和装备保障等。自此，各地开行的各种以地方城市命名的班列统一称为"中欧班列"。

2014 年 12 月 16 日，由中国铁路集装箱总公司主办的中欧班列第二次国内运输协调会在郑州召开，来自重庆、郑州、成都、武汉、苏州、义乌等六地代表就中欧班列的开通运行、量价捆绑、中转集结等问题展开深入探讨。此次会议形成的《中欧班列中转集结组织办法》提出，郑州铁路集装箱中心站重点承接豫晋冀鲁皖鄂桂湘粤赣十省货物。其中，郑欧班列走阿拉山口的西部通道，重点承接豫晋冀鄂鲁皖六省的货物；郑欧班列走二连浩特口的中部通道，重点承接豫鄂鲁皖桂湘粤赣八省的货物。

2016 年 6 月，中国铁路正式启用中欧班列统一品牌标识，统一品牌中欧班列当日分别从重庆、成都、郑州、武汉、长沙、苏州、东莞、义乌等八地始发。此后，我国开往欧洲的所有中欧班列全部采用这一品牌。

2017 年 4 月 20 日，中国、白俄罗斯、德国、哈萨克斯坦、蒙古、波兰、俄罗斯等七国铁路部门正式签署《关于深化中欧班列合作协议》。主要内容包括：一是推动铁路基础设施发展规划衔接，打造中欧铁路运输大通道，共同组织安全、畅通、快速、便利和有竞争力的中欧铁路运输；二是加强全程运输组织，加快集装箱作业，采用信息技术，提高班列在各自国家境内的旅行速度；三是推动服务标准统一、信息平台统一，实现全程信息追踪，建立突发情况通报和处理合作机制，保障货物运输安全；四是加强中欧班列营销宣传，扩大班列服务地域，开发新的运输物流产品，推进跨境电商货物、国际邮包、冷链运输，促进中欧班列运量持续增长；五是协调沿线国家海关等联检部门，简化班列货物通关手续，优化铁路口岸站作业，压缩通关时间；六是成立中欧班列运输联合工作组及专家工作组，及时协商解决班列运输过程中的问题。

2017 年 5 月 26 日，中铁总与重庆、成都、郑州、武汉、苏州、义乌、西安等七家班列平台公司共同发起成立中欧班列运输协调委员会。重点协调推进十项工作：一是实施中欧班列中转集结组织；二是开通 95306 国际联运信息平台；三是搭建中欧班列冷藏箱信息共享平台；四是推出全程铁路保险服务；五是推进中欧班列提单研究和使用，进一步适应国际贸易多式联运的单证需求；六是探索开展宽轨集并组织，进一步降低班列全程运输成本；七是加强对外价格谈判；八是共同构建班列境外运营能力；九是共同推进编制全程运行图；十是开辟新的运输通道。

二、中欧班列经济组织的现状特点及主要问题

（一）　中欧班列经济组织的基本现状

1. 中欧班列的相关参与主体及其角色

中欧班列的相关市场主体主要包括国内外制造及商贸企业、物流企业、班列运营平台企业、铁路运输企业、场站运营企业、货运代理、报关行、租箱公司、保险公司等。除这些市场主体外，中欧班列运营的参与主体还包括地方政府及其相关主管部门以及发改委、海关、国检、工商、国税、交通运输部等中央政府部门及其相关派出机构（见表 8 - 6）。

表8-6 　　　　　中欧班列相关参与主体及其角色作用

主体类别	在货运链条中的角色	主要功能作用	企业、机构示例	备注	从铁路运力销售角度类比的角色
制造及商贸	货主、托运人、收货人	掌控物权流转	惠普、富士康、冠捷、上海大众	商贸企业熟知流量流向	消费者
物流企业	托运人	物流方案策划、组织管理、仓储配送	德铁物流、中外运、施耐德、DHL	通常掌握大量货源	采购商
班列运营平台	多式联运经营人（非严格法律含义）契约承运人	全程运营组织协调、供需匹配，交易中介	中铁国际多式联运公司、渝新欧（重庆）物流公司、成都国际铁路班列公司	部分企业综合业务范围广泛，如郑州国际陆港开发建设集团	交易平台、集成商、大中型采购商、批发商
铁路运输企业	铁路承运人实际承运人	铁路运输组织（运行图铺画、货运调度指挥），沿线铁路企业组织协调	中铁总及其地方路局、俄罗斯国铁、德国国铁、KTZ Ex-press	地方各路局设有货运中心，可散开受理货运业务	生产商、直销商
场站运营企业	场站设施经营业者	仓储、包装、装卸等物流作业、货源集疏、口岸等功能	重庆西部物流园区、郑州（圃田）集装箱中心站	或从属于某类物流企业，或独立运营	辅助生产商、辅助服务提供商
国际货运代理	货代、铁路代理	货源承揽、申请铁路运力（订舱）、组织公路配送	欧陆（天津）国际货运代理公司、沈阳陆桥国际货运代理有限公司	部分地方路局下属的多元经营企业也参与铁路货运代理服务	中小型批发商、零售商

续表

主体类别	在货运链条中的角色	主要功能作用	企业、机构示例	备注	从铁路运力销售角度类比的角色
报关行	报关经纪人	代表进出口收发货人向海关国检部门办理报关报检等通关手续	郑州国际陆港公司的报关报检部门	一般从属于货代企业、平台公司	辅助服务提供商
租箱公司	载运装备租赁业者	集装箱租赁、装备资产管理	中铁集装箱公司，目标货柜服务有限公司	一些货主或运营平台企业也采购自备箱开展运输	辅助生产服务商
保险公司	保险人	风险管理，承担货损货差及其他地贸易风险	中国人民财产保险公司、中国平安财产保险公司	铁路部门还有保价运输，保险是针对贸易，保价是针对托运人	保险中介
地方政府部门	施政者、管理者	政策扶持、招商引资、组织协调	发改、经贸、财政、税务等部门	补贴是普遍现象，在培育运量的同时也一定程度干扰了市场机制	
国家发展改革委	战略决策者	战略、规划、政策	西部司	中欧班列建设发展规划	
海关总署	通关管理	出入境货物查验	口岸规划办、各地派驻机构	口岸规划、规范及审理	
国家质检总局	国检管理	出入境检验检疫	各地派驻机构	建立检验检疫沿线区域合作机制	
交通运输部	运输行业监管、协调	运输法规、政策、标准	国家邮政局、国家铁路局	国家邮政局协调国际铁路运邮，国家铁路局主要负责安全监管	

续表

主体类别	在货运链条中的角色	主要功能作用	企业、机构示例	备注	从铁路运力销售角度类比的角色
商务部	监管者、协调者	协调境外网点建设、国际货代管理	国际经贸司、驻外经商机构	商务部就中欧班列开行情况做过多次调研，并有相关统计	
工商管理总局	工商管理	企业、品牌、商标注册管理	企业局、市场规管司、商标局	中欧班列统一品牌、外资物流企业在华注册管理	
国家税务总局	国税管理	运输行业营改增	货物和劳务司	出口退税管理	

资料来源：本报告整理。

（1）制造及商贸企业。制造及商贸企业充当货主或托运人、收货人的角色，它们掌控着货物的物权流转。一些制造商有自己的营销网络，本身也属于商贸流通企业，但一般主要依靠各级经销商负责产品销售。大型制造企业和商贸企业通常将物流业务外包给专门的物流公司，针对一揽子物流需求，视情况订立不同期限的物流合同，通过"关键绩效指标"（KPI：Key Performance Indicator）来考核、控制物流成本。在经济全球化发展大势下，全球性生产网络促进了国际贸易大发展，跨国企业的内部贸易占据了国际贸易量的1/3。比如冠捷科技集团是全球最大的 PC 显示器厂商，在中国大陆形成了北京、福建、武汉、苏州、宁波五大工厂的"五角星形"生产供应链，在欧洲的捷克、波兰、德国、荷兰也建有工厂，它利用中欧班列在台湾、福建和波兰间进行半成品运输。

（2）物流企业。物流企业中既包括一些从传统运输企业（如船公司、铁路公司）转型的大型物流企业，也有一些专门针对制造及商贸企业提供定制化服务但本身不参与或较少参与实际运输过程的第三方物流企业，这类企业通常代表货方与实际承运人订立运输合同，因此对于实际承运人而言，通常属于托运人的角色。目前，在国际贸易运输领域，往往是大型国际物流企业，特别是发达国家的跨国物流企业，如德国邮政、施耐德国际物流、德国国铁等，借助其业务网络和客户关系网，掌握着大量货源需求。从班列运力销售的角度来类比理解的话，大型物流企业意味着代表终端销售者的采购商。从货源需求掌控和售卖的角度来讲，大型物流企业是处于顶端层次的货运代理，往往是货源的总经销商。

（3）班列运营平台企业。班列运营平台企业是负责班列运营组织的企业，目前可分为中铁总内部的班列运营平台和地方运营平台两大类，其身份类似于"多式联运经营人"，由其与托运人订立全程运输合同，负责合同所界定的全程运营组织及附加增值服务。中铁总内部的班列运营平台企业，是中铁集装箱运输公司（以下简称中铁集运），实际业务由该公司内部的国际业务部和下属的全资子公司中铁国际多式联运公司（以下简称中铁多联）负责。中铁多联的前身是中铁国际货运代理公司，是我国最早一批从事国际货运代理业务的企业。

地方运营平台中几个成立较早、规模较大的主要有渝新欧（重庆）物流有限公司（以下简称渝新欧平台公司）、郑州国际陆港开发建设有限公司（以下简称郑州国际陆港）、成都国际铁路班列有限公司（以下简称蓉欧国际）、武汉汉欧国际物流有限公司（以下简称汉欧国际），还有一些民营资本独资或参股的平台企业，比如义乌市天盟实业投资有限公司（以下简称义乌天盟）、辽宁沈哈红运物流有限公司（以下简称沈哈红运）等。

此外，平台企业有可能自身还包含多种其他业务功能，比如郑州陆港等一些地方班列平台，依托班列运输发展跨境电商交易，推进"运贸一体化"。地方运营平台也可能是多家企业的联合体，比如"苏满欧"班列最初是由苏州综保通运国际货运代理有限公司、中铁多联上海分公司和俄罗斯远东路桥公司组成的"三方联合体"负责运营。

（4）铁路运输企业。铁路运输企业是铁路运输的实际承运人，负责铁路运输组织。境内段由中铁总的各地方铁路局负责铁路运输组织，中铁总运输局负责班列运行图的铺画，未纳入班列运行图的至边境铁路口岸的铁路货运列车则由各地方铁路局根据日常调度计划调整接续运输。境外宽轨段中，经阿拉山口或霍尔果斯出境会途经哈萨克铁路、俄罗斯铁路和白俄罗斯铁路，经二连浩特出境会途经蒙古铁路、俄罗斯铁路和白俄罗斯铁路，经满洲里出境会途经俄罗斯铁路和白俄罗斯铁路，宽轨段一般是由各国国铁公司承运。欧盟段的铁路一般是"网运分离"，即基础设施一般归国有公司所有，而运输装备及其运输业务由一些国有或私营企业运营，私营铁路运输企业需要通过向国铁基础设施管理公司申请运输时刻的方式取得线路运力资源。如前所述，目前，中铁总大约在境内段和宽轨段统一铺画了21条"准全程运行线路"，其中大部分是经阿拉山口出境的线路。

（5）场站运营企业。场站运营企业包括沿海港口、内陆港、铁路集装箱场站及物流园区，主要是承担场站作业（含仓储、堆存、装卸等）、货源集疏、口岸等功能。其中，内陆港一般是依托毗邻的铁路货运场站，本身也属于地方物流园区的一种形式，主要承担货源集疏、仓储、包装、拼箱、拆箱、配送等功能。铁路集装箱场站主要承担装卸、堆存、口岸等功能，分为中心站、专业办理站（简称专办站）和办理站三个不同的功能和规模层级。其中，铁路集装箱中心站由中外合资企业中铁联集①负责建设、管理和运营。目前，全国大约有 11 个铁路集装箱中心站投入运营，分别位于昆明、上海、重庆、成都、郑州、青岛、大连、武汉、西安、哈尔滨、天津等地。铁路集装箱专办站和一般办理站则划归地方各铁路局分管。截至 2016 年底，我国共有各类铁路口岸 28 个，其中正式口岸 20 个（内陆非边境地区口岸 2 个为北京、郑州），临时口岸 8 个（分别是重庆、成都、西安、武汉、义乌、东莞、赣州、长春，均为内陆非边境地区口岸）。郑州铁路口岸和 8 个临时铁路口岸，绝大多数都是依托铁路集装箱场站设立的。

（6）国际货运代理。国际货运代理一般分为代表需方货主的代理和代表供方运输企业的代理，且根据与供需方之间关系的紧密程度分为不同的层级，在供需博弈中发挥不同程度的作用。国际货代的资质需要在商务部进行备案管理。需要提出的是，目前大多数班列运营平台企业都具备国际货代资质，或是本身就是由过去专门从事国际货代的企业转型而来，比如中铁多联的前身中铁国际货代就是代表铁路运输企业的代理。传统的国际货代企业与班列运营平台企业的主要区别在于，前者主要依靠代理佣金（及部分价差）营

---

① 中铁联集是经国家商务部、国家工商总局批准设立的中外合资企业，由中铁集装箱运输有限责任公司（占股 36.67%）等 5 方股东共同组成，注册资本 42 亿元人民币。按照国家"十一五"规划，中铁联集承担 18 个铁路集装箱中心站的建设和运营。

利，后者可营收的业务则更为广泛。此外，大多数班列运营平台企业或国际货代企业，都具备报关报检资质，这里不再赘述报关经纪的相关内容。

（7）租箱公司。租箱公司负责集装箱租赁及集装箱使用过程中的资产管理。自 2013 年铁路货运组织改革后，中铁集运从承运人身份转换为租箱业者，主营业务就是集装箱（以及篷布）的租赁。在中欧班列开行之处，货主通常通过购买二手箱的方式载运货物。目前，一些地方平台公司也采购企业自备箱为货主提供服务。

（8）保险公司。保险公司承担风险管理的职能，在出现投保范围内的货损、货差情况下，负责理赔。班列运营中，主要有两种具有保险性质的产品，一种是货物运输保险，一种是铁路保价运输。区别在于，前者是针对贸易商（货主）的理赔，后者是针对托运人的理赔。目前，最为普遍的方式是贸易商购买货物运输保险，但一般还是分主要运输区段，分别购买保险。

2. 中欧班列基本业务及铁路运输组织流程

（1）基本业务流程。从参与主体交易组织的角度来看，中欧班列基本业务流程主要包括托运（询价、议价、订立全程运输合同）、装箱（拼箱）、报关报检及查验、铁路运输（议价、支付、运单签发）、场站堆存（重箱暂存、空箱返回）、公路集疏配送等环节。

在托运环节，托运人需要与班列运营平台在发车前 5 ~ 7 日，相互确认物流费用、货物相关信息、班列日期、装箱时间等信息，并签订无纸化通关协议、全程运输合同等文件，同时准备所发运的货物。

在发车前 3 ~ 5 日内，货物需要在货运场站完成集货和装箱，集货过程可能是通过铁路支线运输或公路运输形式，货物形态可能是散货或已完成装箱的集装箱货物，这个环节需要班列运营平台通过自有公路配送企业或委托相关运输企业来完成。

对于以散装形式进入货运场站的货物（拼箱货多以此种形式），一般由班列运营平台提供合适尺寸的集装箱载运工具，在场站内进行装箱，托运人需根据货物运输要求配合提供装载方案。对于以集装箱形式进入货场的货物，通常是货主或托运人已完成装箱作业的，需要托运人提供反映箱体内部货物存放状态的图片等文件。与此同时，班列运营平台企业需要进行货物信息、报关报检等各种文件的核查及制作。

已装箱的货物，进入铁路集装箱中心站后，要再开箱接受海关、国检的查验，通过后施加海关封，货物处于海关和铁路的共同监管下。

在铁路运输环节，由班列运营平台与铁路运输企业签订运输合同（实际形式是铁路运单及货票），铁路开具运输单据后，班列运营平台需垫付铁路运费。货物运抵铁路目的站后，由班列运营平台发送 ATB 提箱文件。

货主（收货人）凭提箱文件可直接在车站提走货物，或者在从铁路方面接收货物后，由班列运营平台企业委托公路配送企业将货物运抵货主指定的地点。

（2）铁路运输组织流程。铁路运输组织流程主要包括国内铁路始发集装箱站装运、境内铁路班列运输、国境铁路口岸站换装、宽轨段运输、白俄罗斯与波兰边境铁路口岸换装、欧盟段运输、铁路终点站卸箱堆存等环节。

如前所述，国际集装箱货物在铁路始发车站所在地的口岸经海关国检查验完毕后，即可按照班列运行时刻，由集装箱中心站或相应的办理站装车发运。装车站的到发线长度，一般要具备装卸整列41 车的技术条件。铁路运输部门会将相关运输信息输入信息系统，班列运营平台也会将自备箱的信息输入信息系统，以便于追踪货物运输状态。

境内铁路运输沿途需要经过多个地方铁路局，各铁路局负责运输过程中的衔接调度。其中，班列需要按照机车交路，在途中更换牵引机车及司机。

至国境铁路口岸站后，需要办理换装业务及转关手续。如果出现口岸积压情况，则需要等待放行。

宽轨道运输过程中也需要途中更换机车及司机，相关随车文件由司机携带并分程转交。途中，各国海关根据具体情况，对货物进行抽查检验。部分货物可能在白俄罗斯境内"上下车"。

至白、波边境口岸站后，需要再次办理换装，并需要变换适用于欧盟铁路运输规则的铁路运单，同时需要报关报检。

欧盟段铁路运输途中，也需要根据机车交路，更换牵引机车和司机。部分货物可能中途车站下车，至终到站后，由持有提箱文件的收货人提走货物。中欧班列运营流程及主要契约关系如图 8 – 4 所示。

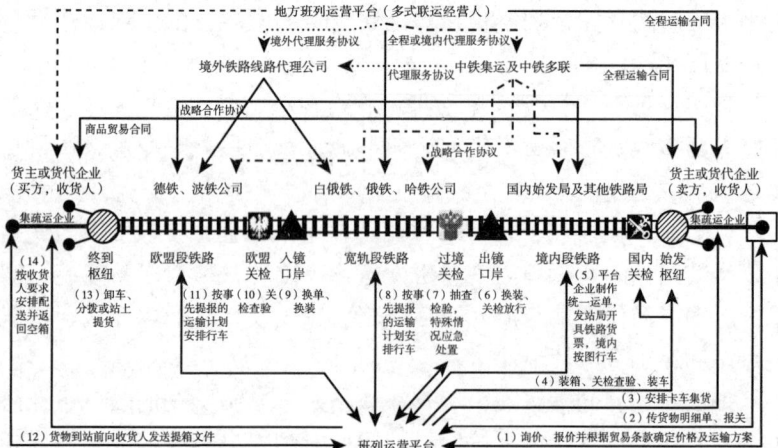

图 8 – 4　中欧班列运营流程及主要契约关系

（3）主要单证及资金流转。根据上述业务流程及铁路运输组织流程，主要涉及的单据或文件包括派车单、铁路运单及货票（多种制式）、报关报检文件、提箱文件（包括部分线路试用的多式联运提单）等。

派车单是由班列运营平台企业在集疏运环节，向公路配送企业开具，载有货物信息、司机信息、车牌号、集装箱号及铅封号等信息，由司机携带，并与托运人核对。

铁路运单及货票由铁路运输企业在班列起运环节，向班列运营平台企业开具，并收取运费。在宽轨段和欧盟段交界处（波兰的马拉舍维奇）则需要换单。由中铁多联或地方班列运营平台制作的"统一运单"制式的单据，需要加盖铁路部门的印章，整套单据随车运送。

报关报检因涉及不同通关模式，文件流程相对复杂，一般来讲纸质版文件也是随车运送，电子信息会由海关国检后台信息系统在各相关口岸间运行。

提箱文件由班列运营平台在货物运抵目的站后，向货主（收货人）传送 ATB 格式的电子文件。货主（托运人）向平台公司支付全程费用。

3. 中欧班列的运价机制、运费水平及其主要构成

（1）运价机制及主要运价规则。中欧班列沿线国家的铁路行业经营管理体制有较大区别，主要体现为"网运合一"和"网运分离"两种模式，我国铁路属于"网运合一"模式，宽轨段和欧盟段国家基本都属于"网运分离"模式，前者是指基础设施和货物运输服务同属于一个经营主体，后者指基础设施由一家主体拥有（通常是国有企业），而上部的运输服务向市场开放，由不同经营主体负责提供。不同模式对相应的货物运价机制会产生不同的影响。

我国的铁路货物运价自 2014 年 2 月 15 日起由政府定价改为政府指导价，实行上限管理。针对大客户，可采用协议运价，在一定范围内可上下浮动。俄罗斯及相关独联体国家的铁路货物运价总体上也是实行政府调控，根据不同情况则有所区别。比如，根据 2003 年 3 月生效的《俄罗斯铁路货物运输和基础设施服务运价规程》（10 - 01 号运价），俄罗斯铁路运费分为基础设施服务费（含机车牵引费）和车辆使用费两部分，对于发货人使用俄铁车辆运送货物的，车辆使用费要受政府调控，而对于使用货运公司等其他市场主体的车辆运送货物的，车辆使用费则根据市场情况协商确定，不受政府调控。近年来，俄罗斯铁路也在针对铁路货运价格机制进行改

革，给予铁路运输企业更大的调价自主权，比如俄罗斯铁路公司从
2013 年开始可以在运价走廊框架内调整自身服务的运价水平，调整
区间原则上为正 13.4% 至负 12.8%①。德国等欧盟国家，铁路货物
运价无政府指导价或保护价，完全由货运公司自行决定，按照运送
货物的实际重量和运距来确定②。

目前，中欧班列普遍采用"量价捆绑"的协议运价机制。在境
内段，参与协议运价合同谈判的主体是中铁多联和地方班列运营平
台，境内段的运价优惠幅度一般分为 50～100 班/年、100～150 班/
年、200～300 班/年等不同运量规模等级来划定。在境外段，由中
铁多联、地方班列运营平台分别与境外相应的"铁路运输线路代理
商"谈判确定运价。其中，途经阿拉山口的班列公司，多与德铁
（DB）旗下的跨欧亚物流公司（TEL）合作，途经满洲里的班列公
司多与俄铁旗下的东方路桥公司合作。需要说明的是，目前中铁集
运（中铁多联的母公司）根据委托代理方式类别，对各地班列运营
平台采取两种"量价捆绑价格方案"。第一种是国内段与宽轨段联
动操作的国内段铁路线路使用费"量价捆绑价格方案"，第二种是
不联动操作的国内段铁路线路使用费"量价捆绑价格方案"。第二
种方案国内段价格明显高于第一种方案。

国际联运货物在各国铁路运输时，基本运输费用要遵守该国的铁
路运费标准交付运费。我国进出口货物运输执行国内铁路运费标
准③，过境货物运输在铁组《国际铁路货物联运统一过境运价规程》
（以下简称《统一运价》）的基础上，我国铁路给予优惠减价④。

① 在 2013 年末俄罗斯铁路公司获权，可在运价走廊框架内对 1100 公里以内的运
输降价 22%。2015 年，俄罗斯铁路针对集装箱运输，对通过远东铁路沿港口车站、外贝
加尔铁路、东西伯利亚铁路和西西伯利亚铁路陆路边境口岸的出口运输降价 3.6%，进
口运输降低 1.8%。

② 基本单位为欧元/吨公里，重量为 10～75 吨，以吨为单位依次分为 66 个重量等级。

③ 是指我国关于国际铁路货物联运的相关运费标准，并非国内外贸货物运费标准。

④ 事实上，由于《统一运价》规定的过境运输费率较高，各国铁路对过境运输都
有相应的优惠。

（2）运费构成及运价水平。在境内段，铁路的基本运输费用主要由发到站服务费和运输费用两部分构成。此外，根据实际操作情况，收取相关作业服务的杂费、附加费等（比如换装费、集装箱使用费、堆存费、两端配送费等）。

根据《中华人民共和国铁道部铁路货物运价规则》（以下简称《货运价规》）以及《国家发展改革委关于调整铁路货运价格进一步完善价格形成机制的通知》，国际铁路联运的国内段集装箱货物运输的"基价1"（也称发到基价）为500元/TEU（20英尺箱）和680元/FEU（40英尺箱），"基价2"（也称运行基价）为2.205元/TEU公里和2.754元/FEU公里（见表8-7）。集装箱货物每箱运费的计算方法为。此外，按照铁路相关规定，国际铁路联运的国内段运输，还需要缴纳电气化附加费、新路新价均摊费、铁路建设基金等费用，由于项目较多且近年来有所调整，在此不再赘述。值得一提的是，2016年11月，国家发展改革委发布《关于清理规范涉及铁路货物运输有关收费的通知》，要求相关收费主体限期清理规范铁路货物运输过程中除铁路运价之外的各种收费，其中涉及铁路运输企业的收费包括铁路货物运输杂费、向专用线产权或经营单位收取的专用线代维修代维护等费用。

表8-7 国内铁路集装箱货物运价率

箱型标准	基价1（元/箱）	基价2（元/箱公里）
20英尺集装箱（20′）	500	2.205
40英尺集装箱（40′）	680	2.745

资料来源：根据《货运价规》及其他相关信息整理。

在境外段，铁路运费主要由基础设施服务费和车辆使用费构成，同样地，根据实际操作情况，收取相关作业服务的杂费、附加费等。其中，基础设施服务费是铁路货运公司租用国铁基础设施及设备的费用，比如购买线路运行时刻资源，使用国铁的机车牵引服务等；车辆使用费则一般分为铁路货运公司车辆使用费和国铁车辆使用费两大类，涉及车辆"回空"的，会包含回空运输费用。

目前，根据各班列运行线路公布的运价水平，宽轨段的去程平均运价水平大多为 0.69 美元/大箱公里，经二连浩特和满洲里出境利用西伯利亚大陆桥的运价会较便宜，约为 0.4 美元/大箱公里；欧盟段的去程平均运价水平差异较大，根据不同线路走向，从 0.7 美元/大箱公里至 3.42 美元/大箱公里不等，高运价率的区段一般是由于运输里程较短、固定费用分摊较多所致。国内段的去程平均运价水平约在 0.6 美元/大箱公里，回程平均运价水平约在 0.55 美元/大箱公里（见表 8 - 8）。

表 8 - 8 　　　　　中欧班列各区段铁路运价水平参考

| 境外段去程运价（美元/40 英尺箱公里） | | | | | | 国内段运价（同左） | |
出境口岸站	境外到站	终到国	宽轨段	欧盟段	国外段合计	欧洲去程	欧洲回程
阿拉山口	杜伊斯堡	国	0.69	0.70	0.70	0.6	0.55
阿拉山口	汉堡		0.69	0.86	0.72		
二连浩特	汉堡		0.44	0.86	0.49		
阿拉山口	罗兹	波兰	0.69	2.73	0.80		
阿拉山口	华沙		0.69	3.42	0.79		
满洲里	华沙		0.41	3.42	0.49		
阿拉山口	帕尔杜比采	捷克	0.69	1.71	0.83		
阿拉山口	马德里	西班牙	0.69	2.32	1.27		

资料来源：根据新华社中国经济信息社相关数据整理。
注：表中价格上下浮动 5% ~ 10% 。

4. 中欧班列运营组织中的其他主要规则或惯例

（1）相关贸易规则。在国际铁路货物联运中，长期以来一直未有准确的交货条款贸易术语，在实际业务中通常套用海运交货条款和贸易术语。目前，对贸易条件及买卖双方责任义务的解释，国际上一般都以"国际贸易术语解释通则（International Rules for the Interpretation of Trade Terms，Incoterms®2010）①"的规定为依据。一旦在贸易合同中规定了贸易条件，也就决定了运输条件，从而决定了运输程序和单证责任。因此，贸易条件对运输条款至关重要。在中欧班列操作中，通常选用 FCA、CIP 或 DAP 等贸易条件（见表8－9）②。

表8－9　　　　中欧班列相关贸易条件买卖双方权利义务

序号	贸易术语	交货地点	风险转移界限	备注
1	FCA	出口国内地、港口	承运人处置货物后	出口报关责任、费用由卖方承担；进口报关责任、费用由买方承担
2	CIP	进口国内地、港口	承运人处置货物后	
3	DAP	进口国国内	买方处置货物后	

资料来源：根据 Incoterms®2010 整理。

需要指出的是，尽管"Incoterms®2010"在国际贸易界通用，但由于国际铁路货物联运方式具有其自身的特性，简单套用贸易规则，还是容易频繁导致外贸关系人理解上的歧义，并由此产生各种法律纠纷。

值得一提的是，2017 年 4 月，成都国际陆港运营有限公司与中国银行锦江支行合作，采用多式联运提单作物权质押信用证结算方式，在一定程度和范围上，突破了现行国际铁路运输规则。这种"跟单信用证"贸易结算方式，意味发货方从货物离站时起，即可凭

---

①　来自 International Commercial Terms，它的宗旨是为普遍使用中的国际贸易术语提供一套解释的国际规则，以避免或减少各国不同解释而出现的不确定性，Incoterms®2010 是 2010 年新修订的国际贸易术语解释通则的英文简称。

②　DAP 是 Delivered At Place 的简称，字面意思是"指定目的地交货"。其中，"Place"可以指港口，也可以是陆地的地名。在此情境下，卖方自行负担费用和风险订立运输合同，按惯常路线和方式，在规定日期或期限内，将货物从出口国运到进口国内指定目的地，将货物置于买方支配之下，就算完成交货义务。

信用证到中国银行法兰克福支行申请议付，将收款周期提前了 20 天左右，改变了过去通过铁路班列运输，需要在收货方确认收货后才能收到货款的历史，破解了铁路运输规则对国际贸易资金周转的限制难题。

（2）相关运输规则。在中欧班列开行区域内，主要适用两种国际联运规章：一是《国际铁路货物联运协定》（Agreement Concerning International Carriage of Goods by Rail）（以下简称《国际货协》）（CMIC）；二是《国际铁路货物运送公约》（Convention Concerning International Carriage of Goods by Rail）（以下简称《国际货约》）（COTIF）。这两种国际联运规章的主要作用是界定相关运输主体的责任和权利，有一系列相关规则文件作为支撑。中欧班列主要是涉及运单、运价及货损货差理赔等方面的相关规定，其他还有一些相对具体的运输规定。

由于两个规则体系采用的国际铁路联运运单不同，造成了运单权属复杂、索赔不便等问题。目前，中欧（中亚）班列采用的国际铁路联运运单主要有三种类型：①途经国家和到达国家均适用国际货协规章的，用国际货协运单；②途经国家和到达国家适用两种联运规章的，采用《国际货协》+《国际货约》运单，在途中更换运单①；③途经国家和到达国家适用两种联运规章的，在各国铁路事先书面商定的情况下，使用《国际货协》/《国际货约》统一运单②。据统计，2015 年三种类型运单在各班列中使用的比例分别为

---

① 初期，两套运单货票系统至少增加每车 40 欧元费用和每列停留时间 16 小时以上。

② 2011 年 12 月，原铁道部国际合作司将《国际货约/国际货协运单指导手册》作为《国际货约》附件第 22 号正式发布。2012 年 1 月，原铁道部对经满洲里、二连浩特、阿拉山口三个口岸到欧洲国家的集装箱运输，试验采用国际货约/国际货协运单（统一运单）。新运单增加了语言文字种类（中俄文字外，可增加英德法一种），只统一了票据，但没有改变运输法的属性，赔偿等责任依旧是两套系统。2012 年 10 月 31 日，"渝新欧"试验列车第一次采用了该运单，并成功运行。参加统一运单的国家铁路成员由《国际货协》和《国际货约》的成员国铁路组成。其中，《国际货约》成员有 22 个铁路参加；《国际货协》成员有 14 个铁路参加。其中部分国家铁路同时参加两个协定：保加利亚、立陶宛、波兰、罗马尼亚、斯洛伐克、捷克和匈牙利铁路，以上国家铁路基本上包括了亚欧大陆桥铁路运输的主要发运国和过境国。

37.7%、29.7% 和 32.6%。此外，如前所述，2017 年 4 月，中欧班列（成都）首次尝试了采用多式联运提单。

在其他具体运输规则方面，沿线铁路公司有些不同的要求，主要是涉及载运数量和集装箱装载方面。按照国外铁路公司要求，去程每次班列需要满轴 41 车运输（总重不超过 2500 吨）。在集装箱运输技术要求方面，欧洲和独联体国家标准是，要求 20 英尺、40 英尺、45 英尺集装箱装载的货物及箱自重加起来不超过集装箱外标注的最大载重。在装载中的偏重偏心方面，欧洲未做特别要求，独联体国家未对偏心提出过要求，但要求两个 20 英尺小柜偏重不超过 8 吨。

我国铁路运输部门要求，集装箱内货物须配平并固定牢固，重心应位于集装箱中心点，不得偏载，装载货物后集装箱头尾重量偏差必须小于 2 吨，左右重量差偏差必须小于 1 吨。如单件超 100 公斤的货物、不规则货物，托运人应于装柜前提供外形尺寸、重量等参数，提出装箱方案。

此外，值得说明的是，中欧班列是国际铁路联运中的运输组织形式之一，其特点在于在铁路运输组织中的级别较高，是按照"五定班列"来组织的。此外还有一些非集装箱货类（主要是大宗散货）的国际铁路联运，以及并未纳入班列运行图的国际铁路联运形式，其时效性和可靠性较中欧班列低，比如发车频次不固定、途中需要多次编组等。

（3）海关监管规则。国内海关可以采用"属地报关、异地通关"。目前，中欧班列在国内的基本通关方式有三种：一是始发地有铁路口岸，在本地铁路口岸报关查验，运至沿边铁路口岸转关出境；二是始发地无铁路口岸，在属地海关报关，运至内陆其他铁路口岸查验，后至沿边铁路口岸转关出境；三是始发地无铁路口岸，在属地海关报关，运至沿边铁路口岸验放出境。

在进口方面，我国海关规定接收进口货物的口岸需要取得相应的进口资质，进口汽车转关手续必须在整车口岸之间办理，进口分装或拼箱货物的转关必须在进境地或具有舱单操作权限的口岸办理信息采录和传输。

在沿线国家通关过程中，需要遵守相关国家的海关规则。目前，大多数情况下，中欧班列途经过境国家时（比如宽轨段的哈萨克斯坦、俄罗斯、白俄罗斯等国），基本不再开箱查验货物。某些特殊品类货物，比如与人体密切接触的一些医疗器具、陶瓷杯、动植物产品等，有时需要抽查检验。

出于便利化通关的考虑，目前一些班列线路（比如重庆、成都、厦门等地）应用了"中欧安全智能贸易航线试点计划"（以下简称安智贸）①，可以使沿线各国实行一次报关、一次查验、全线放行。

此外，在沿线各国通关过程中，还存在一些"灰色通关"的潜规则，主要发生在哈萨克斯坦境内。

（4）相关运费结算规则或惯例。货主（托运人）与班列运营平台企业结算惯例：全程运费由班列运营平台垫付，然后按照一定的结算周期向货主（托运人）收取。国内货主一般是在班列开出后，一至两周内，支付全程费用。国外货主则是在班列开出时，就支付全程费用。

班列运营平台企业与铁路运输公司结算惯例：国内要求托运起票时，支付铁路运费；境外段要求在提报运输计划时，就支付相应的运费。需要指出的是，签订协议运价合同的，在提报运输计划及起票时，是按照协议运价的费率执行，在全年货运量完成后，会根据合同规定，发生运费的"减成"或"追加"行为。

班列运营平台企业与公路配送企业结算惯例：根据签订的尝试

---

① "中欧安全智能贸易航线试点计划"，是全球第一个全面实施世界海关组织《全球贸易安全与便利标准框架》的国际合作项目。通过中欧海关以及海关与企业间合作，实现对集装箱及箱内货物的全程监控，建立安全、便利、智能化的国际贸易运输链。"安智贸"项目此前更多应用于海运领域，目前已覆盖中欧10国的25个港口。能够参与该项目的企业也有一定的门槛，须具有稳定的对欧进出口业务和相对固定的欧方贸易伙伴，原则上应为经中方海关认定的高级认证企业。一经加入，企业将获得监管互认、优先通关等便利。

合作协议，采用月付或季付的方式。

此外，在国际集装箱运输业务中，使用我国铁路运输企业的集装箱，需要缴纳箱使用费（由铁路运输企业代收上缴中铁总后再内部清算给中铁集运），使用路外集装箱（货主自备箱或路外运营企业自备箱）不需要箱使用费，但如果需要"空箱回送"，则会发生相关运输费用。

不同区段费用的结算货币不同，境内段是人民币支付，宽轨段是美元支付，欧洲段是欧元或美元支付。

最后，需要说明的是，中欧班列所承载的货物既包括我国进出口的货物，也包括一些境外国家过境我国的货物（比如日韩等国家）。对于我国进出口货物的运输，在我国境内铁路发生的费用一律在我国核收，我国过境蒙古及独联体各国铁路的运送费用按《统一货价》计费，由代理人支付，过境匈牙利、捷克、斯洛伐克和罗马尼亚铁路的运送费用，按所在铁路计费规定由代理人或收货人支付。境外过境路运送费用，按承运当日《统一货价》计费，以瑞士法郎算出的款额按支付当日规定的兑换率折成核收运送国家的货币，由收、发货人或代理人与过境路清算，通过几个过境铁路运送时，应由各过境国的代理人向过境铁路支付运费，到达铁路的运送费用，可由代理人或实际收货人支付。过境我国的货物铁路运输一律在入境口岸车站和海运港口车站核收。

（5）保险规则或行业惯例。一般的，根据货主以及托运人自愿原则，可选择是否对货物进行保险以及参加铁路保价运输。根据我国铁路规定，进出口外贸货物运输必须是保险、保价运输，且必须是我国铁路认可的保险公司。如果发运人不能提供合乎要求的保险，发运站会要求发运人办理铁路保价运输。如果选择货物保险，则在整柜业务中，班列运营平台要求每柜货值超过 10 万美元（半成品及零部件等货物需要超过 20 万美元）。对于易燃易碎等危险品、贵重金属、汽车以及货值在 20 万美元以内的半成品及零部件，目前暂不予投保。

此外，德国铁路规定，对于高附加值货物，货运公司不办理保价运输服务而是向保险公司投保。出现货损问题，首先向保险公司索赔，然后再根据合同向客户理赔。

（二）　中欧班列经济组织模式及其特点

1. 基本模式分类及其概况

（1）基于运营平台企业属性及背景的分类。从班列运营平台的属性来看，目前中欧班列主要有三种运营组织模式①：其一，由地方政府主导的国有或国有控股企业参与成立班列运营企业，如"渝新欧""郑欧""蓉欧""汉欧"等；其二，由铁路系统内部中铁集运下属的全资公司中铁多联作为运营平台企业与地方平台共同主导运营组织，比如西安的"长安号"，由中铁集装箱西安分公司、西安陆港集团、陆港大陆桥公司组成联合体；其三，由民营企业自发开通和主导，如"营满欧""义新欧"（见表8-10）。

表8-10　　　中欧班列经济组织模式分类及其主要涵义

分类视角	模式类别简称	主要涵义	示例	备注
平台企业属性及背景	地方国企主导	地方政府支持下的地方运营平台	郑欧、蓉欧	倾向满足地方发展诉求
	铁路与地方联合主导	铁路系统内部构建的运营平台	中铁多联	倾向铁路运输组织优化
	民营主导	民营企业自负盈亏	义乌天盟	倾向实际市场需求
平台企业资产规模	轻资产运营	资产及业务规模较小	安徽新亚欧	倾向专业化
	重资产运营	资产及业务规模较大	郑州国际陆港	倾向综合化

---

①　还有一种是在政府扶植和补贴下，大型物流民企作为班列运营企业，如甘肃的"天马号"，属中亚班列。

分类视角	模式类别简称	主要涵义	示例	备注
铁路代理及组织方式	全程自主	境内外均分段合作	渝新欧早期实践	各个运营平台可能根据实际需要，在不同时期、不同线路上使用不同代理方式
	境内委托＋境外自主	境内委托中铁多联，境外分段合作	郑欧部分线路	
	境内自主＋境外委托	境内与地方路局合作，境外委托德/俄铁	蓉欧部分线路、长安号	
	全程委托	均委托中铁多联	义新欧部分线路	

（2）基于运营平台资产及业务规模的分类。从运营平台的资产及业务规模来看，大体可以把运营平台分为"轻资产运营模式"和"重资产运营模式"两种（见表8－10）。这里，轻资产和重资产是相对的概念，主要体现在注册资本金的规模和业务经营过程所依赖的固定资产的多寡。

采用轻资产运营模式的平台企业，一般不拥有自己的场站设施和运载装备，或者较少在此类固定资产上投资，主要通过各种协议形式组织利用社会资源提供服务，所从事的业务范围也相对集中，比如运营"合欧"线路的安徽新亚欧国际物流公司（以下简称安徽新亚欧），注册资本为500万元，主要经营国际货代业务。

采用重资产运营模式的平台企业，一般拥有自己的场站设施和多种运载工具，员工规模也比较大，业务领域相对宽泛，且部分环节可以自主提供服务，比如运营"郑欧"线路的郑州国际陆港开发建设公司，注册资本达2亿元，员工600多人（其中长期驻海外业务人员就有50多人），业务涵盖国际货代、道路运输、仓储、包装、集装箱租赁、跨境商贸、项目投资管理与咨询、物业服务等多个领域。

（3）基于铁路代理合作及组织方式的分类。从地方平台公司（也包括其他央企成立的平台公司，如中外运）与中铁多联之间的代理合作方式来看，大致可以分为以下四类。

其一是"全程自主"运营模式，即地方平台公司在境内同地方铁路局或其他铁路代理合作，在境外分别同沿线铁路分段合作。这种模式在早年间班列开行初期，比较常见。当时，大部分班列运行线路都处于摸索阶段，国内没有固定的运行图，需要地方平台与地方铁路局合作，按照一般国际铁路联运的组织形式开行至出境口岸，过程中需要向沿线国家铁路预先提报运输计划，商定运输价格。近年来，国内一些刚刚起步运行中欧班列或中亚班列的地方平台企业，出于强化地方主导的考虑，往往也采用这一模式。当然，还有一个原因是，新开行的一些线路在国内并没有固定的运行图，需要按一般国际铁路联运的组织形式试运行。此外，还有一些地方平台，本身是由地方铁路局和地方企业联合成立的，地方铁路局有自身经营上的考虑，这种情况下，在境内段一般并不委托给中铁多联代理。

其二是"境内委托＋境外自主"运营模式，即地方平台公司将境内班列运输委托给中铁多联，境外仍分别同沿线铁路分段合作。这一模式常见于地方大型重资产平台公司运营的班列线路，由于这类平台企业海外业务网点分布较广泛，海外从业人员数量众多且业务经验丰富，能够同境外铁路公司及其代理，形成较为良好的合作关系，可以取得具有一定竞争力的优惠运价。目前，许多地方班列平台企业之所以没有将境外业务委托给中铁多联，其中一个主要原因在于中铁多联取得的境外段铁路运价较高，特别是在返程班列方面，由于缺乏货源组织能力，在议价时话语权较弱。

其三是"境内自主＋境外委托"运营模式，即地方平台公司在境内同地方铁路局或其他铁路代理合作，在境外委托给德铁或俄铁旗下的线路代理公司，由这些境外线路代理公司负责境外段运输。这种模式常见于地方平台针对某类大型货主企业提供的定制化专列服务，这类服务具有周期不稳定、线路不固定的特点，一般需要委托地方铁路局负责编制境内运输计划。地方铁路局出于自身经营业绩的考虑，也有积极性为这些本地大型货主企业服务，并且通常早已与这些本地大型企业建立有良好的合作关系。

其四是"全程委托"运营模式，即地方平台公司将境内及境外的代理业务全部委托给中铁多联，由其负责铁路"线上"的运输组织，而地方平台公司则专注于"线下"的货源组织。这种模式是中铁多联极力主张并积极推行的模式，目前主要是一些货量比较小的平台企业在应用。据调研了解，广州、义乌、长沙、兰州、南昌、沈阳、深圳及内蒙古等地的平台企业目前采用的是这种模式。2016年，中欧班列全程运输代理的比例从 2015 年的不到 15%，提高到目前的 34%。

2. 典型平台企业运营特点

在各地组织开行的中欧班列中，重庆、郑州、成都、武汉等地的规模约占年均开行班列总数的七成以上，苏州开行的班列运输成本相对较低，义乌开行的班列线路最长且是民营企业主导，本文选取上述地方的平台企业，主要从运输组织、货源组织、运营组织等方面，进行典型案例分析，并简要介绍中铁多联的基本业务开展情况。

（1）渝新欧（重庆）物流有限公司。该公司成立于 2012 年 4 月 11 日，总部位于重庆，由中铁、俄铁、哈铁、德铁及重庆交运集团合资组建，注册资本 300 万美元，分别占股份 10%、16.3%、16.3%、16.3%、41.1%，中方持有 51% 的股权。主要从事重庆、欧洲沿线双向的"站到站"的铁路货物运输业务。经营范围以承办进出口货物及过境货物的国际运输货代业务为主，包括：订舱、配送、仓储、包装、搬运装卸、流通加工、报检、结算运杂费，以及相关物流信息处理。

① "1 + N" 线路开行模式。"渝新欧"主要以重庆经阿拉山口出入境至德国杜伊斯堡为运行主线路，以重庆经多斯特克（拟开通

霍尔果斯/阿藤克里口岸）到阿拉木图再转运至中亚五国主要城市及俄罗斯主要城市为"N"条辅助运行线路。其中，主线路主要针对的是稳定性较强的公共班列服务，"N"条辅助线路则可根据客户需要选择沿线国家作为集结点和分拨点，提供针对特定需求的定制化国际铁路运输、多式联运服务。

②通过打造生产贸易中心开拓货源。在"渝新欧"的货源构成中，重庆本地货源和外地货源各占50%。货类构成中IT产品约占40%。重庆目前在笔记本电脑生产、汽车生产、咖啡交易等方面取得了重要进展①，未来将培育十大战略性新兴产业，创新加工贸易模式，建成为全球重要的笔记本电脑生产基地；引进上汽、北汽、福特、现代等国内外重要的汽车企业，建成为国内最大汽车生产基地之一。通过打造生产贸易中心，为中欧班列的货源提供重要支撑。

③依托合资企业资本纽带优势实施全程自主运营。"渝新欧"是由四国五方企业联合组建的合资企业，以资本为纽带，各方合作关系更为紧密。在境内，结合线路运行模式，主要按照班列运行图由地方铁路局负责运输组织，在境外，则分别同哈铁、俄铁、德铁签订较为优惠的运价合作协议，并借助其在境外的物流运作能力，开展运营组织。其中，德铁下属的"DB辛克物流"（全球国际货运代理公司）在国内和欧洲都拥有不少的大客户，其全球领先的物流技术和影响力将有利于"渝新欧"物流运输服务的进一步完善和加强。

（2）郑州国际陆港开发建设有限公司。该公司于2013年6月由郑州经济技术开发区管委会和河南物资集团公司联合组建，全面负责国际陆港的规划建设及郑欧班列的运营。该公司注册资金2亿元人民币，现有员工近600余人，业务涵盖国际货运代理（包括揽货、订舱、托运、仓储、包装；货物的监装、监卸、集装箱装拆

---

① 比如，惠普、富士康生产基地入驻重庆；2016年又建立了重庆咖啡交易中心。

箱、分拨，进出口报关、报检、报验、保险）；国内外多式联运（郑州—欧洲、郑州—中亚、郑州—日韩"门到门"服务）、集运（含集装箱拼箱）；跨境e贸易及电子商务；仓储服务及租赁；国际运邮快递、冷链物流等；汽车整车及零部件的进出口和批发零售；项目投资管理与咨询服务；物业服务等。主要项目有郑欧班列、多式联运海关监管中心、郑州国际陆港保税物流中心、多式联运集疏中心、汽车整车进口口岸、郑州国际陆港跨境电商仓储物流中心、亚欧国际冷链物流集疏中心、进出口商品集疏交易中心等项目。

①坚持"双枢纽双口岸双通道双向满载均衡对开"开行模式。郑州国际陆港以郑州和汉堡为枢纽，以阿拉山口和二连浩特为常态运行的出入境口岸，构筑直达汉堡及沿线境外节点城市的西通道和中通道，实现了持续多点密布的中途上下货（沿途上下）常态开展和双向均衡对开，使得去程班列数占回程班列比重提升至80%以上，去回程的满载率达到100%以上。

②通过依托开放平台优势打造物流枢纽开拓货源。郑州是全国功能性口岸最多的内陆城市，拥有邮政、跨境电商、肉类、食品药品医疗器械、汽车整车、粮食、澳大利亚供宰活牛、种子苗木等内陆指定口岸，郑州铁路东站货运口岸为一类口岸。郑州跨境电子商务领跑全国，是全国首批12个国家跨境电子商务综合试验区之一。郑州拥有中部地区首个综合保税区，拥有保税中心、出口加工区、多式联运监管中心等海关特殊监管区。特别是国家海关总署批复的郑州国际陆港多式联运监管中心，是全国继青岛、西安之后第三家也是中部唯一一家多式联运监管中心①，目前一期已封关运营，海关、检验检疫部门对中心进出口货物实施"一次申报、一次查验、一次放行"，能够将各种运输方式的货物进行换装、仓储、中转、

---

① 2016年4月，海关总署批准湖北省在武汉市建设多式联运海关监管中心。武汉多式联运海关监管中心初步规划按"两区"模式建设，即在武汉水运口岸（阳逻港）和武汉铁路口岸（中心站）分别设立监管区。但鉴于目前武汉铁路中心站用地权属尚未厘清，铁路口岸的监管区将设在中心站附近的无缝对接区域，目前尚未实现在铁路口岸设立。

集拼、配送等一体化作业。此外，中国（河南）自由贸易试验区于2017年4月正式挂牌成立。

开放经济的大力发展，口岸监管配套功能的不断完善，海关、国检的大力支持，是促使郑欧班列在国内所有开行班列中保持领先地位的又一支撑。

需要说明的是，中欧班列（郑州）去程货源中，本省货源仅占25%，境内省外货源占55%，日韩等国家和地区的货源占20%。

③境内委托和境外分段合作自主运营。郑州国际陆港通过战略合作协议的方式，来解决具体每个环节的运输组织。境内铁路运输段，与中铁多联签订《中欧班列运输代理服务协议》，在境外铁路运输段，与波兰国家铁路公司、德国铁路公司、俄罗斯铁路公司、白俄罗斯铁路公司和哈萨克斯坦铁路快运股份公司签订了《战略合作协议》，在境外公路运输段，与多家公司签订了《货物道路运输服务合同》。国外货物的分拨，主要有郑州国际陆港与境外代理多家合作伙伴签订合作协议来解决，包括汉堡华沙、布拉格和米兰等地的二级厂站公司。

④重资产运营，综合化、全链条服务。郑州陆港公司在德国设立有自己的分公司①，在波兰、白俄罗斯、韩国等国家设立有办事处，并在汉堡、华沙、布拉格、杜伊斯堡、巴黎、米兰等有专门的仓库、堆场及报关行，在欧洲建成了完善的集疏线路；在国内华北、华东、华南城市建成了货物集疏专线，具有完备的铁路、公路、海运、空运物流网络，能为客户提供国内外"门到门"式提货、配送、运输、仓储、分拨、报关报检、金融等一体化物流服务。

郑欧国际陆港还配备自有集装箱7000多个，并具备特种集装箱（冷藏箱、挂衣箱、开顶箱、分层箱等）自主配置和运营能力。

此外，通过全面铺开"运贸一体化"战略，郑欧班列"以运

---

① 2014年3月20日，郑州国际陆港公司在德国成立分公司 ZZH International Multi-modal Transport GmbH，负责郑欧班列在欧洲的场站布局和集疏网络建立，陆港公司公路集疏网络以德国汉堡为枢纽，实现欧洲全覆盖。

带贸、以贸促运"的良性产业结构催生出了"郑欧班列＋跨境电商"的独特联运模式，促进更多的进口货源搭乘班列运输，推动了郑欧班列的进一步持续加密开行。

（3）成都国际铁路班列有限公司。该公司于 2016 年 4 月 1 日，由成都工业投资集团有限公司下属成都国际铁路港投资有限责任公司全资投资设立，注册资金 3000 万元，承担中欧、中亚、泛亚班列的运营管理工作①。企业属性为有限责任公司（非自然人投资或控股的法人独资）。公司经营范围包括承办进出口货物国际国内货运、多式联运及其他运输代理业务（含订舱）等。

①"一线两核多点"线路运行模式。"一线"指成都经阿拉山口出入境至波兰罗兹的班列运输干线，"两核"指成都和罗兹，"多点"是指以两个核心枢纽辐射境内外始发终到的各个节点城市。目前境外节点城市主要有德国的纽伦堡、汉堡和荷兰蒂尔堡。值得一提的是，波兰作为转运中心，其保税仓库同时具备欧盟及俄罗斯与独联体保税优惠便利，可分别为欧盟、俄罗斯及独联体地区的客户提供运抵缴税及延后 160 天缴税的便利。

②通过支线联通方式实现货源组织和分拨。目前，该公司在境内外都建立了通过铁路支线延伸拓展到货源腹地的组织方式。在境内，通过铁路线，延伸至云南、广西、广东、福建、上海、浙江等地（主要是深圳、厦门、上海、宁波等城市），并通过与这些地方货代企业或平台企业的合作，加强对去回程的货源组织。其中，在

---

①　此前负责成都班列运营的公司是成都亚欧班列物流有限公司（成都蓉欧快铁班列有限责任公司，简称蓉欧快铁），成立于 2013 年 4 月，注册资本人民币 3000 万元，由香港 HATRANS 物流有限公司、成都维龙物流有限公司和成都越海全球物流有限公司三家物流公司共同持股，三方股东各持股 1/3。2014 年 8 月，该公司股东授权中铁铁龙集装箱物流股份有限公司控股子公司上海铁洋多式联运有限公司（简称上海铁洋）对班列公司实施整体托管经营，相关各方签署《企业托管经营协议》，同时经班列公司董事会决议通过聘任铁洋公司相关人员出任班列公司总经理，全权代表铁洋公司负责班列公司的实际运营和管理。根据《企业托管经营协议》约定，铁洋公司每年应收取的托管费用为班列公司当年增加的可供分配给相关股东的合计利润的 15%。

福建（以及台湾地区），通过与当地平台企业"厦蓉欧（厦门）快铁班列公司"的合作①，将厦门本地生产以及由台湾转关过境的货物在成都集结后，发往欧洲地区。

③采用全程分段合作自主运营模式。在中欧班列（成都）运营初期的一段时间，前一家运营平台企业曾将班列业务授权由中铁集运旗下上市公司的子公司上海铁洋管理。2016年，具有国企背景的新平台公司成立后，则重新恢复为地方平台企业全程自主运营模式。

（4）武汉汉欧国际物流有限公司。该公司成立于2014年3月，由武汉新港建设投资开发集团有限公司旗下的华中航运集团有限公司、湖北汽车运输总公司共同出资组建，注册资本1600万元人民币②。公司经营范围主要包括：国际货运代理；物流平台方案设计及建设；商务信息咨询代理（报关、报检）；机械设备及其配件、汽车配件、电子产品、计算机及辅助设备、木制品、木材、日用百货、游艇、家具、矿产品的销售。

①"东西双通道多点延伸"线路开行模式。目前，汉欧国际主要开通武汉经阿拉山口、满洲里出入境抵达德国汉堡、杜伊斯堡并向法国里昂等地延伸的公共班列线路。此外，还通过定制班列形式开行至波兰、捷克等地。2016年4月，开通了全国首个武汉至法国班列，成功将武汉至德国杜伊斯堡线路延伸至法国里昂；12月在巩固拓展阿拉山口西部通道基础上，新开通经东部满洲里口岸出境，通达至俄罗斯、波兰、德国等线路，成为全国中欧班列首个拥有东、西通道"双龙出关"的中欧班列运营公司。

②明确提出三种产品形式。汉欧国际明确提出了公共班列、定制班列和零散发运及拼箱业务三种产品形式。其中，公共班列、定制班列都属于班列运输组织形式，所不同的是，公共班列是按照图

---

① 成立于2015年4月15日，系由香港新丝路快铁有限公司和厦门海投供应链运营有限公司联合成立的中外合资公司，是厦门市国际快铁班列运营的平台公司。

② 目前，由武汉新港建设投资开发集团有限公司（简称武汉新港）直接控股，与华中航运集团有限公司、湖北汽车运输总公司平行隶属于武汉新港。

定时刻开行，主要针对单次发运量较少但持续的中小型客户，定制班列是按需开行，主要针对单次发运量超过41个40尺集装箱的大客户，主要包括富士康、冠捷、台湾奇宏等IT生产企业。零散发运及拼箱业务则基本不属于班列运输组织形式，主要是根据客户需求，按照一般的国际铁路联运形式组织，其中部分拼箱业务可根据公共班列整箱运输的实载率情况，予以补充至公共班列中。

③通过打造物流枢纽及生产贸易中心组织货源。汉欧国际主要通过依托交通区位优势及本地生产贸易的便利化条件组织货源。目前，班列中有超过六成的去程货源来源于本土的大型制造企业，如东风整车、富士康电子产品、冠捷显示器、武钢特种钢材、长飞集团光缆等，其他去程货源还包括来自长三角、珠三角的家电、化工、橡胶产品等。回程货源主要有木材，电梯零部件，宝马、奔驰、雪铁龙汽车零部件，铜带，模具，钢板材等。出口货物中轻工业制品占30.1%，纺织服装20.1%，电子产品占19.09%，机械设备占13.69%，汽车配件占10.01%，其他占7.01%；进口货物中木材占62%，汽车配件占9.47%，机械设备占8.61%，特种钢材占4.74%，化工产品占5.25%，纺织制品占4.4%，五金工具占3.15%，其他占3.4%。

在境内货源组织和分拨方面，汉欧班列与武汉铁路局密切合作，增开"天天快班"国内运输线路，完成深圳至武汉铁路班列双向对开，实现了华南等地货物通过汉欧班列无缝衔接运往亚欧大陆各国，大幅提高了汉欧班列境内分拨与集货能力。

在回程货源的组织方面，值得一提的是，汉欧国际于2015年4月，开通了全国第一个持续、满载的原材料、半成品运输专线"俄满汉"回程木材班列。自2015年开通"俄满汉"原材料运输专列以来，截至目前共发运115列，计11230TEU。2016年约79%的木材原材料利用长江天然黄金水道的航运优势，通过长江航道水运分拨至天津、上海、大连、青岛、厦门、广东、安徽等十几个长江中下游省市地区，约21%的木材原材料通过集卡运往武汉周边地区。

随着"俄满汉"木材回程专列的常态化运行，木材运量将稳步增长，为湖北武汉"工业倍增"计划提供更多选择、机会和原料支持。同时缓解了湖北省本地企业木材原料缺口压力，带动湖北省木材产业链的延伸和拓展，推进了木材资源在武汉集聚，助力武汉发展成为我国的木材产业中心。

此外，汉欧国际也尝试了实施"运贸一体化"的发展战略。2016年，汉欧国际先后成立了武汉汉欧国际供应链管理有限公司和武汉汉欧国际贸易有限公司，有效拓展了货源组织、铁水公多式联运，实现了国际国内物流运输无缝对接。当年，汉欧国际成功将法国波尔多酒庄的原产地、原瓶、原装红酒、白俄罗斯的优质液态牛奶、食用油及俄罗斯的面粉等商品通过汉欧班列运抵武汉销售。目前，某世界奶粉巨头已与汉欧完成婴儿牛（羊）奶粉运输的测试，拟将中国区销售总部迁至武汉，预计将增加每年1000万罐奶粉的回程运输量。

④分线路及产品属性采用不同运营模式。汉欧国际总体上是采用全程自主运营的模式，对公共班列产品中的部分线路，采用境内委托中铁多联、境外自主运营的模式，零散发运及拼箱业务则基本采用全程自主运营模式。

（5）苏州综保通运国际货运代理有限公司。该公司（以下简称综保通运）于2011年4月注册成立，是苏州高新区综合保税区下属的全资子公司，注册资金1000万元。业务范围包括：承办铁运、陆运、空运、海运进出口业务、国际货物运输代理业务以及仓储业务；提供保税货物仓储、理货、代理报关报检、VMI（Vendor Managed Inventory）①、保税一日游、代理收付汇等相关服务。

①"一条主线中途上下终站分拨"线路开行模式。目前，综保通运主要以苏州经满洲里出入境至波兰华沙为主线，中途经过莫斯科

---

① 是一种以用户和供应商双方都获得最低成本为目的，在一个共同的协议下由供应商管理库存，并不断监督协议执行情况和修正协议内容，使库存管理得到持续改进的合作性策略。

会完成对俄罗斯境内货物的拆挂、甩挂业务，运至华沙终点站后，再通过铁路或公路运输分拨至德国、法国、意大利等欧洲国家。

②依托长三角加工贸易优势进行货源组织。搭载"苏满欧"线路的境内货源地，主要集中在自江苏省、华东地区及部分华南地区。其中，江苏省货源占比 38.60%，浙江省货源占比 23.50%，上海市货源占比 13.38%，剩余货源来自广东、福建、山东等地区。也就是说，70% 以上的去程货源来自"长三角"地区。

③采用"境内自主＋境外委托"运营模式。综保通运运行线路相对简单，境内段主要由上海铁路局按照图定班列时刻（X8402 次车，每周 4~5 班）组织去程铁路运输，境外段则委托俄铁旗下的东方路桥公司负责运营组织。境外"站到门"的分拨配送则委托境外道路运输企业或货代企业负责。

④平均运价率最低。虽然"苏满欧"班列通过满洲里在距离上比阿拉山口多 1000 公里，但由于通过我国东部较密集的铁路网，与阿拉山口繁忙的铁路口岸相比，国内段运输可以节省一些时间和费用。另外，该条线路的境外运输主要依托俄罗斯的西伯利亚铁路，由于减少了过境运输国家，节省了时间和环节，成为当前中欧直通班列成本最低的路线。据统计，"苏满欧"班列每大柜（即 40 英尺集装箱）运价约为 6000 美元，比"渝新欧""郑欧"每大柜分别降低 3100 美元和 3500 美元，是目前运输价格最低的中欧班列。

（6）义乌市天盟实业投资有限公司。天盟实业公司是以运营铁海联运、中欧铁路国际货运班列和中欧贸易供应链为主的跨境贸易综合服务商，为民营企业，注册资本 1000 万元人民币。提供短驳、拼箱、报关（检）、国际物流、配送、海外仓储、铁路国际快件、分拣、供应链金融等服务，是浙江省和义乌市融入"一带一路"国家战略的重要平台。现有国内外员工 70 余人，海内外仓储和堆场 6 万余平方米。

①"一条主线常态、多条辅线零散发运"线路开行模式。天盟

实业以义乌经阿拉山口出入境至西班牙马德里①为主线，以"义乌至中亚塔什干""义乌至德黑兰"为辅助班列线路。此外，还根据客户需要，辅助零散开行至俄罗斯的车里雅宾斯基、白俄罗斯的明斯克、拉脱维亚的里加、英国伦敦、阿富汗马扎里沙里夫、伊朗的德黑兰等节点城市的国际铁路联运列车。

②依托本地小商品贸易中心及周边加工贸易企业组织货源。义乌的小商品批发市场是我国最大的小商品出口基地，也是世界上最大的小商品批发市场，有180万种小商品销往全球200多个国家和地区，这为班列的常态化开行提供了货源基础。在各类小商品中，工艺品、饰品、小五金、眼镜等优势行业商品出口量占行业销量的70%以上，市场内60%以上的商户发生外贸供货业务。义乌小商品批发市场现拥有营业面积260多万平方米，商位50000余个，从业人员20万人，日客流量20多万人次，日货物吞吐量达5000余吨。自2014年11月1日起，义乌正式试行市场采购海关监管方式，极大促进了义乌进出口增长。2015年5月1日，义乌停止实施旅游购物监管方式，市场采购贸易②成为小商品出口的主要渠道。2016年，"义乌至马德里"班列共开行65列，发送集装箱货物5986TEU。近两年，货类结构也从开行初期较为单一的小商品和电子产品逐步丰富到品牌服装、通讯设备、五金机电、圣诞礼物、家具等商品，货值越来越高。此外，随着电商邮包货源上班列，货源品类将更加丰富。值得一提的是，"义新欧"在运行初期，义乌本地货源约占80%，目前实现定点定班后，货源扩散到广东、福建、江苏、上海，义乌本地商品只占到20%左右。

③实施全程委托运营模式。据课题组在中铁集运的调研情况显示，

---

① 马德里是欧洲最大的小商品集散地，西班牙是义乌小商品在欧盟最大的出口目的国。

② 市场采购贸易方式是指由符合条件的经营者在经国家商务主管部门认定的市场集聚区内采购的、单票报关单商品货值15万（含15万）美元以下、并在采购地办理出口商品通关手续的贸易方式。

天盟实业目前已将境内外班列运输全程委托给中铁多联，采用国内段与宽轨段联动操作的国内段铁路线路使用费"量价捆绑价格方案"。

④市场化运作。天盟实业是目前地方班列运营平台中为数不多的民营企业，与第一批列入"中欧班列"序列的重庆、成都、郑州、武汉、苏州等城市相比，义乌是唯一开通中欧班列的县级城市。由于前期投入较多，"义新欧"班列目前整体运营还处于亏损状态，预计三年左右能实现盈亏平衡或初步盈利。

（7）中铁国际多式联运有限公司。该公司是中铁集运下属的全资子公司，前身是中铁国际货运代理有限责任公司（CRIF），成立于1996年，是中国最早一批从事国际货运代理业务的企业。公司下设8个子公司、17个分公司、5个口岸经营部以及若干个驻外代表处，经营网络遍及全国主要城市、周边国家如俄罗斯、蒙古、韩国、日本等，中亚以及欧洲、北美地区。公司的业务基本上由三大部分组成，即国内物流业务、国际（海铁）联运业务和互使箱业务。国际（海铁）联运业务主要涉及国际联运、海铁联运、大陆桥运输、过境运输及物流服务、特色服务如危险品运输等。国内物流主要包括牛奶班列、铝锭班列、柳汽班列、拼箱业务以及大红门物流基地双层班列业务。互使箱业务主要是指俄铁箱（RZDU、TK-RU）、哈铁箱（KTZU）在中国境内的互换使用业务和管理以及中铁箱（TBJU）在俄罗斯、哈萨克境内的经营业务。

需要说明的是，该公司的母公司中铁集运是于2003年由原铁道部成立的三大专业运输公司之一，专营集装箱铁路运输业务，并负责若干集装箱货运站和集装箱、篷布等资产的运营管理，具有承运人的身份。2013年，中铁总开始实施铁路货运组织改革，将中铁集运的集装箱运输业务及相关集装箱货运站划归各地方铁路局管理，中铁集运转变为主要负责铁路集装箱及篷布等设备资产管理的公司，成为"租箱业者"。在这一过程中，鉴于其在国际铁路联运中长期积累的行业经验，中铁总保留了该公司原有的国际集装箱运输业务。随后，在全国中欧班列快速发展的大背景下，中铁总指定中铁集运为中欧班列全程服务平台。

目前，在中欧班列运营方面，中铁集运相关事业部及中铁多联主要负责以下几个方面的工作。

①协助中铁总编制运行图。根据地方货源组织情况及开行班列的诉求，协助中铁总运输局编制并调整中欧班列的运行图，包括协调境外宽轨段铁路公司，共同推进"全程运行图"的编制工作。

②承接地方平台委托运营并管理"量价捆绑"运价协议。推出两种"量价捆绑价格方案"，即国内段与宽轨段联动操作的国内段铁路线路使用费"量价捆绑价格方案"和不联动操作的国内段铁路线路使用费"量价捆绑价格方案"。根据地方需求，签订委托代理协议，并实施相关运价方案。

③提供班列相关辅助服务。组建中欧班列客户服务中心，每天两次向客户通报班列运行信息，提供 7×24 小时业务咨询、应急处置等服务。成立单证中心，开发了单证制作系统，为客户提供联运单证制作、报关转关等服务。

④统一品牌的管理。中铁集运在总公司授权范围内负责"中欧班列"品牌商标使用管理和保护、许可使用申请受理、宣传品监制等工作。具体来讲，中铁集运负责对申请使用"中欧班列"品牌商标的企业或机构的申请资料进行初步审核，并提出初审意见后，报总公司审批。在日常管理中，主要工作包括：一是对使用"中欧班列"品牌商标的情况加强监督；二是建立健全"中欧班列"品牌商标管理台账，及时、完整、准确地记载"中欧班列"商标申请使用、使用许可、合同备案、日常使用等信息，并妥善保管管理档案；三是向总公司上报"中欧班列"品牌商标管理情况年度报告，详细说明"中欧班列"商标的使用、保护和管理情况。

（三）中欧班列的运营组织存在的主要问题及其原因

目前，中欧班列运营组织存在的主要问题突出体现在各班列运营主体发展合力不足、过度依赖补贴政策、物流服务水平较低。具体表现在依托补贴争抢货源、境外议价能力较弱、全程运输成本较高、回程货源组织困难等方面。究其深层次问题及原因，主要有以下几个方面。

1. 铁路经营管理体制仍有待完善

（1）铁路系统内部经营主体间关系不够顺畅。目前，中铁总宣称中铁集运是指定的中欧班列全程服务平台。但事实上，由于在2013年实施铁路货运组织改革以后，中铁集运的集装箱运输业务已移交给各地方铁路局，其由"承运人"身份转变为"租箱业者"，主营业务集中于集装箱等铁路载运装备资产的管理，已不能取得运输业务的收入[①]。尽管其下属的中铁多联具有国际货运代理和无船承运人身份，但其在国内段铁路运输代理方面，却不能替代其他铁路局以及相关铁路代理企业。这使得各地方运营平台企业，在国内段运输环节，可越过中铁集运及中铁多联，直接委托地方铁路局或其他铁路代理开展业务。而且，目前中铁总在中欧班列的开行方面，还没有设定明确的准入门槛，地方铁路局作为实际承运人，有扩大本局管内货运量的积极性，除图定班列线路外[②]，也愿意配合地方企业开行新的运行线路。

在这种格局下，中欧班列在国内段的铁路运输，形成了中铁多联与其他铁路代理企业间的竞争关系。由于其他铁路代理多为各地方铁路局原下属的"多元经营公司"或货运中心营销部门，与铁路局之间的业务合作更加便利，若转由中铁多联代理，反而可能增加代理费用，因而处于不利的竞争地位。这种竞争关系在现有体制下，具有其"合规性"，但却由于弱化了中铁集运从全局着眼推动国际铁路联运发展的作用，不利于中欧班列的统筹优化。

[①] 目前在实际操作中，由中铁集运代理的线路，实施的是"代收垫付"的方式，即由其为地方平台公司垫付铁路运费，再向地方平台企业收取运费。运费统一汇缴至中铁总，再按照清算办法，向各路局清算收入。

[②] 虽然图定线路是经由中铁集运向中铁总申报批准的，但实施后，并不一定再由中铁集运代理订舱。

（2）铁路运营平台服务能力尚不完全适应市场需求。中铁集运由于受制于体制制约，加之中铁多联境外经营能力有限、地方平台企业有补贴支持等因素的影响，其作为铁路运营平台，在境外铁路运价谈判、去回程货源组织、箱源调配、全程物流服务等方面，都不能很好满足市场需求。这就在客观上促使地方铁路平台企业大多采用分段合作、全程自主的运营模式。

（3）铁路运价机制仍不够完善且缺乏灵活性。目前中铁集运根据委托代理方式类别，对各地班列运营平台采取两种"量价捆绑价格方案"。第一种是国内段与宽轨段联动操作的国内段铁路线路使用费"量价捆绑价格方案"，第二种是不联动操作的国内段铁路线路使用费"量价捆绑价格方案"。第二种方案国内段价格明显高于第一种方案，并且缺少国外段铁路线路使用费的"量价捆绑价格方案"。其主要原因在于中铁集运不如大型地方平台公司掌握的货源多，拿到的国外段线路使用费一般都比地方平台拿到的价格高。因此，多数地方平台不采用第二种方案。

此外，运价方案的调整机制不够灵活，审批流程仍较为烦琐，往往不能及时应对市场变化。

2. 地方补贴弱化了整体运营能力

（1）不同程度地干扰了市场竞争秩序。政府补贴是一把"双刃剑"，一方面可以促进班列开行初期的市场培育，但另一方面也对市场机制产生干扰。目前，大多数中欧班列都存在较高的政府补贴现象。例如，成都市列出专项资金对"蓉欧快铁"补贴运费3年，郑州对国内货源地到郑州的集结费用进行全额补贴，武汉补贴铁路运价的60% ~70%。尽管目前在一些班列开行量较大的地区，单箱补贴的平均标准有所下降，财政补贴的方式有所优化，但还有不少地区有加大补贴规模的趋势，导致恶性争抢货源等无序竞争问题。此外，一些地方政府为凸显"政绩"，没有切实立足本地对外贸易发展实际情况和中欧班列的技术经济特点，过分依赖补贴，过早、盲目追求开行始发本地直达欧洲的班列，也在一定程度上干扰了正常的市场竞争秩序。

（2）削弱了统一境外议价能力。地方运营平台公司依靠本地政府补贴，更多地服务本地发展诉求，它们在与境外铁路企业谈判运价过程中，通常都是各自为战、多头对外，削弱了我国统一对外的议价能力，使得全程运输费用难以实现较大幅度的降低。

（3）降低了回程货源组织能力。由于各地方平台普遍采用至不同终点站的"点点直达"线路开行方式，各条线路在境外的终点站及集运中心比较分散，加之欧洲托运人企业出于供应链竞争的考虑，某一家地方平台很难获取多家有竞争关系的企业货源，在回程货源本身不充足的情况下，进一步分散了每条班列线路的货运量，使得回程班列的发车频次也很难保持稳定性和可靠性，从而又反过来影响回程货源的组织。

3. 协调联动融合机制还不够深入

（1）主要国际规则和标准的协调还有待进一步突破。一是适用于包括中欧班列在内的国际铁路货物联运特点的国际贸易规则还未形成。在国际铁路货物联运中，长期以来一直未有准确的交货条款和贸易术语，在实际业务中通常简单套用海运交货条款的贸易规则或者国际贸易术语解释通则中的相关规定，容易频繁导致外贸关系人理解上的歧义，并由此产生各种法律纠纷。其中，影响比较大的突出问题反映在"提单"和"保险"两个环节。"提单"问题主要涉及"控货权"和"跟单信用证"贸易结算方式，影响贸易风险和资金周转。在国际铁路货物联运中，货主或发货人取得的唯一发货凭证只是作为运输合同的铁路运单，不具有物权属性，也不适应跟单信用证的条款要求，各分段铁路承运人只根据《国际货协》和《国际货约》的规定，负责货物和单据的运输交接，行使运输连带责任，其他各种提、运单对国际铁路货物联运无效。"保险"问题主要是影响一些需要由买方承担保险费的特殊交易条款（如CPT，运费付至指定目的地）的实施。根据国际铁路货物联运及我国铁路的相关规定，不论何种交货形式，进出口外贸货物都是要由发运人向我国铁路认可的保险公司投保运输险或办理铁路保价运输（全程的或到国境站的），从而使得在一些贸易条款中，买方和卖方被迫需要重复购买保险、保价。

二是沿线国家的运输规则和标准不一致。比如，铁路运单需要适用于《国际货协》和《国际货约》两套规则体系，造成运单权属复杂、索赔不便等问题。又如，沿线铁路车辆规格、载重标准以及集装箱运输技术要求不一致，导致出现个别集装箱需要掏箱重装、分装等情况，甚至造成部分较重货物不能通过班列运输，这种在换装时经常发生的货物短缺、溢装及甩货情况，也是造成口岸拥堵的重要原因。

三是沿线海关、商检的规定仍不够协调。尽管目前关检问题已不如班列运行早期那样影响突出，但在货物品类的多样化趋势下，为了进一步促进通关便利化，特别是考虑到当前欧盟和俄罗斯之间的国际关系，还需要开展一系列具体细致的工作，比如扩大"安智贸"在中欧班列运行线路中的应用范围，加强与沿线国家对包括AEO（经认证的经营者）制度等在内的监管互认规则的协调等。

（2）综合协调联动机制仍需完善。一是相关管理部门的保障政策还不够协调，针对性不够强。比如，一些地方铁路口岸具备整车进口功能，但海关要求必须只有整车口岸之间才可以办理进口整车的转关，这就使得整车无法经二连浩特口岸入境，限制了班列线路的开行。又如郑州铁路口岸无舱单操作权限，进口货物在进境地录舱单信息，通过转关将信息传回郑州海关东站办理，信息无法随货物进行合并及拆分，需要合并的集装箱分装设备和拼箱货物必须在进境地进行舱单操作，使班列在进境口岸滞留或者拆散，影响班列运行。再如，中欧班列作为直达国外的运输工具，在境内沿途不甩挂，但发货人不能享受发车即退税的政策，不利于出口企业快速回笼资金。

二是班列运输服务与生产、贸易、物流、金融等相关行业的融合程度还不深入。班列服务与国际产能合作，特别是与我国制造企业"走出去"之间还没有很好地结合起来，缺乏相互配合。此外，班列运营企业的物流服务水平仍有待大幅改善，在境外网点的建设、物流市场参与深度、货源掌控能力等方面仍需加快发展，目前尚难以保障特定市场需求的持续平稳增长，更难以满足供应链高效管理的要求。

三是区域协调联动机制还很弱，特别是货源腹地交叉重叠区域，缺乏立足于区域经济一体化、针对中欧班列发展的沟通协调机制和综合性政策。

此外，对外协调机制仍较粗放，目前更多的是某一部门、某一行业、某一地区各自的协调，国家层面的统一协调机制还不够完善。

综上所述，由于铁路方面受制于体制障碍，缺乏优化运营组织的足够意愿和能力，地方立足局部利益过于注重区域竞争进而干扰市场机制，而国家层面的综合协调联动融合的机制尚待完善，使得当前中欧班列发展所出现的问题相互交织和嵌套，具有相当程度的复杂性。因此，需要紧紧抓住完善相关体制机制的"牛鼻子"，坚持大胆稳步深化重点领域和关键环节的改革，推动中欧班列的供给侧结构性改革。近期的突出问题体现在地方政府补贴，有必要以此为切入点，加强引导和规范，既要坚持发展原则和方向，尽可能弱化补贴对市场机制的干扰，也要科学把握节奏和力度，防止出现运量的断崖式下跌。

三、中欧班列运营组织发展的政策保障措施

（一）加强顶层设计，健全国际规则

一是国家应该加强顶层设计，进一步强化中欧班列的战略功能定位（见专栏1），统筹规划，明晰沿线各省、区、市的发展功能定位、产业布局、资源整合等重大事项，避免重复定位，各地要结合自身优势和特点，按国家战略考虑的意图来寻找参与契合点，按照市场需求和技术经济特点找准市场定位（见专栏2），相邻经济发展地区要协同做好物流规划。

专栏 1： 对中欧班列战略功能的认识

（一） 推动沿线国家贸易稳步发展的助推器

自中欧班列开行以来，已累计实现进出口总额 200 多亿美元，现已成为沿线国家间贸易运输方式的有益补充。据调查，对于境内企业生产的强时效性、高附加值货物，中欧班列可比传统的海铁联运节约 8% ~ 20% 的综合物流成本。近三年间，中欧班列运载的出口货物货值占我国向中欧班列通达国家出口额的比重，均高于同期相应出口额的年均增速。另据统计，2015 年我国向中欧班列通达国家的出口额较 2010 年增加约 160 亿美元，其中中欧班列运载的出口货物货值增长约 35 亿美元，对此增量的贡献超过 20%。此外，回程班列的高速增长和实载率的大幅提升，也体现了中欧班列对进口贸易的匹配支撑能力不断提升。未来，在通达范围拓展、物流成本降低、运贸一体化发展的共同作用下，中欧班列有望更好地发挥国际贸易稳增助长作用。

（二） 探索深化国际优势产能合作的问路石

国际产能合作和我国产业"走出去"，需要交通互联互通和运输服务率先"走出去"。目前，中欧班列现已通达欧洲 11 个国家的 28 个城市。招商局集团、中远海运等国内大型物流运输企业以及钢铁、有色金属、汽车等行业制造企业，都已开始在中欧班列运输通道沿线地区"投石问路"，开展交通基础设施、物流服务网络、生产制造中心等业务的统筹拓展。未来，中欧班列还将通过拓展延伸我国西部和南部的国际铁路通道，通达西亚、中东欧、东南亚等国家和地区，覆盖我国实施国际产能合作的"主轴"和"西翼"的大部分重点地域。中欧班列通过境外物流节点的布局和运输服务的延伸，不仅能支撑贸易运输需求，也会日渐清晰地展现国际产能合作的潜力空间。

（三） 构建全方位对外开放新格局的先遣队

当前及未来一个时期，国际投资贸易规则体系加快重构，我国在国际经贸合作领域要调整过度倚重少数发达国家的出口贸易结构，加快构建全方位对外开放的新格局，提升主动应对能力。同时，全面建成小康社会和区域协调发展也要求广大中西部地区努力打造内陆开放高地，由过去的要素布局向组织管理的优化转变，引导和驱动新一轮的产业梯度转移和转型升级，大幅提升开发开放水平。在中欧班列快速发展的带动下，惠普将工厂从上海搬到了重庆，富士康关闭深圳的工厂搬到成都，数量巨大的 IT 产品通过铁路进入我国西部和沿线国家市场。中欧班列通过提升沿线国家特别是内陆国家的国际贸易运输服务效率，不仅可以增强我国海陆并举双向发展的潜力、拓展全方位对外开放的空间，也为我国内陆地区打造开发开放新高地创造重要先行条件。

（四）改造全球生产贸易供应链条的催化剂

新一轮科技革命和产业变革蓄势待发，并日渐强烈地推动全球贸易从生产网络向创新和服务网络升级。运输物流链也被不断深入地集成到生产贸易系统中，并体现出前所未有的重要性。运输物流链条效率的提升，增强了制造业管理分散生产系统的能力，拓展了贸易延展的范围，改变了全球生产贸易的时空结构和组织形态。郑州、重庆等重要城市的外向型产业产值在中欧班列开通后，实现了年均 30% 左右的增长。大规模的物流不再是主要位于生产地，而是直接通过主要门户和枢纽到达区域市场，生产制造业的区位伴随物流区位的改变而变化。供应链不再那么强烈地需要仓储功能来缓冲供需矛盾，而是可以通过"零库存"的方式使生产供应更快地响应个性化的贸易需求。未来，伴随中欧班列运输效率的提升，特别是陆桥运输链条与沿线国家生产贸易系统的深度融合，将有可能改变欧亚大陆地区的生产贸易格局，并在一定程度上加快促动全球生产贸易供应链条的再造。

（五）深化铁路供给侧结构性改革的试验田

在我国经济发展进入新常态的大背景下，特别是近两年来对煤炭、钢铁、水泥等传统行业过剩产能的治理，全国铁路货运量出现了连续较大幅度的下降。随着供给侧结构性改革的深入，铁路货运行业也进入供需结构调整的重要时期，迫切需要围绕市场竞争和提升一体化运输链条效率的要求，重构传统铁路运输经营管理组织模式，让国铁参与市场竞争所需要的市场营销理念、产品开发模式、运价形成机制、交易实现手段等一系列基本要素融入整个组织肌体，进而激发系统内部各组成部分的市场活力。虽然，中欧班列的运量仅占铁路运量很小的比重，但其日益体现出的平台化运作、全链条整合、新服务业态等优势特征，为深化铁路供给侧改革指明了方向。铁路行业可以将这一相对独立的运输领域作为探索铁路运输企业向物流服务集成商转变的改革试验田，通过中欧班列的发展活力带动其他铁路运输服务的转型升级。

　　二是建立由沿线国家相关行业主管部门、铁路运输企业、国际组织参加的高层次协调委员会，积极推动与铁路合作组织、国际铁路联盟、世界海关组织、万国邮政联盟等国际组织的合作，建立统一互认的单证格式、货物安全、保险理赔、通关便利、数据共享等相关规则、技术标准和操作规范。

专栏2：　对中欧班列市场定位的认识

（一）国际贸易运输的重要补充

　　在国际货物贸易运输中，海运约占运输量的85%，空运不足运输量的1%，但占货值的35%左右，公路、铁路、管道、内河水运等其他陆上运输约占运输量的14%。目前，在中国与欧洲国家的国际贸易物流中，中欧班列所运输的货物货值不足相应贸易额的3%。从这个意义上讲，中欧班列只是作为国际贸易运输的一种补充方式。

（二）特定物流需求的服务方式

　　从运输费用、运输时间、运输风险等角度比较分析，中欧班列运费是空运费用的1/4，运输时间是海运的1/3~1/2。综合考虑高附加值货物的在途时间成本，对于境内企业生产的强时效性、高附加值货物，中欧班列可比传统的海铁联运节约8%~20%的综合物流成本。从技术经济特点及其比较优势来看，中欧班列可以作为针对高附加值、强时效性等特定物流需求的服务方式。

（三）陆桥过境运输的服务平台

　　"一带一路"倡议是开放包容的，讲求共建、共商、共享，中欧班列依托亚欧大陆桥，可以为日本、韩国、中国台湾等国家和地区提供通达中亚及东欧国家的过境运输服务。

（四）适宜聚焦内陆不临海地区

　　从交通地理的空间区位角度看，依托亚欧大陆桥的集装箱班列运输更适合针对内陆不临海的地区，其运输距离不宜过长。因此，在运输市场中，中欧班列应注重加强对沿线内陆国家和地区的运输产品开发。

　　综上，中欧班列的运输市场定位，是基于实际物流需求及技术经济特点和比较优势的，应当作为市场化运作的一条基本经济规律加以遵循，避免脱离实际，盲目开行。

（二）完善相关政策，坚持放管结合

一是税收方面，建议考虑在维持现行"营改增"其他条款不变的情况下，将"交通运输服务"纳入至"物流辅助服务"中，设立"综合物流服务"税目，对运输、仓储、货代、配送等物流业务统一按6%的税率征收增值税。同时结合境外物流业务收入的相关外汇管理规定，进一步完善税收征缴政策细则。

二是在外汇管理政策方面，应赋予管理政策一定的弹性。建议在制定服务贸易外汇管理指引及其实施细则时，尽量考虑政策规定的可持续性，给管理政策留有一定的弹性空间，避免制约新型服务贸易交易和管理缺位。比如在规定国际运输审核凭证要求时，不再详细区分海运、空运及陆运等具体运输方式，也不再限定具体支付主体类型，而只是根据国际运输交易特征，规定金融机构需要审核运输发票等相关运输交易凭证即可，使今后所有的运输形式和支付主体都能涵盖，以适应新型国际运输业务发展。此外，加强对人民币结算运费问题的研究，建立相关保障机制，降低企业汇率风险。

三是在关检管理政策方面，取消国内班列运输整车的进境口岸也必须是整车口岸的限制，解除内陆和沿边口岸在功能口岸、舱单操作等方面的限制，进一步提高班列线路的多元化和便利化。

四是进一步完善自贸区政策，依托中欧班列发展国际中转贸易，在口岸、税收、通关等方面加强政策配套，进一步加大先行先试力度，以政策红利拉动中欧班列快速发展。

五是加强运营质量评估和市场监管。由国家发展改革委、交通运输部（国家铁路局）定期组织专家考核组，由推进"一带一路"建设工作领导小组办公室委托专家考核组，对各班列运营平台的运营质量进行考核，并公布权威信息。同时，加强市场监管，严格市场准入，重点打击操纵垄断和不正当竞争行为。

（三）规范补贴行为，创新支持手段

一是逐步降低补贴标准，在深入了解各类需求属性基础上，以

2016 年补贴标准为基准，科学制定补贴"退坡"机制。

二是鼓励补贴方式创新，比如将政府直接财政补贴转变为国有企业营运收入的让利，特别是物流园区、国际陆港减少对本地货源较大的入园企业相关服务费用；又如减少对去程重箱的补贴，侧重于回程补贴，促进货流双向发展及空箱调运；再如减少或取消存量补贴，侧重于增量补贴，总体减少补贴额度。

三是促进区域政策协调，突破行政区限制和体制障碍，完善统一的市场体系，充分发挥市场在国家宏观调控下配置资源的决定性作用，在重庆和成都、郑州和武汉等货源腹地存在交叉的区域，率先开展试点示范工程，鼓励和促进地方政府联合出台综合培育扶持政策，在补贴政策方面尽可能保持相对统一的标准，禁止竞相抬高补贴额的做法。

四是设定补贴培育时限，从统筹中欧班列发展战略和对接国际贸易规则的角度，直接设定地方补贴截止时限，可初步考虑设定在 2022 年，此后明令禁止各种形式的地方补贴，对于那些在失去补贴后不能正常运转的班列线路，可以"摘牌停开"。

（四）深化货运改革，优化运营机制

一是围绕市场竞争和提升一体化运输链条效率的要求，以平台化运作、全链条整合、新服务业态为方向，进一步深化铁路货运组织改革，重构传统铁路运输经营管理组织模式，让国铁参与市场竞争所需要的市场营销理念、产品开发模式、运价形成机制、交易实现手段等一系列基本要素融入整个组织肌体，进而激发系统内部各组成部分的市场活力。

二是加快完善铁路企业国际集装箱班列运输的运营管理体制，增强中铁集装箱运输公司的市场主体地位，调整优化该主体与铁路内部各路局、各货运代理间的关系，拓展完善其业务功能及铁路资源整合能力，充分发挥其作为班列运营组织平台和多式联运承运人的作用。

| 第九章 |

结　语

　　本书在对现代多式联运发展历程及阶段特征的考察和对现代多式联运特性的系统性分析的基础上，综合运用交易费用经济学理论和中间层组织理论，借助运输业网络形态分层分析方法和事件研究、案例研究分析方法，着重研究了现代多式联运发展与组织变革间的相互关系以及多式联运经济组织的影响因素及其与系统特性间的关系等理论问题，构建了基于多式联运系统的产品、技术及交易特性的经济组织分析框架。在构建并验证这一分析框架的研究过程中，得出了一些基本结论。同时通过运用这一分析框架，分析了中国铁路运输业融入集装箱多式联运链条过程中的组织问题，提出了一些政策建议。

一、若干理论思考

　　以往关于多式联运链条生产效率问题的研究，更多的是从工程学、管理学视角出发，偏重于硬件设施的改善和技术效率的提升。本书则主要从经济学视角出发，考察经济组织创新及变革对多式联运链条效率提升的作用。在已有的经济学理论中，新古典经济学的研究缺乏对经济组织问题的关注，在其所构建的经济解释框架中，企业和市场都是既定的，企业只是投入产出的生产函数，市场的运作也没有交易费用，并且不受时间和空间的约束，其所关注的主要经济学问题只是一般的资源配置问题，即相对价格决定的不同产品间的产出比例是如何确定的。与此形成对比的是，新兴古典微观经济学理论和新制度经济学理论的研究焦点从一般的资源配置问题转向了经济组织问题，这些理论对经济组织问题的研究是本书的重要理论基础。本书在此基础上所形成的具有逻辑统一性的各个研究空间，共同构成了本书的主要理论贡献（见图9-1）。

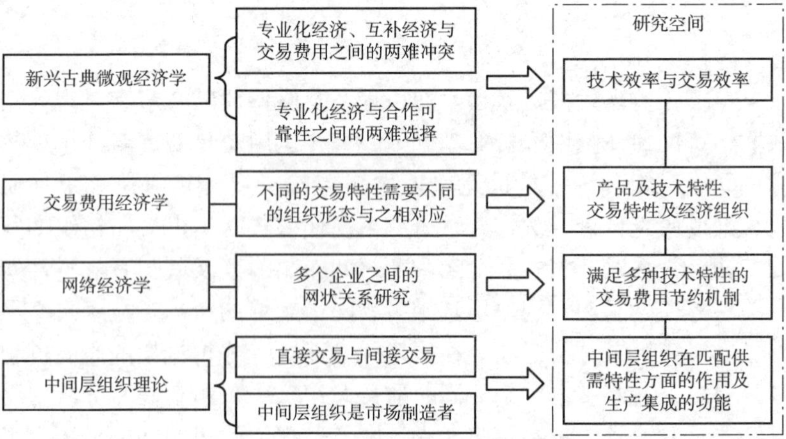

图9-1　本书基于既有理论的贡献

新兴古典微观经济学理论对经济组织问题的考察主要是以专业化分工的演进为核心的，其所探讨的经济组织的概念比本书更加宽广和深入，因而难以直接借鉴。但是该理论对专业化经济、互补经济与交易费用的两难冲突问题以及专业化经济与合作可靠性之间的两难选择问题的讨论，为本书提供了重要启发。在这一基础上，本书可以进一步思考技术效率与交易效率之间的联系。因为对于多式联运而言，其本身正是由多个具有不同技术特性、专业化经济和互补经济的运输方式所构成的协作统一体，于是必然存在充分发挥专业化分工优势与为实现协调、协作并增加合作可靠性而付出的交易费用之间的冲突。事实上，在现代运输业中所广泛存在的外包、网络化趋势，使得运输企业内的产品间关系向运输产品内的企业间关系转化，因此改善企业间合作关系就异常重要。于是，本书提出通过多式联运链条上交易效率的提升来改善其生产技术效率的命题。

要提升交易效率，必须降低为达成交易所发生的各种费用，即交易费用。而要降低交易费用，必须选择恰当的组织安排或契约设计。交易费用经济学提供了分析组织形态的理论工具，即依据不同的交易特性匹配不同的组织形态。因此，需要考察多式联运系统的交易特性。然而，由于多式联运系统在产品需求、运输资源和生产技术层面具有其不同于一般行业的特性，因此需要对多式联运系统及其特性作更为深入的分析。于是，本书是在交易费用经济学关于交易特性与经济组织间联系的机制上，增加了行业系统特性的分析，旨在寻求特定行业的系统特性对经济组织的影响。事实上，多式联运系统的特殊性和复杂性与其交易费用的产生有密切关系。

网络经济学被认为是交易费用经济学在研究多个企业间关系问题上的拓展。本书所研究的多式联运链条各主体间关系，正是相互间构成链网的多企业间关系。不同的是，这些企业多是依附在一定技术特性之上的，因此，本书在对此类企业间关系的研究上引入了特定技术特性的分析。

在对各种节约交易费用的组织形态的研究中，本书还借鉴了中间层组织理论的研究成果。但同时，由于研究中广泛关注了多式联运的系统特性，因此在论证中间层组织在通过间接交易方式节约交易费用的作用同时，补充了这一特殊组织形态中，中间层组织还具备的生产集成功能及在匹配分散化需求和规模经济方面的特殊作用。从而在这一层面上，补充了中间层组织理论在解释生产制造型企业问题上的某些不足。

此外，本书对多式联运发展过程中组织变革作用的分析，以及对运输技术进步与组织变迁的关系的研究，是对运输业发展之制度因素研究的一种深化，即把对这种制度因素的研究深入到企业组织

227

这一微观制度层面（运输企业是运输业发展的微观制度基础）。而通过大量事件研究对现代多式联运发展历程本身的梳理及对其阶段特征的总结，也是对前人相关研究的重要补充。

在文献研究中，本书对多式联运的概念、分类及相关术语的研究，应有助于今后相关学术交流中共识的形成。而且，本书使用了运输业网络形态分层分析方法对大量研究资料进行了整理，这种方法将有助于今后对运输领域相关研究的整理工作。

二、主要研究结论

1. 运输产品的完整性是多式联运发展的潜在诱因，多式联运及以其为核心的综合运输是未来运输业发展的方向

从现代多式联运的发展及集装化多式联运的早期实践史中，我们不难发现，在过去 200 多年间，随着客运和货运需求的不断增长，人们就不断地进行多种尝试，努力将独立的运输系统进行更为有效的衔接。事实上，多式联运的产生和发展是运输市场对完整运输产品的需求日益增长的必然结果，也是运输业发展进入完善运输化阶段的重要标志，以实现多种运输方式间的有效衔接和一体化，进而充分利用各种运输方式的内在优势为目标的综合运输体系是未来运输业的发展方向。

2. 现代多式联运既是技术创新，更是组织创新，组织变革是推动现代多式联运发展的关键因素

在过去 50 年间，人们很容易观察到的是，标准化、集装化载运箱具等技术手段的应用对多式联运发展的巨大推动。然而，不可忽视的是，不同运输方式的企业间的组织变革所实现的一体化运营也是推动多式联运发展的关键因素。事实上，集装化载运技术的创新有了组织创新的重要补充，才真正实现了多式联运在商业运作中的可行性。而且，从严格意义上来讲，多式联运的出现并不意味着一种新的运输方式或运输技术的产生，而更多的是一种组织形式的创新。作为一种先进的运输组织形式，它是通过优化组合不同运输方式，充分发挥其各自技术优势，在合理的全程运输成本基础上实现运输产品的完整性。简而言之，多式联运的出现，摆脱了过去单纯通过技术创新对运输业的经济优化，进而从组织创新来优化运输业的资源配置，从而极大地降低了货物运输过程中的转运时间和成本，使得运输业进入一个完全不同于以往铁路、公路、水运、民航等单个运输方式发展的崭新阶段。

3. 现代多式联运的出现意味着运输方式间传统关系的重构，并改变了运输企业间的竞争模式

各种运输方式从相继出现以来，不仅在运输市场的主导地位上相继争夺并替代，也在彼此服务重叠的区域展开激烈竞争，同时也在公共政策和公共资源方面进行斗争，各种运输系统之间也相对孤立、封闭，因此各种运输方式的主体之间缺少合作。而现代多式联运出现之后，不同运输系统间的衔接得到了加强，不同运输方式的经济主体之间的合作得到了深化。可以说，多式联运改变了不同运输方式间的关系，使各种运输方式从过去的以竞争为主的关系转变到以协作为主兼有竞争的关系，同时也使得过去单个运输企业间的竞争逐渐发展为运输链条之间的竞争。

4. 现代多式联运的核心是有效衔接和一体化，恰当治理多式联运链条上各参与主体间的经济关系对于提升整个链条的效率具有关键作用，交易效率的提升是改善生产效率的重要保证

多式联运链条不仅包含了承担实际运输的具有不同技术特性的运输方式，还包含了诸如货运代理、装卸、拼装、设备租赁、服务销售等大量其他专业环节。可以说多式联运是典型的专业化分工系统。链条的整体效率不仅来自专业化分工的技术优势和效率，更来自各专业化分工之间的相互协作和协同水平。事实上，一个系统内部的专业化分工水平越高，对协作能力的要求也就越高。而要实现各个专业化分工环节之间的协作能力和整体协同水平，就需要对不同的经济主体之间的关系进行恰当的治理。而且值得注意的是，伴随着各专业环节不断外包的趋势，这种复杂分工系统的技术效率将越来越依赖于各经济主体间交易效率的提升。

5. 多式联运的组织形态受到生产成本、交易费用、战略收益以及公共政策与制度等因素的影响，而多式联运系统在产品需求、生产技术和交易方面的特性则是决定多式联运组织结构及组织形态的更深层要素

可以观察到的多式联运的组织形态大致包含市场契约、企业科层及混合组织形态三种。这些形态不同程度地受到生产成本、交易费用、战略收益和公共政策与制度的影响，现实中并不存在唯一最优的组织形态，组织形态的选择在于衡量不同要素影响下的综合收益。相比较考察上述因素影响下的组织形态差异，深入分析多式联运系统特性对组织形态的影响更为重要。多式联运的经济组织必须首先适应这些系统特性的要求。这些要求包括匹配分散化运输需求与规模经济、集中交易、生产集成等方面，由此各种多式联运组织形态间的共性就表现为一个存在纵向上的生产关系和网络化交易关系的链网形态。

6. 中间层组织在多式联运链条上发挥着节约交易费用、匹配供需特性以及生产集成的重要作用，这种作用的发挥使得经由中间层组织构建的经济组织形态成为一种重要的组织创新

多式联运链条的组织过程中，存在大量的交易费用，理论界一度强调纵向一体化的组织形态在节约这种交易费用上的优势。本书通过对现实中各种经济组织形态的考察，尤其对美国铁路集装箱多式联运组织变迁过程的分析，发现中间层组织作为市场制造者，通过创新交易方式，大大节约了多式联运过程中的各种交易费用，使得各种运输方式之间可以通过市场契约的方式实现有效的协作，同样大幅提高了整个多式联运链条的效率。这种间接交易的组织创新大大降低了纵向一体化这一组织形态的必要性。同时，中间层组织还具有匹配分散化需求与运输业规模经济特性间的能力，并承担着货运集成的功能。

7. 构建多式联运链条对于各种运输方式自身的发展具有重要作用，铁路运输业需要通过改善服务能力与水平以及恰当的组织变革来尽快融入集装箱多式联运链条，而组织变革将成为促进我国铁路企业由传统运输企业向现代物流企业转变的重要推动力

现代多式联运的发展历程表明，各种运输方式间的关系日益转向协作为主，运输企业间的竞争日益变为链条之间的竞争，任何运输方式不能只在自己封闭的系统中获得发展，而是必须融入多式联运链条。目前，我国的铁路运输业在整个多式联运链条上还处于相对薄弱的环节，其总体服务能力和水平仍不能适应多式联运链条的要求，同时铁路集装箱运输经营主体仍受到传统管理体制的束缚，在与核心网中的各主体间关系仍未理顺，因此迫切需要在改善服务能力和水平的同时，加快组织变革来尽快融入集装箱多式联运链条。海运业在发展多式联运过程中，通过组织变革逐渐由传统运输行业向现代物流行业转型，欧美发达国家的铁路运输企业也在发展多式联运的过程中，通过组织方式的创新获取新的发展动力。由此可见，组织变革也将成为促进我国铁路货运企业由传统运输企业向现代物流企业转变的重要推动力。

8. 政府应适应综合运输发展的趋势，深化改革破除体制障碍，为运输企业构建多式联运链条营造良好的制度环境

从现代多式联运的发展历程看，政府在政策、法律法规、管理体制及技术标准等方面的制定和调整上发挥重要作用。比如，美国对运输业的放松管制、"冰茶法"的制定、欧盟在铁路运输业推行的自由化改革以及发达国家的综合运输管理体制都在一定程度上破除了运输企业构建多式联运链条的障碍，从而促进了多式联运的发展。我国目前整体仍处于构建和完善综合交通运输体系的关键时期，这使得我们在继续关注提升运输设施能力和技术水平等一般性问题的同时，还必须强调通过连接性实现各种运输方式的综合与协调发展。这就对政府进行管理体制改革、完善综合性运输政策与规划、促进运输业协调健康发展提出了强烈要求。

主要参考文献

［1］王杨堃，荣朝和．多式联运经济组织的演变及其启示．综合运输，2007（9）：60 - 65．

［2］马克·莱文森．集装箱改变世界．北京：机械工业出版社，2008．

［3］荣朝和．关于我国尽快实行综合运输管理体制的思考．中国软科学，2005（2）：10 - 16．

［4］斯科特·E. 马斯腾．契约和组织案例研究．北京：中国人民大学出版社，2005．

［5］Bontekoning，Y. M. ，C. Macharis，and J. J. Trip. *Is A New Applied Transportation Research Field Emerging？ - A Review of Intermodal Rail-truck Freight Transport Literature.* Transportation Research Part a - Policy and Practice，2004，38（1）：1 - 34．

［6］Jones，W. B. ，C. R. Cassady，and R. O. Bowden. *Developing a Standard Definition of Intermodal Transportation.*

［7］Szyliowicz，J. S. . *Intermodalism*：*the Challenge and the Promise*，2001．

［8］UN/ECE，ECMT and EC. *Terminology on Combined Transport*，2001．

［9］Panayides，P. M. *Economic Organization of Intermodal Transport.* Transport Reviews，2002，22（4）：401 - 414．

［10］Alt，R. ，P. W. Forster and J. L. King. *The Great Reversal*：*Information and Transportation Infrastructure in the Intermodal Vision*，in *National Conference on Intermodal Transportation Research Framework.*

1997，Transportation Research Board：Washington，DC.

［11］泉水. 多式联运讲座（1）. 集装箱化，2002（2）：36 – 39.

［12］Jennings，B. and M. C. Holcomb. *Beyond Containerization：The Broader Concept of Intermodalism.* Transportation Journal，1996：5 – 13.

［13］谈大洋. 联合运输知识. 北京：人民交通出版社，1987.

［14］王庆功. 货物联合运输. 北京：中国铁道出版社，2004.

［15］王稼琼. 联运发展论. 北京：中国民航出版社，1995.

［16］李士珍. 联合运输经济概论. 北京：中国铁道出版社，1994.

［17］胡思继. 综合运输工程学. 北京：清华大学出版社，北京交通大学出版社，2005.

［18］刘鼎铭，王根兴，李玉如. 集装箱化与现代物流辞典. 上海：东华大学出版社，2003.

［19］郭小碚. 综合运输体系发展的理论与实践. 综合运输，2000（11）：1 – 5.

［20］高家驹. 综合运输概论. 北京：中国铁道出版社，1993.

［21］肖平安. 我国国际集装箱多式联运之探讨. 交通企业管理，2006，21（8）：46 – 47.

［22］Daddino，M.，*Intermodal Transport：A Force in the New Economy，Area Development Site and Facility Planning*，1999.

［23］Yevdokimov，Y. V. *Measuring Economic Benefits of Intermodal Transportation.* Transportation Law Journal，2000，27（3）：439 – 452.

［24］Handman，A. L. *Intermodalism – A Solution for Congestion at the Millennium?* The Review of Policy Research，2002，19（2）：51 – 61.

［25］Brown，T. R. and A. B. Hatch. *The Value of Rail Intermodal to the U. S. Economy*，2002：1，6.

［26］Kreutzberger，E.，et al. *Is Intermodal Freight Transport*

More Environmentally Friendly than All-road Freight Transport? A Review. in Nectar Conference No 7. Umeå, Sweden, 2003.

[27] Janic, M. *Modelling the Full Costs of An Intermodal and Road Freight Transport Network.* Transportation Research Part D, 2007 (12): 33 – 44.

[28] Szyliowicz, J. S. *Decision-making, Intermodal Transportation, and Sustainable Mobility.* International Social Science Journal, 2003, 55 (2): 185 – 197.

[29] Communities, C. O. T. E. , *Intermodality and Intermodal Freight Transport in the European Union*, 1997.

[30] Bithas, K. and P. Nijkamp, *Decisive Conditions for an Effective and Efficient Multi-modal Freight Transport Network in Europe: A Meta – Analytic Perspective*, 1997, Amsterdam : Tinbergen Institute.

[31] 徐剑华. 全球贸易格局的变化为多式联运产业的发展提供了机遇. 国际商务研究, 1993 (2): 24 – 26.

[32] 徐淑芬. 国际集装箱海铁联运的现状及其发展前景. 中国铁路, 1994 (4): 10 – 14.

[33] 王克武. 国际多式联运与铁路集装箱运输的发展. 铁道运输与经济, 1996, 18 (10): 11 – 13.

[34] 魏际刚, 荣朝和. 中国集装箱多式联运发展的宏观经济因素分析. 中国软科学, 2000 (8): 40 – 44.

[35] 林益恭. WTO 与我国多式联运的发展对策研究. 铁道经济研究, 2001 (4): 34 – 35, 38.

[36] 安丙申. 浅谈铁路如何积极参与国际集箱多式联运. 铁道经济研究, 2001 (5): 22 – 24.

[37] Banomyong, R. and A. K. C. Beresford. *Multimodal Transport: the Case of Laotian Garment Exporters.* International Journal of Physical Distribution & Logistics Management, 2001, 31 (9): 633 – 685.

[38] Islam, D. M. Z. , J. Dinwoodie, and M. Roe. *Towards Supply Chain Integration Through Multimodal Transport in Developing Economies*: *The Case of Bangladesh*. Maritime Economics & Logistics, 2005 (7): 382 –399.

[39] Macharis, C. and Y. M. Bontekoning. *Opportunities for OR in Intermodal Freight Transport Research*: *A Review*. European Journal of Operational Research, 2004, 153 (2): 400 –416.

[40] Merrina, A. , A. Sparavigna, and R. A. Wolf. *The Intermodal Networks*: *A Survey on Intermodalism*. World Review of Intermodal Transportation Research, 2007, 1 (3): 286 –299.

[41] Konings, J. W. *Integrated Eentres for the Transshipment*, *Storage*, *Collection and Distribution of Goods – A Survey of the Possibilities for A High-quality Intermodal Transport Concept*. Transport Policy, 1996, 3 (1/2): 3 –11.

[42] 张琦，杨浩. 铁路集装箱内陆港物流中心化的相关问题研究. 中国铁路, 2005 (11): 54 –57.

[43] Klink, H. A. v. and G. C. v. d. Berg. *Gateways and Intermodalism*. Journal of Transport Geography, 1998, 6 (1): 1 –9.

[44] Roson, R. and S. Soriani. *Intermodality and the Changing Role of Nodes in Transport Networks*. Transportation Planning and Technology, 2000, 23 (3): 183 –197.

[45] McCalla, R. J. *Global Change*, *Local Pain*: *Intermodal Seaport Terminals and Their Service Areas*. Journal of Transport Geography, 1999 (7): 247 –254.

[46] 王薇，何小明. 发展集装箱海铁联运 拓展港口腹地. 集装箱化, 2006 (7): 34 –36.

[47] 刘和平. 建设合肥集装箱码头 发展内河多式联运. 水运工程, 2006 (12): 8 –11.

[48] 韩要稳，朱晓宁，闫振英. 集装箱码头作业环节协调特

性生研究. 物流科技, 2007, 30 (8): 60 - 63.

[49] 朱晓宁. 集装箱多式联运通道的形成与运作机理分析. 运筹与管理, 2001, 10 (3): 69 - 73.

[50] 金万建. 我国铁路开展国际联运及国际通道的发展. 铁道运输与经济, 2003, 25 (3): 4 - 8.

[51] Notteboom, T. E. , *The Interdependence Between Liner Shipping Networks and Intermodal Networks*, in *IAME Panama* 2002 '*Maritime Economics: Setting the Foundations for Port and Shipping Policies*'. Panama City, 2002.

[52] Southworth, F. and B. E. Peterson. *Intermodal and International Freight Network Modeling*. Transportation Research Part C, 2000 (8): 147 - 166.

[53] Chang, T. - S. *Best Routes Selection in International Intermodal Networks*. Computers & Operations Research, 2007.

[54] Taylor, G. D. , et al. *An Analysis of Intermodal Ramp Selection Methods*. Transportation Research Part E - Logistics and Transportation Review, 2002, 38 (2): 117 - 134.

[55] Rizzoli, A. E. , N. Fornara, and L. M. Gambardella. *A Simulation Tool for Combined Rail/road Transport in Intermodal Terminals*. Mathematics and Computers in Simulation, 2002: 57 - 71.

[56] 杨清波. 集装箱铁路多式联运箱型及办理站. 北京: 中国铁道出版社, 2008.

[57] Bontekoning, Y. M. and H. Priemus. *Breakthrough Innovations in Intermodal Freight Transport*. Transportation Planning and Technology, 2004, 27 (5): 335 - 345.

[58] Choong, S. T. , M. H. Cole and E. Kutanoglu. *Empty Container Management for Intermodal Transportation Networks*. Transportation Research Part E, 2002 (38): 423 - 438.

[59] Morlok, E. K. and L. N. Spasovic. *Approaches to Improving*

Drayage in Rail-truck Intermodal Service. in *TransTech Conference.* Pacific Rim, 1995.

[60] 李渝生. 关于铁路系统内组建集装箱拖车运输全国网络的建议. 铁道车辆, 1995, 33 (6): 19 – 24, 18.

[61] 成耀荣, 严宝杰. 集装箱箱务管理的几个问题. 交通运输工程学报, 2001, 1 (4): 115 – 118.

[62] 周立新, 季令. 公铁两用货挂车新一代大陆联运工具. 中国铁路, 2001 (4): 28 – 30.

[63] Morash, E. A., S. J. Hille, and E. R. Bruning. *Marketing Rail Piggyback Services.* Transportation Journal, 1977, 17 (2): 40 – 50.

[64] Evers, P. T. *The Occurance of Statistical Economies of Scale in Intermodal Transportation.* Transportation Journal, 1994, 33 (4): 51 – 63.

[65] Harper, D. V. and P. T. Evers. *Competitive Issues in Intermodal Railroad – Truck Service.* Transportation Journal, 1993, 32 (3): 31 – 45.

[66] Kapros, S. and C. Panou, *Coastal Shipping and Intermodality in Greece: The Weak Link,* in *Research in Transportation Economics,* 2007: 323 – 342.

[67] Golias, J. and G. Yannis. *Determinants of Combined Transport's Market Share.* Transport Logistics, 1998, 1 (4): 251 – 264.

[68] van Duin, R. and H. van Ham. *A Three-stage Modeling Approach for the Design and Organization of Intermodal Transportation Services.* in *Systems, Man, and Cybernetics, 1998 IEEE International Conference on,* 1998.

[69] Qiang, L. and L. Miao. *Integration of China's Intermodal Freight Transportation and ITS Technologies.* in *Intelligent Transportation Systems, Proceedings, 2003 IEEE,* 2003.

[70] 丁丁, 杨运涛. 改善多式联运和物流服务的必要条件.

中国物流与采购, 2004 (22): 24-27.

[71] 张吉广, 招琳樱. 业务流程再造 (BPR) 与集装箱运输管理现代化. 交通企业管理, 2001 (4): 11-13.

[72] 王云鹏, 王占中. 基于扩展 Petri 网的多式联运流程研究. 工业技术经济, 2005, 24 (4): 77-79, 82.

[73] 吕达, 李海鹰, 杨肇夏. 国际联运作业系统的设计与实现. 铁道运输与经济, 2005, 27 (11): 71-73.

[74] Suelflow, J. E. and S. J. Hille. *The Transportation Company: An Economic Argument for Intermodal Ownership.* Land Economics, 1970, 46 (3): 275-286.

[75] Lieb, R. C. *Freight Transportation: A Study of Federal Intermodal Ownership Policy.* New York. Praeger Publishers, Inc, 1972.

[76] Zelenika, R. and Z. Zekic. *Mega Carriers and Niche Operators of Multimodal Transport in the Kaleidoscope of Compatability and Complements.* Naše more: Journal of Marine Sciences, 1997, 44 (5-6): 243-254.

[77] Lopez, E. *How do Ocean Carriers Organize the Empty Containers Reposition Activity in the USA?* Maritime Policy & Management, 2002, 30 (4): 339-355.

[78] Gouvernal, E. and J. Daydou. *Container Railfreight Services in North-west Europe: Diversity of Organizational Forms in a Liberalizing Environment.* Transport Reviews, 2005, 25 (5): 557-571.

[79] Whitehurst, C. H. *Multimodal Transportation Companies in the 21st Century*, 2005.

[80] Commission, E., D. - G. F. E. A. Transport and D. F. M. a. Intermodality, *Freight Integrator Action Plan - "Supporting the Organisers of Intermodal Freight Transport"*, 2003.

[81] Woxenius, J. and F. Barthel, *The Organization of the European Intermodal Road/Rail Freight Transport Industry*, in *International*

congress on Freight Transport Automation and Multimodality 2002: Delft.

[82] Zhang, A., et al. *Intermodal Alliance and Rivalry of Transport Chains: The Air Cargo Market.* Transportation Research Part E., 2007 (43): 234 –246.

[83] 马彩雯, 孙光圻. 基于 multi-agent 的多式联运各区段分运承运人选择系统. 上海海事大学学报: 文理综合版, 2006, 27 (3): 51 –54.

[84] 马彩雯. 基于多 Agent 的多式联运各区段分运承运人选择. 哈尔滨工业大学学报, 2007, 39 (12): 1989 –1992.

[85] 陈宇, 任建伟. 基于遗传算法的集装箱多式联运联盟合作伙伴的选择. 铁道运输与经济, 2007, 29 (2): 79 –81.

[86] 唐志英, 周德苏, 王仕川. 基于多式联运的虚拟企业模式研究. 铁道运输与经济, 2008, 30 (3): 75 –77.

[87] Nair, R. V., B. M. Gardner and R. Banomyong, *Theories & Practices of Multimodal Transport in Europe*, in 9th World Conference on Transport Research (*WCTR*) 2001: Seoul, Korea.

[88] Everett, S. *Deregulation, Competitive Pressures and the Emergence of Intermodalism.* Australian Journal of Public Administration, 2002, 61 (3): 19 –26.

[89] Plant, J. F. *Railroad Policy and Intermodalism: Policy Choices after Deregulation.* The Review of Policy Research, 2002, 19 (2): 13 –32.

[90] Tsamboulas, D. A. and S. Kapros. *Decision-making Process in Intermodal Transportation.* Freight Transportation Research, 2000 (1707): 86 –93.

[91] The Study Group on Legal Aspects of Intermodal Transportation of the Maritime Transportation Research Board, D. o. E. – N. R. C. *Legal Impediments to International Intermodal Transportation: selected*

Problem, Options, and Recommended Solutions. Washington, D. C. N
ational Academy of Sciences, 1971.

[92] Leibson, R. and W. Penner, *Legal Issues Associated with In-
termodalism.* 1996, Transportation Research Board National Research
Council: Washington, DC.

[93] Kindred, H. M. and M. R. Brooks. *New and Improved? The
UNCTAD/ICC Multimodal Rules Reviewed.* Transportation Journal, 1994:
5 – 14.

[94] Dempsey, P. S. *The Law of Intermodal Transportation: What
it was, What it is, What it Should be.* Transportation Law Journal,
2000, 20（3）: 367 – 417.

[95] 杨志刚. 多式联运经营人责任形式与赔偿责任之关联.
上海海运学院学报, 2000, 21（2）: 84 – 89.

[96] 纪荣泰. 浅论国际货物多式联运的法律问题. 现代财经:
天津财经学院学报, 2000, 20（8）: 20 – 22.

[97] 贺万忠. 国际货物多式联运中货物损害定域问题探析.
法商研究, 2003, 20（5）: 103 – 110.

[98] 贺万忠, 赵萍. 多式联运经营人货物损害赔偿责任限制
规则的构建——兼评我国《合同法》与《海商法》的相应规定.
河北法学, 2004, 22（3）: 48 – 52.

[99] *Intermodal Surface Transportation Efficiency Act of* 1991.
1991, Congress of United States.

[100] 杨小凯, 黄有光. 专业化与经济组织. 北京: 经济科学
出版社, 1999.

[101] Kreps, D. A. *Course in Microeconomic Theory.* Princeton. Prin-
ceton University Press, 1990.

[102] Taylor, J. *The Theory of Industrial Organization.* Cambridge.
The MIT Prsee, 1989.

[103] Coase, R. H. *The Nature of the Firm.* Economics, 1937（4）:

386 - 405.

[104] Coase, R. H. *The Problem of Social Cost*. The Journal of Law & Economics, 1960 (3): 1 - 44.

[105] Williamson, O. *Hierarchical Control and Optimum Firm Size*. Journal of Political Economics, 1967 (75): 123 - 138.

[106] Williamson, O. *Markets and Hierarchies*. New York. The Free Press, 1975.

[107] Williamson, O. *Economic Institutions of Capitalism*. New York. The Free Press, 1985.

[108] Cheung, S. *The Structure of a Contract and the Theory of a Non-exclusive Resource*. Journal of Law & Economics, 1970 (13): 49 - 70.

[109] Cheung, S. *The Contractual Nature of the Firm*. Journal of Law & Economics, 1983 (26): 1 - 21.

[110] Williamson, O. *The Logic of Economic Organization*. Journal of Law, Economics and Organization, 1988 (4): 65 - 93.

[111] Williamson, O. *Comparative Economic Organization: The Analysis of Discrete Structural Alternatives*. Administrative Science Quarterly, 1991 (36): 269 - 296.

[112] 丹尼尔·F. 斯普尔伯. 市场的微观结构——中间层组织与厂商理论. 北京: 中国人民大学出版社, 2002: 1 - 27.

[113] Muller, G. *Intermodal Freight Transportation*. Washington, DC. Eno Transportation Foundation and Intermodal Association of North America, 1999.

[114] McKenzie, D. R. , M. C. North and D. S. Smith. *Intermodal Transportation—The Whole Story*. Omaha. Simmons - Boardman Books, Inc, 1989.

[115] Deboer, D. J. *Piggyback and Containers: A History of Rail Intermodal on America's Steel Highway*. San Marino, California. Golden

West Books, 1992.

[116] Levinson, M. *The Box: How the Shipping Container Made the World Smaller and the World Economy Bigger.* 1st ed. Princeton. Princeton University Press, 2006: 376.

[117] Slack, B. and A. Fremont. *Fifty Years of Organisational Change in Container Shipping: Regional Shift and the Role of Family Firms.* GeoJournal, 2009 (74): 23 – 34.

[118] Brooks, M. R. and P. RitchieI. *Mergers and Acquisitions in the Maritime Transport Industry 1996 – 2000.* Transportation Journal, 2006, 45 (2): 7 – 22.

[119] Fremont, A., *Empirical Evidence for Integration and Disintegration of Maritime Shipping, Port and Logistics,* 2009.

[120] Notteboom, T. and F. Merckx. *Freight Integration in Liner Shipping: A Strategy Serving Global Production Networks.* Growth and Change, 2006, 37 (4): 550 – 569.

[121] Taylor, J. C. and G. C. Jackson. *Conflict, Power, and Evolution in the Intermodal Transportation Industry's Channel of Distribution.* Transportation Journal, 2000, 39 (3): 5 – 17.

[122] Wang, Y. K. and C. H. Rong. *How do Intermediaries Affect the Economic Organization of Intermodal Freight Transport?* Ieee/Soli' 2008: Proceedings of 2008 Ieee International Conference on Service Operations and Logistics, and Informatics, Vols 1 and 2, 2008: 2269 – 2272.